商業銀行績效管理理論與實踐

陳武 著

前　言

当前，中国经济金融形势出现了新的态势，经济增长进入中速运行，结构调整进入实质阶段，市场化改革全面深化，金融业自由化加快，银行监管加强，市场准入放松，金融创新加快，金融脱媒加速，互联网金融大潮来势迅猛，中国银行业面临着严峻的挑战。外部环境要求银行业必须改变和创新。但不论银行进行何种形式的改变和创新，归根究柢都离不开人才战略的驱动。重视人力资源管理，实施以人力资源战略为驱动的创新应成为银行业应对挑战的共识。

众所周知，绩效管理作为人力资源管理的核心，其地位和作用毋庸置疑。在研究绩效管理的学者看来，企业管理等于人力资源管理，人力资源管理等于绩效管理，绩效管理已经成为企业获取可持续竞争优势的关键所在。

随着科技进步、社会发展和环境变迁，绩效管理的内涵也随之不断丰富和完善，人们开始全方位思考绩效管理体系的构建和执行，使之充分体现战略性、平衡性、协调性，实现财务绩效与非财务绩效、长期绩效与短期绩效、外部绩效与内部绩效、滞后性绩效与前置性绩效的平衡，有效协同组织绩效、群体（部门）绩效以及个人绩效，兼顾绩效计划、绩效监控、绩效评价以及绩效反馈等问题。

但同时，在银行绩效管理实践中，往往得不到经理的喜欢和员工的支持，「费力不讨好」是其真实写照。这种现象不是无缘无故的，而是缘于一系列对绩效管理的不正确理解和对绩效管理方法的不恰当执行。对于何为绩效、目标如何与战略挂钩，绩效指标应当如何设计、绩效管理执行的关键是什么，大部分绩效管理的实施人员心中只有一个模糊的概念，往往只是凭经验和感觉来做，结果自己落入了绩效管理的误区中却还不自知。严格地说，能深刻理解绩效管理的内涵，能抓住其要点、懂得其核心问题并有效执行的人并不多。

本书是在新的经济金融环境下，运用绩效管理的基本原理，广泛吸收国内外绩效管理新理论和新方法，结合笔者绩效管理实践经验的基础上，推出的一本理论和实践高度统一的应用型书籍。本书主要有以下几个特点：

第一，结构严谨，体系独特。本书在层层递进剖析绩效、绩效管理和战略绩效管理基本概念的基础上，以银行战略为导向，以银行绩效管理执行流程为主线，用通俗易懂的语言对银行宏观战略层面和微观战略层面进行系统阐述，揭示不同战略层次的绩效目标在银行绩效管理过程中的差异性。

第二，内容前沿，紧贴实践。促进银行价值创造力提升，是本书的最高宗旨。本

書力求內容先進，所涉及的績效管理理論和方法盡可能體現國內外績效管理的最前沿做法和發展趨勢。同時力求應用創新，結合當前金融脫媒、互聯網金融和利率市場化新形勢，突出銀行戰略績效管理。將戰略地圖引入網點戰略轉型和一行（點）一策微觀戰略等當前銀行發展熱點領域，契合了當前銀行轉型與創新主題。此外，力求問題導向，著重分析了銀行績效管理過程中經常遇到的疑點和難點問題，有針對性地提供瞭解決問題的關鍵技術和方法。

第三、詳實易學，操作性強。本書在系統介紹績效管理理論和方法的同時，列舉了大量鮮活案例，兼顧了專業性和可讀性。本書堅持以解決銀行績效管理實踐中的具體問題為出發點和落腳點，設計了大量的工具和模板，突出好用管用，努力打通基層銀行績效管理落地「最後一千米」難題。特別是本書最後兩章，跳出了績效管理流程具體的某一個環節，是筆者對自己多年基層銀行工作經驗的提煉，具有很強的實用性。

本書可以作為普通高等院校管理類專業瞭解績效管理理論和實踐的教學用書和銀行管理培訓用書，也可以作為銀行經營管理工作者的重要參考資料和實務指導。在本書的寫作過程中，筆者參閱和借鑑了部分相關書籍和論文，在此謹向這些書籍和論文的作者表示最誠摯的謝意。限於筆者的水平和經驗，本書難免存在不足之處，敬請讀者批評指正。

目　　錄

第一章　績效考核與績效管理 …………………………………………（1）
　　一、績效是什麼 ……………………………………………………（2）
　　　　知識連結　不同視角下的績效 ………………………………（5）
　　二、「管」與「考」的異同 ………………………………………（6）
　　　　案例分析　從績效考核到績效管理 …………………………（10）
　　三、績效管理中的幾個組織 ………………………………………（11）
　　四、中國商業銀行績效管理的歷史演進 …………………………（13）

第二章　銀行績效管理方法 ……………………………………………（16）
　　一、目標管理法 ……………………………………………………（17）
　　二、360度考評法 …………………………………………………（21）
　　　　案例分析　看起來很美，用起來却難如人意 ………………（26）
　　三、標杆管理法 ……………………………………………………（28）
　　四、關鍵績效指標法 ………………………………………………（32）
　　五、經濟增加值評價法 ……………………………………………（43）
　　　　案例分析　EVA在某股份制銀行考核中的運用 ……………（49）
　　六、平衡計分卡 ……………………………………………………（51）
　　　　案例分析　為什麼導入不如預期 ……………………………（70）
　　　　知識連結　匯豐銀行員工職業素質辭典 ……………………（71）
　　七、非系統考核法 …………………………………………………（73）
　　　　案例分析　關鍵事件法在客戶管理中的運用 ………………（80）

第三章　銀行戰略績效管理 ……………………………………………（82）
　　一、企業戰略 ………………………………………………………（83）
　　二、銀行戰略 ………………………………………………………（84）
　　三、銀行戰略實施與績效管理 ……………………………………（96）
　　四、平衡計分卡與戰略地圖 ………………………………………（97）
　　五、戰略執行：績效管理五部曲 …………………………………（100）

六、戰略績效管理的目的 …………………………………………（103）
　　七、戰略績效管理系統 ……………………………………………（104）
　　　　案例分析　富國銀行的啟示 …………………………………（106）

第四章　銀行戰略地圖構建 …………………………………………（109）
　　一、戰略地圖：讓戰略可視化 ……………………………………（110）
　　二、戰略地圖的繪製 ………………………………………………（115）
　　三、網點轉型：需要合力驅動 ……………………………………（121）
　　　　案例分析　「攪局者」「余額寶」帶來的啟示 ………………（123）
　　四、一行（點）一策：差異化造就競爭力 ………………………（125）

第五章　銀行績效計劃 …………………………………………………（142）
　　一、關鍵績效指標 …………………………………………………（143）
　　二、關鍵績效指標權重 ……………………………………………（147）
　　三、績效標準 ………………………………………………………（156）
　　四、行動方案 ………………………………………………………（159）
　　五、績效計劃制訂 …………………………………………………（161）

第六章　銀行績效監控 …………………………………………………（166）
　　一、績效監控方法 …………………………………………………（167）
　　　　案例分析　把所有經理的椅子靠背鋸掉 ……………………（168）
　　二、績效溝通 ………………………………………………………（169）
　　三、績效輔導 ………………………………………………………（179）
　　四、績效信息收集 …………………………………………………（184）

第七章　銀行績效評價 …………………………………………………（188）
　　一、績效評價內容 …………………………………………………（189）
　　二、績效評價的過程模型 …………………………………………（191）
　　三、評價主體 ………………………………………………………（192）
　　四、評價主體誤區 …………………………………………………（197）
　　五、評價週期 ………………………………………………………（201）

第八章　銀行績效反饋 …………………………………………………（204）
　　一、績效反饋面談 …………………………………………………（206）
　　二、績效申訴 ………………………………………………………（210）
　　三、績效改進 ………………………………………………………（211）

四、評價結果的運用 …………………………………………（214）

第九章　銀行績效管理「1-2-3-4」法則 ……………………（216）
　　一、一個體系 …………………………………………………（217）
　　二、兩項診斷 …………………………………………………（219）
　　三、三項技術 …………………………………………………（221）
　　四、四大關鍵 …………………………………………………（229）

第十章　銀行績效管理的誤區與困擾 ………………………（234）
　　一、績效管理的認識誤區 ……………………………………（235）
　　二、績效管理的十大困擾 ……………………………………（237）

第一章　績效考核與績效管理

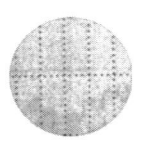
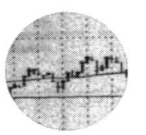
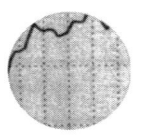
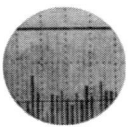

「績效」，一個常常掛在人們嘴邊的詞，一個人人都不得不關注的話題。那麼，到底什麼是績效？什麼是績效管理？績效考核就是績效管理嗎？為什麼績效考核總是充滿了矛盾和衝突？怎樣才能改進和提高員工的績效呢？對於此類問題，很多人並不是很理解，由此導致對績效的管理也走入誤區。據統計，企業經營管理中大約80%的問題涉及績效管理，因此，企業對於人力資源管理越來越重視，人力資源管理中最基本和最核心的績效管理，更是得到了加倍的關注。

一、績效是什麼

(一) 幾種不同的認識

關於「績效」的基本概念，實務管理界和專家、學者仍然存在著不同的看法，沒有形成一個統一的觀點。目前，主要有三種典型的認識：「結果說」「過程說」和「能力說」。

(1) 績效＝結果

「以結果為導向的績效」觀點認為，績效是工作結果的記錄，對績效的描述主要採取「目標」「結果」「責任」「關鍵成功因素」等詞語。這種觀點在企業中最為廣泛，如常用的KPI、MBO等均是以結果為導向的績效考核。

(2) 績效＝行為

「以行為為導向的績效」觀點認為，績效是行為本身，而不是行為的結果，它是組織或個人為完成某一任務或目標而採取的一系列行為。「以行為為導向的績效」一般應用在績效無法用結果衡量的工作中，如銀行後臺人員只要按照銀行規定的流程和標準化的行為要求去做，就能達到期望的結果，從而實現績效。

(3) 績效＝能力

「以能力為導向的績效」觀點認為，績效是實際工作能力。對於組織期望的結果，能力強的人會在更短的時間內完成，甚至結果會超出期望的目標。如銀行業務處理系統的開發，能力強的人無疑效率和質量都會更高。

目前，關於績效的定義更傾向於綜合上述觀點，認為績效就是一種結果，反應出人們從事某一項工作或任務所產生的成績、成果、成效，而且這種結果會隨著具體的行為和能力的變化而變化，優化行為和能力能促使產生更好的結果。

正如大哲學家亞里士多德曾經說過的那樣，世上最困難的事莫過於下定義了。時至今日，人們對績效這一概念的認識仍然存在分歧，這可能是導致績效管理實踐中遇到問題和困惑的本質原因。

既然一時無法統一認識，那就無須過分糾結於標準定義，我們不如換個思維，深入剖析其內涵，可能更有助於理解績效的意義和正確運用績效管理方法。

本書認為，對企業來說，績效最終表現為利潤，也表現為某些將來對利潤產生明顯、直接影響的因素，比如更多的銷售收入、更高的市場份額、更高的客戶滿意度、更好的服務質量、更好的管理制度、更好的工作流程、更好的工作態度和更優秀的員工素質……當這些因素與利潤有效聯繫起來，促使利潤或者將來利潤產生時，我們稱之為績效。因此，我們可以將績效理解為企業利潤以及促使企業利潤產生的因素。

(二) 銀行績效的含義

對於商業銀行來講，績效包括銀行利潤以及促使利潤產生的客戶維度、內部流程維度和學習與成長維度等關鍵因素，如圖1-1所示。

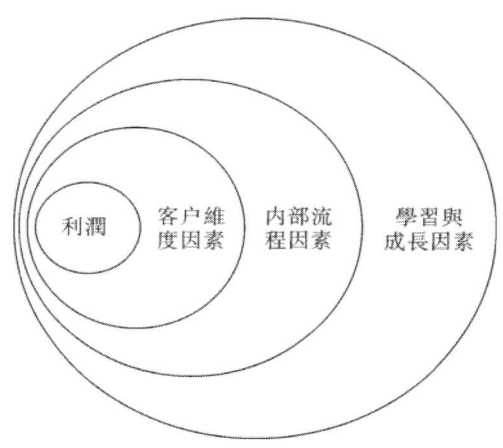

圖1-1　銀行績效的四個層面

其具體表現為四個層面：

第一層面：銀行績效首先表現為利潤，如淨利潤、經濟增加值、經濟資本回報率、資產回報率、成本收入比等。

第二層面：銀行績效也表現為促使利潤產生的客戶維度因素，如存款、貸款、中間業務收入、客戶拓展和市場份額等。

第三層面：銀行績效同時表現為促使客戶維度因素表現處於較好狀態的內部流程因素，如金融創新、客戶管理、營運管理和風險管理等。

第四層面：銀行績效同時還表現為員工能較好地掌握和駕馭內部流程的學習與成長因素，如知識、能力、態度等。

1. 銀行績效表現為利潤

從本質來講，企業存在的目的就是取得利潤，實現股東價值最大化，在既定成本前提下實現收入最大化或者在既定收入前提下實現成本最小化。從最終意義上講，商業銀行所有的經營活動都是圍繞利潤來開展的，其最終結果都是為了創造利潤。可以這麼認為，如果銀行創造了利潤，就可以說該銀行有績效；如果某員工的工作直接或

間接產生了利潤，那麼他也就有了績效。

利潤有短期利潤、中期利潤和長期利潤之分。如果銀行過於強調短期利潤，那麼勢必會影響導致長期利潤增加的投入如對研發的投入、對人力資本的投入，最終影響銀行的長期績效，甚至導致破產。因此，銀行在緊盯利潤增長 S 曲線的同時，也應該盯住三條隱形的 S 曲線——競爭曲線、能力曲線和人才曲線。唯有如此，銀行對利潤的追求才是理性的，銀行的績效表現才是健康良好可持續的。

2. 銀行績效表現為客戶維度因素

其實，銀行績效不僅僅只表現為利潤，而且表現為給銀行帶來利潤的客戶維度因素，包括市場份額、產品交叉銷售、客戶滿意度、高價值客戶的增長、中間業務產品的銷售等。所以通常說，客戶經理爭取到了大額存款，那麼他就取得了較高的績效；理財經理通過為客戶量身定制理財方案而獲得了一個高價值客戶，那麼他也取得了較高的績效；銀行贏得了較高的存款市場份額，那麼銀行就取得了較高的績效。上述客戶維度因素與銀行利潤表現為很直接的關係，會直接導致銀行利潤的增加，因此，通常也稱之為績效。

3. 銀行績效表現為內部流程因素

銀行內部流程因素包括金融創新、客戶管理、營運管理、風險管理等。例如，銀行人力資源部門制定了能充分調動員工積極性的績效考核機制，那麼人力資源部門就取得了較好的績效；信貸管理部門進一步優化了信貸審批流程，那麼信貸管理部門就取得了較好的績效；銀行網點通過深入的內外部調研製訂了切實可行的「一點一策」方案並有效實施，那麼銀行網點就取得了較好的績效。凡是能促成利潤產生，促成客戶維度因素表現為較好狀態的因素，我們都稱之為績效。

4. 銀行績效表現為學習與成長因素

學習與成長因素包括員工的知識、能力和素質等。例如，人力資源部門通過培訓規劃和培訓的組織實施，使員工增加了知識，提升了員工的工作能力和工作質量，我們說人力資源部門取得了績效；直線經理通過績效溝通，指出了員工的不足，提出了改進計劃，幫助員工提升了能力，我們說直線經理取得了績效；行長通過倡導高績效的企業文化，在全行建立了良好的工作氛圍，使員工工作主動性、工作責任心都得到了提升，那麼，行長就取得了績效。與客戶維度因素、內部流程因素一樣，學習與成長因素與利潤不一定等價，但是高素質的員工可以更高效地掌握工作流程和方法，進而更好地為客戶提供服務和拓展市場，最終表現為銀行利潤的產生，創造了銀行績效。

總而言之，商業銀行績效就是利潤以及有利於促使將來利潤產生的因素。凡是有利於利潤產生包括能最終促使利潤產生的客戶維度因素、內部流程因素、學習與成長因素，我們都稱之為銀行績效，如表 1-1 所示。

表 1-1　　　　　　　　　　商業銀行績效種類舉例

銀行績效	具體因素	具體表現
利潤	淨利潤 人均利潤 經濟增加值（EVA） 人均經濟增加值	經濟資本回報率 資產回報率 資本利潤率 成本收入比
客戶維度因素	存款 法人客戶 個人貴賓客戶 現金管理客戶 信用卡客戶	存款淨增 客戶淨增 市場份額增加 產品交叉銷售率提升 客戶滿意度
內部流程因素	風險管理 內部控制 業務流程	管理制度體系 激勵體系 工作協調體系 工作目標與計劃制訂
學習與成長因素	戰略規劃能力 業務知識 行銷能力 溝通能力	工作責任 主動性與進取心 團隊精神 企業文化

　　商業銀行組織是由不同崗位的員工組成的，不同崗位的員工其績效表現不同，如客戶經理的績效主要表現為存款行銷、貸款行銷、中間業務產品銷售、客戶行銷與維護等；櫃員的績效主要表現為業務量辦理、服務質量、潛力客戶推薦等；人力資源部門員工的績效主要表現為績效管理、薪酬管理、員工培訓、勞動合同管理等。一般來說，前臺員工的績效更多地表現為利潤或者客戶維度因素，中後臺員工的績效更多地表現為工作方法、工作流程、管理機制等內部流程因素。

【知識連結】

不同視角下的績效

　　「績效」一詞源於英文單詞「Performance」，績效是「績」和「效」的組合。「績」就是業績，包括組織業績、部門業績的完成情況和個人業績的表現；「效」則是效率、效果、方式和方法等，包括紀律和品行。紀律指企業的規章制度、規範等，品行指個人的行為。不同的學科領域，對績效會有不同的理解。

　　從管理學的角度看，績效是組織期望的結果，它包括個人績效和組織績效。組織績效是建立在個人績效實現基礎上的，但個人績效的實現並不一定保證組織是有績效的。如果組織的績效按一定的邏輯關係被層層分解到每一個工作崗位以及每一個人，那麼只要每一個人都達成了組織的要求，組織的績效就實現了。

　　從經濟學的角度看，績效與薪酬是員工和組織之間的對等承諾關係，績效是員工對組織的承諾，而薪酬是組織對員工的承諾。一個人進入組織，必須對組織所要求的

績效做出承諾，這是進入組織的前提條件。如果員工完成了他對組織的承諾，組織就必須兌現其對員工的承諾。這種對等關係的本質，體現了等價交換的原則，而這一原則正是市場經濟運行的基本規則。

從社會學的角度看，績效意味著每一個社會成員按照社會分工所確定的角色承擔他的那一份職責。他的生存權利是由其他人的績效保證的，而他的績效又保障了其他人的生存權利。因此，出色地完成他的績效是他作為社會一員的義務，他受惠於社會也就必須回饋社會。

二、「管」與「考」的異同

人們在談論績效時，常常會提到績效考核和績效管理，在相關的專業書籍中，這兩個概念也經常交替出現。因此，很多人認為績效考核就是績效管理。事實上，績效考核和績效管理有著巨大的區別。

(一) 什麼是績效考核

在實際工作中，我們經常要定期組織績效考核，但對於績效考核，真正瞭解的人並不多。關於績效考核，不同的人有不同的認識。從較早期的觀點看，有以下幾種描述：（績效考核）是對組織中成員的貢獻進行排序；是對員工個性、資質、習慣和態度，以及對組織的相對價值進行有組織的、實事求是的考評，它是考評的程序、規範、方法的總和；對員工現任崗位狀況的出色程度以及擔任更高一級崗位的潛力，進行有組織的、定期的並且是盡可能客觀的考評；人事管理系統的組成部分，由考核者對被考核者的日常職務行為進行觀察、記錄，並在事實的基礎上，按照一定的目的進行考評，以達到培養、開發和利用組織成員能力的目的；定期考評和考察個人或工作小組工作業績的一種正式制度。

據此，我們可以從以下三個角度理解績效考核：

（1）績效考核是從企業經營目標出發對員工進行考評，並使考評結果與其他人力資源管理職能結合，以推動企業經營目標的實現。

（2）績效考核是人力資源管理系統的組成部分，它運用一套系統、一貫的制度性規範、程序和方法進行考評。

（3）績效考核是對組織成員在日常工作中所表現的能力、態度和業績進行以事實為依據的評價。

歸納起來，績效考核是指考評主體對照工作目標或績效標準，採用科學的考評方法，評定員工的工作任務完成情況、員工的工作履行程度和員工的職業發展情況，並且將評定結果反饋給員工的過程。

(二) 什麼是績效管理

自20世紀80年代以來，經濟全球化的步伐越來越快，市場競爭日趨激烈，在這

種競爭中，企業要想取得競爭優勢，必須不斷提高其整體效能和績效。實踐證明，提高績效的有效途徑是進行績效管理。那麼，什麼是績效管理呢？

績效管理即企業為實現利潤最大化，運用各種管理方法和手段，對影響企業利潤的各種關鍵因素進行管理的過程，是直線經理與員工雙方就如何實現目標達成一種共識，並協助員工成功完成目標任務的管理方法。績效管理不是簡單的任務管理，它特別強調溝通、輔導及員工能力的提高。績效管理不僅強調結果導向，而且重視目標任務的完成，促進員工實現績效目標和個人和諧發展。

績效管理是一個管理循環，它包括績效計劃、績效監控、績效評價和績效反饋等環節。當一個績效管理循環結束後，根據績效管理循環中反應出來的問題，新的一輪績效管理循環又開始了，如圖1-2所示。

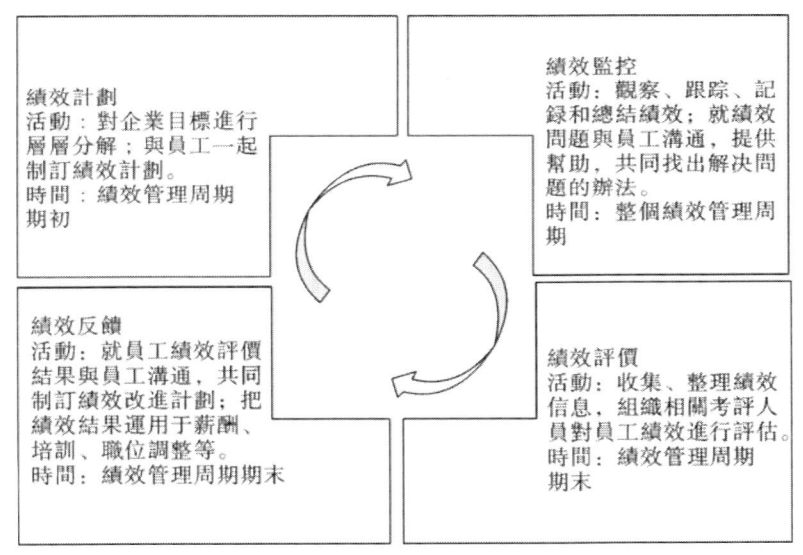

圖1-2　績效管理循環

(三) 績效考核與績效管理的區別

當前，我們很多人都在講績效管理，而其實他們做的是績效考核，把績效考核誤認為績效管理了。其實，績效管理與績效考核有著巨大的區別。績效考核是強調績效評估的管理方式，而績效管理不同，它是從績效計劃制訂，到績效監控，再到績效評價，最後到績效反饋的整個循環過程。它不僅強調績效評估，更強調績效的引導、績效的診斷及績效的改進提升等。績效管理的範疇比績效考核要廣泛得多，績效考核只是完整的績效管理過程中的一個重要環節，因而不能以績效考核來代替績效管理。無論是在基本概念上，還是在具體的實際操作上，績效管理與績效考核之間都存在著較大的差異，如表1-2所示。

(1) 績效考核比較強調員工之間績效好壞的判斷，而績效管理十分強調績效的計

表 1-2　　　　　　　　　　績效考核與績效管理的區別

績效考核	績效管理
側重於判斷和評估	側重於績效溝通與提高
強調事後獎懲	注重解決問題
得失關係	雙贏關係
結果	結果與行為
管理過程中的局部環節和手段	一個完整的管理過程
威脅性	推動性
針對過去績效	面向未來績效

劃，並以績效計劃來引導員工的工作。

（2）績效考核比較強調員工在某些方面做錯後的懲罰，而績效管理通過績效診斷與反饋，把績效問題反饋給員工，並共同尋求解決問題的辦法，因此績效管理比較強調問題的解決。

（3）績效考核強調績效結果，比較強調員工之間績效的對比，使員工之間形成「得—失」的競爭關係，而績效管理強調績效輔導，強調員工共同產生更高的績效，使員工形成「雙贏」的夥伴關係。

（4）績效考核十分注重績效結果，而績效管理既強調績效結果，又關注過程，認為好的過程是好的結果的原因。

（5）績效考核比較強調人力資源管理程序，強調人力資源部門在績效評估中的作用，而績效管理強調整個管理程序，強調評估者、被評估者、人力資源部門之間的互動。

（6）績效考核具有明顯的懲罰性、威脅性，員工做得不好就要接受懲罰，而績效管理更注重找出影響績效的原因和問題，並推動員工共同解決問題。

（7）績效考核注重過去的績效怎樣，而績效管理更注重以後的績效如何提高，面向未來績效。

績效管理與績效考核又是一脈相承、密切相關的。績效考核是績效管理中一個不可或缺的組成部分，績效考核成功與否在很大程度上取決於整個績效管理過程，有效的績效考核有賴於整個績效管理活動的成功開展，而成功的績效管理也需要有效的績效考核來支撐，通過績效考核可以為績效管理的改善提供資料，幫助企業不斷提高績效管理水平，幫助員工提高績效能力，幫助企業獲得理想的績效水平。

實施績效管理能夠為企業帶來持續的績效改善。美國某公司對一些上市公司的調查資料顯示，實施了績效管理的企業和沒有做績效管理的企業各主要經營指標差距非常大，如表 1-3 所示。

表 1-3　　　　　　　　　　企業實施績效管理效果對比　　　　　　　　　單位:%

指標	未實施績效管理	實施績效管理
股東投資回報率	0.0	7.9
股權收益率	4.4	10.2
資產回報率	4.6	8.0
投資回報現金流動率	4.7	6.6
實際銷售增長率	1.1	2.2
員工人均銷售額（$）	126,100	169,900

企業實施績效管理，其作用是顯而易見的：

（1）企業實施戰略落地的手段

績效管理的根本目的就是讓戰略落地。企業通過績效管理將戰略目標層層分解到各個業務單位、部門，直至落實到具體的工作崗位上。同時，企業通過合適的人崗匹配，設計合理的績效考核機制和分配機制，並通過對每個員工的績效進行管理、改進和提高等手段，提升企業整體的績效，進而實現企業所期望的「願景和使命」以及戰略目標。

（2）企業培育核心競爭能力的過程

一方面，企業層層分解目標計劃，並結合外部環境的變化確定關鍵績效指標及考核標準的過程，其本身就是一個企業對自身競爭能力進行分析和認識的過程；另一方面，企業定期診斷自身績效結果，與行業優秀標杆進行對比，並針對關鍵成功領域存在的差距，確定追趕策略的過程，其實就是一個企業培育核心能力的過程。企業核心能力的培育是一個自上而下、持續不斷努力的艱苦的漸進過程。

（3）為員工績效糾偏提供幫助

絕大多數員工都願意瞭解自己的個人績效，也想知道怎麼做才能到達組織的期望，這不僅是員工個人尋求滿足感的需要，員工也希望通過提升績效來提高薪酬和獲得晉升機會。績效考核可以為員工提供反饋信息，績效管理能夠幫助員工認識自己的優勢和不足，從而有針對性地制訂績效改進計劃和明確培訓方向。如果企業不能提供員工績效的信息反饋，員工就會尋找非正式的渠道瞭解自己的績效水平，而且還可能變得非常敏感，例如，員工可能會因為直線經理對自己不夠熱情而產生猜疑和挫折感，進而影響工作。

（4）為企業實施薪酬激勵和員工晉升提供依據

績效考核可以為甄別高績效和低績效的員工提供標準，為獎懲提供依據，從而確定績效工資和晉升機會在員工個人之間的分配。在薪酬分配中，員工業績是一個重要的因素。只有實行客觀公正的績效管理體系，不同崗位員工的工作成績才能得到合理的比較、薪酬分配、晉升晉級才能起到真正的激勵作用。

（5）能夠有效化解衝突

當員工認識到績效管理是一種幫助而不是責備的過程時，他們會更加積極配合。績效管理不是討論績效為何低下的問題，而是討論員工的工作成就、成功和進步，這是員工和直線經理的共同願望。對績效的討論不應僅僅局限於上級評判下級，而應該鼓勵員工自我評價以及相互交流對績效的看法。發生衝突和尷尬常常是因為直線經理在問題變得嚴重之前沒有及時處理。其實，問題發現得越早，越有利於問題的解決。直線經理的角色就是通過觀察發現問題，去幫助員工評價、發現員工自己的不足，共同制訂改進方案。如果直線經理把績效管理看成是雙方的一種合作過程，將會減少衝突，增進瞭解。

（6）可以有效促進質量管理

企業組織績效可以表現為數量和質量兩個方面。質量管理已經成為企業關注的熱點，如近年來銀行開展的標準服務技能的導入、行銷技能的導入、全面標準化管理的導入，無不是一種質量管理。Kathleen Guin（1992）指出，「實際上，績效管理過程可以加強全面質量管理（TQM），因為，績效管理可以給管理者提供管理 TQM 的技能和工具，使管理者能夠將 TQM 看成組織文化的一個重要組成部分」。可以說，一個設計科學的績效管理規程本身就是一個追求「質量」的過程——達到或超過內部、外部客戶的期望，提升企業價值和客戶價值的過程。

【案例分析】

從績效考核到績效管理

某銀行網點過去績效管理的重點只是停留在對員工進行簡單的評價階段。該網點負責人一直認為，考核是提升績效的唯一手段，只有通過嚴格的績效考核和獎懲，網點業績才能得到提升。然而，近幾年網點業績在支行的考核排名並不理想，員工的積極性也沒有得到有效提升，網點負責人和員工的對立情緒時有發生。

新的年度開始了，支行開展了績效管理的導入工作，終於使大家明白了績效「管」與「考」的巨大差異，即績效管理的目的在於提高員工的績效，而績效考核只是績效管理的一個環節。為此，該網點在接下來的績效管理過程中開始重視員工績效溝通，績效考核在網點的績效管理系統中佔有一席之地，但已不再是關注的唯一重點。年初，網點負責人與員工共同制定了工作目標；每個季度，網點負責人對工作目標進行評價，並與員工開展績效診斷分析，提出改進措施，確保其能夠達成目標。同時，網點負責人還主動關注員工個人發展計劃的實施情況。到了年底，網點負責人對員工的績效進行評價，並結合 360°反饋的信息對員工需要改進的方面提出建議。在整個績效管理週期內，網點負責人給員工持續的績效反饋，以幫助其順利完成工作任務。為了適應績效管理體系上的變化，該網點出抬了一系列有效措施：一方面，網點制定了員工業績缺口分析表，根據員工個人業績進度，隨時統計員工業績與目標任務的缺口，以此作為績效面談的依據和工具；另一方面，網點負責人注意與員工保持持續的績效

溝通，同時根據員工實際，制定了有針對性的培訓內容和方法。例如針對個人貴賓客戶的管理開展的行銷能力的提升、電話邀約技巧的培訓等。

經過大家的共同努力，該網點年底績效考核名列支行前茅，員工活力得到激發，客戶滿意度和員工滿意度均得到了有效提升。這一切變化均源自對績效管理認識的轉變。

三、績效管理中的幾個組織

銀行內部的一些組織和部門在績效管理工作中分別承擔了不同的職責。

(一) 績效考評委員會

績效考評委員會是績效管理中的決策機構。一般來講，各級行績效考評委員會由本級行決策層和各部門負責人組成，也有些行從外部聘請專家作為績效考評委員會成員。績效考評委員會主任一般由本級行行長擔任。銀行不同層級機構的績效考評委員會的職責也不盡相同。

1. 總行績效考評委員會主要職責
(1) 討論、審定銀行年度績效考核指標。
(2) 審批和下達各分支行、各部門年度績效考核指標。
(3) 討論修改、審核、審批銀行績效管理制度。
(4) 指導、監督績效管理制度的實施。
(5) 討論、決定、審批或調整、修正績效考核的最終結果。
(6) 討論、決定績效考核結果的運用。

2. 銀行各分支機構績效考評委員會主要職責
(1) 根據上級行的經營目標，制定本級行的年度績效目標和指標，並提交上級行績效考評委員會審核。
(2) 審批和下達銀行各分支機構、各部門的年度績效目標和指標。
(3) 根據上級行績效管理制度，制定本級行的績效管理制度。
(4) 指導、監督績效管理制度的實施。
(5) 負責對本級行部門和員工進行績效考評。
(6) 負責對本級行部門或員工的績效反饋和績效改進工作。

銀行最基層的經營網點，則成立網點績效考評小組，小組成員一般包括網點負責人、營運主管和員工代表，主要負責基層網點員工績效計劃、績效監控、績效評價和績效反饋等職責，網點績效考評小組接受上級行績效考評委員會的指導和監督。

(二) 人力資源部門

人力資源部門作為各級行績效管理的主要組織和執行部門，在銀行實施績效管理

的過程中更多的是扮演了一種組織、指導、協調的角色，其在績效管理中的主要職責有：

1. 組織協調

凡企業進行績效管理變革，必然會引起企業內部的震動，一些衝突不可避免，因此，人力資源部門要擔負起組織協調的工作。首先，要協調內部各個部門及員工之間的關係，建立一個和諧的人際關係氛圍，確保績效管理能夠穩步推進。其次，人力資源部門還是企業與外部專家的一個「接口」，起到溝通的作用。

2. 評估

企業要變革績效管理體系，必須從企業的實際情況和目前存在的問題出發，以問題為導向，立足於當前實際。因此，在銀行實施績效管理體系變革之前，必須對以下幾個方面進行評估：銀行的企業文化和價值觀、銀行所處的市場環境、銀行所面臨的競爭格局、銀行的基礎管理能力、銀行原有的績效管理制度體系等。只有做好了上述評估工作，才有可能使新的績效管理體系符合銀行的企業文化價值取向，符合銀行的實際情況，並能夠切中問題，做到有的放矢。

3. 輿論宣傳

人力資源部門要充分發揮輿論宣傳的作用，使績效管理的理念深入人心，化解員工心中的疑惑。

4. 培訓

在績效管理實施之前，人力資源部門要為參與考核的人員提供培訓，特別要對考評主體的直線經理進行培訓。培訓的內容主要包括：

（1）避免評價主體誤區的培訓。
（2）績效信息收集方法的培訓。
（3）評價指標的培訓。
（4）績效標準的培訓。
（5）評價方法的培訓。
（6）績效反饋的培訓。

5. 協調管理

協調管理工作主要包括：對考核過程進行監督、檢查，及時指出違反績效管理制度的地方，並督促糾正；收集績效管理實施過程中存在的問題、難點、建議等相關信息和資料，提出改進方案和措施；匯總、統計考核評分結果；建立員工考核檔案，以此作為員工薪酬調整、崗位調整、晉升晉級等依據；在績效考評委員會的領導下，協調處理考核申訴問題。

6. 績效改進

在績效管理完成一個週期後，人力資源部門要對績效管理過程中出現的問題進行分析，提出改進意見，不斷改進和完善績效管理工作。

（三）其他管理部門

其他管理部門的績效管理職責是：

（1）根據本級行的經營目標，制定本部門的年度績效目標和指標，並提交本級行績效考評委員會審批。

（2）協助本級行績效考評委員會和人力資源部制定本部門以及本部門員工的績效考核標準。

（3）執行銀行績效管理制度和方案，按照本行安排的績效管理進程組織本部門的績效管理。

（4）負責本部門員工考評。

（5）負責對本級行部門或員工的績效反饋和績效改進工作。

四、中國銀行績效管理的歷史演進

現代商業銀行績效考核體系的確立，源於1929—1933年經濟危機所導致的銀行倒閉風潮。此後，各國銀行機構都對銀行績效考核的方法進行了探索。20世紀70年代開始，隨著金融自由化的發展，銀行及其他金融機構的經營風險加劇，各國金融機構和國際金融組織更加重視金融風險的防範和化解工作，對以銀行為主的金融機構的績效進行科學、嚴謹、及時的評價，成為度量金融風險、考核銀行經營效益的有效手段。這樣，商業銀行的績效評價以及評價體系的建設工作隨之常態化，其科學的分析方法體系也得到了進一步的發展和成熟。

中國20世紀70年代末開始的市場經濟體制改革，促使中國人力資源管理體系在引進國外發達國家理論的基礎上逐步建立和完善起來，這其中就包括績效管理體系。就商業銀行績效管理來說，近年來發展非常迅速。中國商業銀行績效管理的演變是與中國銀行體制的發展演變密切相關的。回顧中國商業銀行績效管理的歷史，大致可以分為人事考核、績效考核、績效管理和戰略績效管理四個階段。

（一）第一階段績效管理：人事考核

新中國成立後至中國金融體系初步建立時期，中國銀行績效管理基本上實施的是人事考核。改革開放前期，與傳統計劃經濟體制相適應，實行的是大一統的銀行體制，中國人民銀行是唯一的金融機構。從1979年開始，中國農業銀行、中國銀行、中國建設銀行相繼恢復或獨立經營。這一時期銀行主要圍繞完成國家計劃，承擔的是資金收支、撥付等政策性職能。1983年9月，國務院發布了《關於中國人民銀行專門行使中央銀行職能的決定》。1986年1月，國務院發布了《中華人民共和國銀行管理暫行條例》，以行政法規的形式確立了金融體制改革的成果。此後，一些股份制商業銀行、城市信用社、信託投資公司紛紛設立，中國開始形成以中央銀行為領導、國家專業銀行

為主體、多種金融機構並存的金融組織體系。在 20 世紀 80 年代末期，四大專業銀行開始通過個人業務進行相互滲透，銀行間的競爭開始有所顯現。但直至 90 年代初，中國銀行業生態仍然是行政權力主導下的壟斷格局，銀行經營嚴格受到國家信貸計劃的約束。由於計劃經濟時期遺留下來的陳舊觀念和商業銀行體制改革有待深入，中國商業銀行人力資源管理體系尚未建立，銀行績效管理處於人事考核階段，考核主要以人為中心，實行定性考核，比較強調對人的品格或特徵的考核，業績考核不是考核的主要方面，評價標準相對模糊，主觀性強，考核的公平性、精確性差。

（二）第二階段績效管理：績效考核

從國有商業銀行地位的確立至股份制改革時期，是中國商業銀行績效考核從經驗型向科學型轉變的時期。以 1995 年《商業銀行法》的頒布為標誌，國有商業銀行逐步產生了「商業」意識，在管理體系中開始逐步建立績效考核體系，績效考核理念是追求銀行經營規模的最大化，績效考核體系主要包括行長目標責任考核、經營管理綜合考核、等級行評定考核等。進入 2000 年以後，國有商業銀行普遍開始關注銀行利潤問題，把利潤作為對銀行分支機構考核和評價的最重要的指標，逐步取消以經營規模為標準的等級行評定，代之以利潤考核為中心的經營效益指標。這一時期銀行績效考核的理念是追求銀行利潤最大化。2004 年，國務院決定並宣布中國銀行和中國建設銀行兩家商業銀行率先進行股份制試點改革，國有商業銀行的改革全面提速，資本約束、信息披露、內控機制對銀行業提出了更高的要求。國有商業銀行開始關注銀行價值問題，明確提出了以「價值最大化」作為自己的經營理念，建立了以經濟增加值為核心的績效考核模式，中國商業銀行的績效考核真正進入了科學型的績效考核階段。績效考核不再以人為中心，而是以工作為中心，績效考核比較強調工作任務和工作業績的考核，而對人的品德、態度等考核則退居次要地位，並開始將考核結果與薪酬、晉升等結合起來。但績效考核比較偏重於事後獎懲，而忽視績效溝通和改進，經過幾年的實踐，弊端開始顯現。

（三）第三階段績效管理：績效管理

進入 2004 年以後，經過幾年的績效考核實踐，中國不少商業銀行逐步認識到績效考核的弊端，在國外發達國家一些先進績效理論的影響下，開始引入績效管理體系，逐步從績效考核進入績效管理階段。中國商業銀行開始認識到，績效管理是一個循環體系，它以績效目標為中心，強調目標的引導作用，強調績效輔導、溝通與反饋，並強調績效的改進。績效管理推動員工在目標指引下自我管理，形成自我激勵和約束機制，不斷提高工作效率，通過提高個人績效進而提升銀行組織績效，績效管理是每一個管理者的核心工作。

（四）第四階段績效管理：戰略績效管理

雖然績效管理相對績效考核來說是一種飛躍式的進步，但越來越多的商業銀行認

識到，基於工作職責提煉出來的關鍵績效指標與目標管理的績效管理模式仍是一種面向日常事務的績效管理，績效管理的目標的完成只有助於維持現有績效，對銀行經營的提升和發展的作用相對有限，對銀行的戰略發展幫助相對有限。

面對日益激烈的競爭，如何使績效管理與銀行戰略結合起來，使績效管理能有效幫助銀行實施戰略，成為銀行戰略落地的工具，一直是商業銀行績效管理的難題。1992年，哈佛大學商學院教授卡普蘭和波士頓諮詢公司的諮詢顧問諾頓的《平衡計分卡：驅動績效的評價指標體系》以及《戰略地圖》和《戰略中心型組織》相繼出版，平衡計分卡和戰略地圖戰略績效管理思想和方法開始引入中國，部分商業銀行開始嘗試戰略績效管理，中國商業銀行進入戰略績效管理啟蒙階段。

戰略績效管理相對於職責提煉的關鍵績效指標的績效管理是一大突破，它使商業銀行績效管理真正從事務管理走向戰略管理，它強調績效管理為商業銀行戰略服務，它通過銀行戰略目標的分解，轉化為銀行自上而下各層級的目標，並通過目標進行有效管理，使個人績效、部門績效、經營單位績效與整體組織績效有效達成，從而保證商業銀行戰略的實現。

綜上所述，中國商業銀行已經歷了三個階段的績效管理，但它們都沒有將績效管理與銀行戰略有效聯繫起來。目前正處於績效管理的第四個階段——戰略績效管理的初期，一些商業銀行已經開始了戰略績效管理的探索，使績效管理與銀行戰略有效聯繫起來，推動商業銀行戰略的實施。

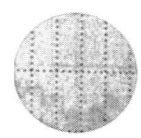
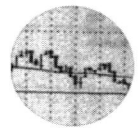

第二章　銀行績效管理方法

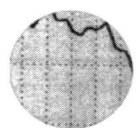
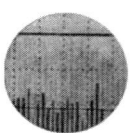

西方商業銀行加強績效管理是從20世紀60年代開始的。當時，商業銀行營運的外部環境一直受到高度監督，其特點表現為低利息率和存款利率受到嚴格控制，收益曲線也比較容易預測。那時大幅的利差非常普遍，銀行幾乎總能盈利。因為缺乏提高經營效率的動力，也就很少進行成本控制，幾乎不需要進行績效管理。銀行業的管制放鬆從20世紀60年代開始，並且持續了近30年。管制放鬆不僅縮小了利差，最重要的是導致了競爭的加劇。商業銀行不僅拓寬了產品種類，而且拓展了其業務的地理延伸範圍。同時，許多傳統意義上的非金融公司也進入了金融服務行業。這樣，在商業銀行管理中，加強績效管理日益顯得重要。為提高經營效益，保持競爭優勢，績效管理圍繞效益展開，並試圖通過績效管理改進內部管理，剔除不能創造收益的工作環節和服務品種。進入20世紀80年代以後，消費者獲得金融服務和產品的來源更加廣泛，為適應高度競爭的環境，商業銀行的績效管理在注重效益指標外，又涵蓋了許多非財務指標，如客戶關係、客戶滿意度、業務處理速度等，通過財務指標和非財務指標共同揭示商業銀行的經營狀況和員工的績效以及今後的發展方向等。

目前世界範圍內被商業銀行廣泛應用的比較系統的績效管理方法主要包括目標管理法（Management By Objectives，MBO）、360度考評法（360 Degree Feedback）、標杆管理法（Benchmarking）、關鍵績效指標法（Key Performance Indicator，KPI）、經濟增加值評價法（Economic Value Added，EVA）和平衡計分卡（Balanced Score Card，BSC）。此外，還有一些銀行績效管理中常常使用的比較零散的辦法，如員工業績評定表法、圖解式考核法、行為錨定等級評定法、關鍵事件考核法等，我們稱之為非系統考核方法。

一、目標管理法

目標管理法（Management By Objectives）是現代商業銀行中經常運用的一種考核方法，也稱MBO，它是管理者與每一位員工一起確定特定的可衡量的工作目標，並定期檢查這些目標完成情況的一種績效考評方法。具體過程是：在開始工作之前，管理者與員工共同制定目標、明確工作任務、完成期限、考核指標等；工作結束後，考核人根據考核指標，對被考核人的工作任務完成情況進行評估考核。

(一) 目標管理法的內涵

1. 目標管理要有目標

目標管理法的首要關鍵是設定戰略性的整體總目標。一個企業總目標的確定是目標管理的起點。此後，將總體目標分解為各經營單位、各部門和各個員工的具體目標。下一級機構的分目標和個人目標是構成和實現上級總目標的充分必要條件。企業總目

標、經營單位目標、個人目標，左右相連，上下一致，彼此制約，構成企業目標結構體系，形成一個目標連鎖體系。目標管理的核心就在於將各目標予以整合，以目標來整合各經營單位、各部門和員工個人不同的工作活動及其貢獻，從而實現企業的整體目標。

2. 目標管理必須制訂完成目標的工作計劃

工作計劃既包括目標的訂立，還包括實施目標的方針、政策以及方法、程序的選擇，使各項工作有所依據。計劃是目標管理的基礎，可以使各方面的行動集中於目標。它規定每個目標完成的期限和完成過程，否則，目標管理難以實現。

3. 目標管理與企業組織建設相互作用

目標是企業組織行動的綱領，是企業組織制定發展戰略、核算利潤並監督執行的前提，目標從制定到實施都是企業組織行為的重要表現。目標管理實質上就是企業組織管理的一種形式、一個方面。企業目標管理與企業組織建設必須相互作用，才能相輔相成。

4. 培養員工參與管理的意識

目標管理使員工認識到自己是既定目標下的成員，引導員工為實現目標積極行動，努力實現自己制定的個人目標，從而實現各經營單位和各部門目標，進而實現整個企業的整體目標。

5. 要與有效的考核辦法配合

考核、評估目標完成情況，是目標管理的關鍵環節。如果制定目標却不考評，目標管理就缺乏反饋過程，目標管理的目的就難以達到。

(二) 目標管理法的特點

1. 強調目標的統一性和整體性

企業的總目標通過層層分解落實到每一位員工身上，企業各經營單位、各部門和個人目標構成企業整體目標體系。同時，目標是經過上下級反覆溝通共同制定的，因而通過制定目標統一了大家的思想和認識。但這並不意味著基於本位主義就目標計劃討價還價，而是站在企業發展戰略的高度，就如何實現企業總目標下各分目標進行溝通，達成統一認識。

2. 強調員工的自主性和自控性

在目標管理體系中，企業每一位員工可以通過比較考核結果和目標來評估自己的績效，以便進一步改進，這就是自我控制。在目標管理中，員工承擔完成個人目標的責任，直線經理承擔檢查、指導、協助以及創造良好環境幫助員工實現個人績效的責任，員工通過對照目標任務評估自身業績，進行自我約束，並注重自我發展。

3. 強調結果導向

只看功勞，不看苦勞。完成任務受獎，完不成任務受罰，干和不干不一樣，干多干少不一樣，干好干壞不一樣。只看結果，不看過程。

(三) 目標管理法的優勢與不足

作為績效考核的重要工具，目標管理在企業得到了廣泛的運用，目標管理不僅對提高工作績效有顯著的作用，而且它能使管理者與員工明確自身任務，充分發揮自身潛能，獲得個人能力的提升。

1. 目標管理法的優勢

（1）促進內部溝通

通過實施目標管理，可以增強管理者與員工之間的相互溝通，培育企業內部的團隊意識，減少相互猜疑和相互間的不信任，有助於企業文化建設。

（2）提高工作效率

目標一旦確定，就會成為各級單位和員工的努力方向。為了實現目標，大家必然會努力工作，想方設法完成目標，因而工作效率會得到很大提高。

（3）聚焦整體目標

目標管理要求企業內各經營單位與個人必須圍繞企業總體目標的實現來開展工作，而不是各自為政，所有工作行為必須聚焦於企業整體目標。

（4）激發員工潛能

目標具有前瞻性，如何完成目標是對員工工作能力的考驗。如果激勵措施得當，在目標實現過程中可以鼓舞員工士氣，激發員工潛能。

（5）有助於績效評估

目標管理要求員工參與目標的制定，同時也確定了員工考核的客觀依據，將員工工作實際完成情況與原來設定的目標進行比較，以此評價員工績效。

2. 目標管理法的不足

（1）重結果輕過程

對於一些需要更多指導和能力不足的員工而言，會產生「不知道怎麼做」的問題，他們需要行為上和具體步驟上的指導才能完成目標。

（2）傾向於短期目標

在大多數的目標管理計劃中，往往很少有超過一年的目標，這也許會損害長期目標的安排。

（3）片面關注財務指標

現代企業的發展不僅應關注財務上的增長，而且還應關注非財務方面的發展，如社會貢獻度、客戶滿意度、員工滿意度等，而目標管理缺乏這方面的激勵。

（4）目標設置專業性要求高

企業的總體目標需要通過層層分解下達到各經營單位和個人，但如何合理分解目標任務卻一直是困擾著各級管理者尤其是基層經營單位負責人的一大難題，需要有比較高的專業能力，顯然我們在這方面也缺乏足夠有效的培訓。

(四) 目標管理法的操作流程

1. 目標制定與分解

對商業銀行來講，確定目標是目標管理的首要課題。商業銀行最高決策層制定戰略性目標後，通過目標「縱向」和「橫向」的層層分解，落實到各經營單位、部門和個人，最終形成一個有效的目標管理的網路。

「縱向」分解是一種自上而下的目標分解方法。縱向分解通常把上級的目標分解到下級，對數量目標來說，通常表現為上級目標數量值為所有下級目標數量的總和。具體到銀行基層網點，由於所處的市場經營環境和目標客戶千差萬別，各崗位員工的職責也不相同，如何科學合理地分解基層經營網點和員工的目標任務是困擾基層銀行的一大難點問題。

商業銀行的一些目標需要通過「橫向」來進行分解，主要體現在其部門目標設置上，有些部門在某些業務流程上承擔的職責和角色不同，但對該項業務的目標完成卻承擔同樣的責任。在橫向分解法下，銀行的目標數值為某一數值，而其下級某幾個部門的目標數值也為同一數值。

目標的制定要突出關鍵性。目標並不是越多越好，現在經常採用的是關鍵業績指標（KPI），通過對崗位關鍵成功要素、關鍵職責的產出分析來制定 KPI。例如客戶經理，其主要職責就是客戶行銷，其關鍵成功要素主要表現為存貸款行銷、客戶維護與拓展等方面；櫃員的主要職責是服務，其關鍵成功要素主要表現為服務質量、業務處理、客戶識別等方面。當然，這樣的目標設計不能太多，一般來說為 5~8 項，並保證目標至少能涵蓋其 80% 的工作。同時，關鍵性目標要在整個目標中佔絕對性的權重，這樣才能引起員工的足夠重視。

這個階段的最後還需要明確績效的衡量標準，包括確定指標計算方法、指標考核口徑，並制定具體的獎懲辦法。

2. 目標實施與監控

目標制定後，還要制訂各重要時間節點的目標計劃，如季度目標、月度目標等，並對這些重要節點上的目標執行情況進行診斷分析，發現偏離目標的問題時，要盡快查出原因，討論解決方案，及時做出調整。這個過程主要關注的是完成目標的進展，可以建立比如目標進展管理表或績效缺口管理表來進行監控。

3. 績效評定與反饋

如果員工能完成或超額完成年度目標，則說明員工取得了較好的個人績效。如果沒有能完成目標，則需要從多方面判斷分析其無法完成目標的具體原因，確定責任歸屬。無法避免的客觀原因可以考慮剔除，並適當修改考核結果。如果是員工自身原因，則應由其本人承擔責任。最後，根據考核結果評價員工業績，確定獎懲，識別員工的培訓需求。

(五) 目標管理實踐中常見的問題

1. 員工目標確定缺乏必要的溝通

上級主管往往利用職位優勢迫使員工接受既定任務，而不是詳細地向員工解釋目標是如何制定的，因此容易造成員工口服心不服的狀態，阻礙目標的實現。因此，需要加強相互溝通，增進員工對目標的理解，求同存異，統一認識，才能保證銀行整體目標的實現。

2. 目標分解不規範不合理

這主要表現在目標分解缺乏一套科學嚴謹的方法，主觀性太強。同時表現在本位意識對目標分解的干擾。此外，還存在目標審核程序形同虛設的情況，造成目標分解走樣。

3. 重視單位業績而忽視員工成長

由於受任期影響，個別領導只顧眼前業績，更多地考慮本人任期業績與個人晉升關係，而忽視了員工的成長，限制了員工積極性、創造性的發揮。

二、360度考評法

360度考核法（360 Degree Feedback）也稱全視角考核法，最早由英特爾公司提出並加以運用。其基本原理是：員工的工作是多方面的，工作業績也是多維度的，不同個體對同一工作得出的印象是不同的。該方法由被考核者的上級、同級、下級和客戶擔任考核主體，從各自不同的角度對被考核者進行全方位的評價，以獲得客觀公正的考核結果。這是一種基於全視角理念的考評方法，是一種多元信息反饋的考核系統。

360度考評的主要內容涉及被考評者的任務績效、管理績效、周邊績效、態度和能力等方面，重點在於考評過程中以及考評結束之後，要及時通過反饋程序，將考評結果反饋給被考評者本人，以達到改進行為、提高績效、促進發展的目的。360度考評反饋從多角度反應被考評者的績效行為，這使得考評結果更加全面、客觀和公正。特別是對反饋過程的重視，使考評起到「鏡子」的作用，提供了溝通、交流、學習和改正的機會。

360度考評反饋通常是以匿名的方式提供的，其評價信息來源不僅包括被評價者的直接上級，而且也包括組織內部和外部與員工有關的所有主體（包括員工本人、客戶等），有效地提高了績效評價和信息反饋的全面性和客觀性，因此在具體操作上要求更加科學和嚴謹。

360度考評反饋對各級管理者的能力和責任提出了更高的要求。他們必須重視日常性的過程管理，注意收集和整理被考評者的業績和行為信息，同時要掌握如何設計科學有效的績效評價內容和形式，提高溝通能力，從而最大化提升績效評價的效能。

（一）考評主體

不同的考核主體具有不同的特點，360度考評的核心要點是發揮相關考核主體的

優點，克服其缺點，讓最瞭解被考評者或某一方面績效行為的人來進行評價，重點在於反饋與改進，目的是提高和發展。不同考核主體優缺點如表 2-1 所示。

表 2-1　　　　　　　　　　不同考核主體優缺點分析

考核主體	優點	缺點
上級	瞭解企業發展戰略與規劃，具有明確的目標導向，熟悉企業業務流程和被考評者的工作重點與績效要求，掌握較全面的信息。	受個人判斷能力與管理水平影響大，主觀性強。
下級	有利於詳細瞭解具體的需求和下屬意見，促進上級管理者診斷和改進領導方式，獲得基層第一手信息。	可能因為從屬關係而產生顧慮，不敢或不便反應真實的意見與信息，有時還可能出現故意貶低或曲意逢迎的情況。
同事	彼此熟悉，對工作過程比較瞭解，評價和反饋意見針對性強，有利於加強績效改進和團隊協作。	受組織文化、公司政治影響大，客觀性、公正性需要通過一定的技術程序來保障。
本人	最瞭解自己的工作情況和績效行為，有利於及時改進和提高績效，對個人發展和組織承諾抱有積極期待。	不易做到嚴於律己，由於利益驅動可能總是偏向自我表揚和自我保護，有較強的主觀性和封閉性。
客戶	他們是企業服務的對象，也是企業利潤的來源，評價意見與反饋信息對企業和員工具有決定意義。由於是客戶，因此也具有很強的客觀公正性。	比較分散，評價意見與反饋信息不易收集，可能需要花費較多的時間和精力才能得到配合，為此需要加強日常經營管理工作和信息技術網路建設。
專家	掌握系統科學的績效評價技術方法，能夠準確理解企業戰略和績效要求，比較全面地瞭解企業業務和人員狀況，具有較強的科學性、客觀性、公正性和時效性。	如果是深入企業的諮詢專家，其評價意見與反饋信息就很有意義，否則就可能流於走馬觀花、主觀片面。選擇專家應注意內外部結合。

　　360 度考評最主要的特點在於它採取的是多評價源而非單評價源，因而比較全面和客觀，能夠有效防止以單一評價源進行評價時可能發生的主觀偏見和武斷，具有較高的信度和效度，同時也拓寬了信息來源的廣度和深度，便於對組織和員工的績效改進展開具體深入的反饋。

（二）考評流程

　　360 度考評主要分為四個階段，即準備階段、設計階段、實施階段、評估與反饋階段。

1. 準備階段

（1）明確目標

回答以下問題可以幫助管理者明確考評需要達到的目標。

■ 是否希望被考評者增強對自身優勢和發展領域的意識？
■ 是否希望被考評者在相關能力和素質方面進一步提升？
■ 是否希望被考評者對他們的上級、同事更信任，彼此建立良好的團隊關係？
■ 這項反饋能否給被考評者的關鍵績效行為帶來改變？
■ 是否在意多方參與的 360 度考評反饋可能導致管理成本增加？

（2）加強宣傳

通過宣傳，讓被考評者消除心理障礙，避免防禦和抵制情緒的產生。同時讓考評者正確認識自己的角色及360度考核的作用，從而盡可能提供客觀真實的信息。

2. 設計階段

設計階段主要是確定考評週期、考評人選、考評對象、考評內容以及設計調查工具。360度考評因實施和組織成本較大，因此一般是每年一次，時間通常定在年末，考評內容主要涉及被考評人員的任務績效、管理績效、周邊績效、態度和能力等方面。

360度考評工具一般採用問卷調查法。問卷的形式分為兩種：一種是給考評者提供5分等級或者7分等級的量表（等級量表），讓考評者選擇相應的分值；另一種是考評者寫出自己的評價意見（開放式問題）。兩種方法也可以綜合運用。從問卷的內容看，可以是與被考評者的工作情景密切相關的行為，也可以是比較具有共性的行為，或者是二者的結合。

設計調查問卷需注意三個問題：

（1）要與崗位職責相結合。不同工作崗位的工作內容、職責及技能要求是不一樣的，因此在設計問卷時，在考核指標和內容上應有差別。

（2）要與崗位要求相結合。要體現企業的戰略發展、組織目標、企業文化、價值觀和管理理念等。

（3）要考慮不同考評者對考評內容的側重點。不同層面的考評者會從不同角度對被考評者的工作行為進行考核，如上級考評者注重考核被考評者的領導能力、創新能力等，同級考評者主要考核其協調能力等。

此外，360度考評需要員工具有高度的參與感，上下級和同級之間高度信任，推行360度考評方能取得良好的效果，反之則會事與願違。

360度考評作為一種績效評價方法，在商業銀行中主要運用於選拔任用、個人發展、績效行為評價和培訓開發等方面。某商業銀行中層管理人員績效行為考評問卷如表2-2所示。

表2-2　　　某商業銀行中層管理人員績效行為考評問卷（示例）

考評項目	核心定義	考評內容	評分			
			上級考評	同事考評	下級考評	自我考評
求實進取	工作講求實際、腳踏實地，並以結果為導向，設定較高目標，不斷超越自我，力求把工作做到最好。	綜合考慮現有的資源、條件和制約因素，制訂工作措施或方案。				
		不滿足於已經取得的成績，積極借鑑標杆企業的做法，為自己的團隊設立更高的業務標準，不斷超越自我。				
		積極開展工作總結與調研，研究面臨的新問題、新情況，為基層行提供有效的解決方案，幫助解決困難。				
		面對困難和壓力，想方設法調動資源，尋找解決途徑，並不斷改進工作方法或流程。				

表2-2(續)

考評項目	核心定義	考評內容	評分 上級考評	評分 同事考評	評分 下級考評	評分 自我考評
客戶導向	以客為尊,有幫助和服務客戶的願望及行動,努力發現並滿足客戶的需求,提升客戶滿意度,實現雙贏。客戶包括內部客戶和外部客戶。	能掌握客戶需求尤其是潛在需求,提高現有的服務水平。				
		針對客戶新需求創造新的服務手段,持續高效地服務客戶。				
		不斷優化服務流程,健全服務標準,指導和監督客戶服務工作,提高服務質量。				
		積極發展與客戶的良好關係,提高客戶的滿意度和忠誠度。				
誠信合規	誠懇正直,信守承諾,秉持個人行為與銀行的企業價值觀、道德規範的統一;正確理解、貫徹執行銀行現行的規章制度體系,踐行和倡導合規文化。	踐行和倡導客觀公正的處事風格,面對與組織價值觀不一致的決策,敢於提出質疑。				
		即使面臨各種壓力,也能堅持原則,信守承諾,通過正當途徑完成工作。				
		加強合理授權和工作分工,堅持制度制約和崗位制約,督導強化本專業領域的規章落實。				
		能夠發現本專業領域內規章制度在制定和落實中存在的突出問題,並根據情況變化調整修訂或建立相關制度。				
團隊合作	以實現共同的團隊目標為導向,明確團隊角色,積極配合團隊成員工作,協調化解內部衝突,提升團隊成員歸屬感,實現共同利益目標。	主動溝通,商討解決跨部門問題,積極參與跨部門合作項目或團隊活動。				
		合理界定團隊職能,積極指導和發展團隊成員的能力以提高團隊業績。				
		妥善處理不利於團隊合作的問題,協調、解決團隊內及團隊間的衝突。				
		營造有利於團隊成員發揮長處的環境,實現協同效果,提升團隊成員歸屬感。				
創新變革	能夠適應環境的變化,解放思想,接受並參與變革;善於學習和吸收新知識、新觀念,能創造性地開展工作。	主動參與變革,勇於接受新觀點,嘗試新的工作模式。				
		引導團隊開展創新,營造良好創新環境,為尋找問題解決方案提供有用的建議和指導。				
		面對難題,能進行多角度分析,創造性地解決問題。				
		不斷關注行業內領先企業的做法,提出有價值的創新方案。				
高效執行	及時回應客戶需求和上級指示,提高執行效率;傳達、檢查和評估工作目標的執行,確保執行效果。	分解落實全局工作目標,確定工作任務,指導下屬制訂和執行計劃。				
		整合完成任務可利用的潛在資源,預測執行中可能遇到的障礙並制訂預案。				
		跟蹤多個複雜工作任務,評估計劃執行進度,提高工作效率。				
		完善規章制度,修訂、優化工作流程,為完成全局性的任務目標提供建議。				

3. 實施考評

（1）問卷的開封、發放要實施標準化的管理。問卷填寫採用匿名評估的方式，整個問卷填寫時間不宜過長，15～30分鐘為宜。

（2）問卷的收卷和加封保密要嚴格，由相關人員監督執行，避免被篡改。

（3）評估報告要用數據說話，內容表述簡明易懂。一般情況下，360度評估報告應當包括維度的定義和描述、被考評者核心能力的確定、不同來源評價觀點的比較、被考評者能力綜述及最高和最低得分項目等內容。

4. 評估與反饋

360度考評的評估與反饋階段非常重要，意味著360度考核工作的落實。360度考核工作的評估與反饋是一個雙向反饋過程，主管領導應積極地將考評統計結果反饋給被考評者，並與被考評者進行面對面的交流，向被考評者解釋每一項評價內容的含義，並協助被考評者制訂個人績效行為改進計劃。

(三) 360度考評的優勢與不足

實施360度考評的目的，在於通過獲得和使用高質量的反饋信息，支持和鼓勵員工不斷改進行為，提高自己的工作能力和績效，達到個人與組織共同成長的目的。這種評價模式較只使用單一評價來源的評價方式更為客觀、準確、公正、真實、可信。同時，通過這種考評方式，被考評者可以客觀準確地評價自我，瞭解自己在職業發展中存在的優勢與不足，激勵自我更為有效地發揮工作能力，贏得更多的發展機會。此外還能幫助管理者改進管理工作行為，提高管理水平，發現和解決組織內員工之間的矛盾和衝突。而組織則可通過360度考評反饋，在客觀分析和使用反饋信息的基礎上，做出正確的評價與決策，加強管理者與員工的雙向交流，提高員工的參與積極性，創造良好的組織氛圍，激發員工工作的積極性和創造性，幫助企業進行團隊建設。

1. 360度考評法的優勢

（1）全方位、多角度

由於考評者來自企業內外的不同層面，得到的考評信息角度更多，考核評價更全面、更客觀。同時，員工對管理者的直接評價實際上促進了員工參與管理。

（2）客觀公正

由於360度考評採用匿名方式，使考評者能夠比較客觀地進行評價。另外，通過開放式表格，可以收集到很多比較中肯的評價意見。

（3）強調服務

對不同的考評者分別賦予不同的權重，而尤以服務對象權重最大。

（4）自我發展意識增強

多角度的反饋，使員工得到充分的反饋信息，具有很強的說服力，可以幫組員工正確地調整自我認知和自我行為，增強自我發展意識。

（5）誤差較小

考評者來自不同層面，而且每個層面的考評者都有若干名，考評結果取其平均值，

從統計學的角度看，結果更接近於客觀情況，可相應減少個人偏見及評分誤差。

（6）基於勝任特徵

其設計依據是抓住關鍵績效行為，把影響績效表現的深層次的內容揭示出來，從而能夠區分表現優異者和表現平平者的勝任特徵。

2. 360度考評法的不足

360度考評的範圍廣、成本高；容易用行為評價代替績效評價；受組織文化影響很大；評價參照標準不確定，偏向關注一般特質而不是特定工作行為；考評以個人記憶為基礎，不能完全真實反應被考評者過去的工作行為；考評者不能觀察到被考評者的全部工作行為，容易以偏概全。在實施360度考評反饋的過程中，如果培訓和運作不當，可能會在組織內造成緊張氣氛，影響員工的士氣。此外，實施360度考評很容易遇到一些陷阱，如專斷、文化震盪、監督失效、裙帶關係、組織成員忠誠的消失等。

【案例分析】

看起來很美，用起來却難如人意

每年年末，員工最關心的無疑是個人的年度績效考核。某商業銀行YYB網點按照上級行的統一要求，運用360度考評法對員工行為能力（CPI）進行考評。由於員工行為能力指標占員工個人年度綜合績效考核權重10分，這項工作的開展直接關係到員工的切身利益，因此網點負責人不敢懈怠。為了達到對員工進行全面、客觀、公正評價的目的，網點負責人對測評工作進行了充分的安排：

一是確定考核內容。圍繞被考核員工的崗位職責和所承擔的工作任務，以履行職責和完成目標任務情況為主要依據，對員工在求實進取、客戶導向、誠信合規、團隊合作、創新變革、高效執行六個方面的表現進行考核。考核實行百分制，結果按相應的權重分折算納入員工年度綜合績效考核。

二是設計測評表。見表2-3。民主測評表根據上級行統一制定的問卷模板，主要有四個要點：

（1）權重分配。首先，在考核人的權重分配上，網點負責人（含營運主管）、員工的權重分別為0.6和0.4。其次，在考核內容的權重分配上，分為求實進取、客戶導向、誠信合規、團隊合作、創新變革、高效執行六個維度，各維度的分值分別為20分、20分、20分、15分、10分和15分。最後，為了確保測評得分分佈在一個合理的區間，保證結果的有效性，劃分優秀、良好、一般、較差四個檔次，並分別賦予滿分的0.95、0.8、0.7和0.6權重。

（2）區分考核人的身分。因為不同考核人的權重不同，所以，為了區分考核人，該問卷設計了考核人身分選項。

（3）測評方式。為了保證測評結果的客觀性，採取無記名的方式。為了簡化測評，測評時用選擇的方式代替了常用的打分方式。

（4）結果運用。民主測評以百分制計分，滿分為100分，得分結果按10分權重納

表 2-3　　　　YYB 網點員工行為能力（CPI）考核民主測評表

考核內容					被考核人姓名			
					張三	李四	…	…
求實進取	・做事嚴謹、精細，盡心盡力完成各項任務 ・願意接受任務或主動幫助他人解決問題，遇事不推諉、不推卸責任 ・仔細完成自己負責的任務，不把問題留給他人 ・主動學習工作領域的專業知識，積極貢獻自己的建設性意見	20	優秀	0.95				
			良好	0.8				
			一般	0.7				
			較差	0.6				
客戶導向	・認識到以客為尊的重要性，能根據標準的程序為客戶提供服務 ・明確目標客戶，及時回應客戶需求，主動熱情服務客戶 ・能夠發現和解決常見的客戶問題，並採取行動以避免再次發生 ・當處理客戶的投訴時，能收集相關的信息，找出問題的癥結所在	20	優秀	0.95				
			良好	0.8				
			一般	0.7				
			較差	0.6				
誠信合規	・踏實工作，不弄虛作假，不粉飾成績，不做違反職業操守和道德規範的事 ・說到做到，對上級、同事和客戶的工作承諾及時按質按量完成 ・嚴格按流程操作，不超越授權行事，不因個人情緒或其他想法而影響組織利益 ・日常工作中遵循與崗位相關的制度，不以人情、習慣、信任代替制度	20	優秀	0.95				
			良好	0.8				
			一般	0.7				
			較差	0.6				
團隊合作	・充分瞭解和認同團隊使命和目標，明確知曉自己在團隊中的角色和職責 ・與團隊成員保持坦誠的溝通，能夠與他人分享信息和經驗 ・支持團隊做出的最終決定並努力付諸行動，即使是在個人對上述決定持有保留意見的情形下 ・與團隊成員建立並保持坦率友好、相互支持的工作關係	15	優秀	0.95				
			良好	0.8				
			一般	0.7				
			較差	0.6				
創新變革	・接受變革，學習和吸收新知識、新觀念 ・利用新技術處理日常工作，提高工作效率，提高服務質量 ・在日常工作中，注意收集市場（客戶）需求，提出改進產品、服務等方面的合理化建議 ・以開放、積極的心態參與討論，激發創新思維	10	優秀	0.95				
			良好	0.8				
			一般	0.7				
			較差	0.6				
高效執行	・獨立或在他人的簡單指導下，按照既定工作程序要求，按時保質保量完成指定的工作任務 ・運用常識和明確的操作規則解決日常工作中的問題 ・對自己的工作結果勇於承擔責任，不推諉不推卸 ・及時向上級報告任務執行中的難點問題和異常情況，準確反饋任務執行情況	15	優秀	0.95				
			良好	0.8				
			一般	0.7				
			較差	0.6				

入員工年度綜合績效考核。如果最終民主測評得分為60分以下，則直接認定該員工年度綜合績效考核等級為「不稱職」。

三是組織民主測評。該網點負責人利用網點夕會時間，將考核測評表發給每一位員工填寫，並要求所有網點員工本著對網點負責、對他人負責、對自己負責的態度進行客觀、公正的評價。

四是考核結果運用。考核結果出來以後，網點負責人直接將考核分數按相應權重折算，納入網點員工個人績效考核和年度績效工資分配。

該網點360度測評表制定的質量確實比較高，同時也按要求完成了員工的民主測評，但是網點員工對最後的測評結果並不買帳。該網點原本希望通過360度考評客觀、公正地反應員工的績效，最後反而導致了員工之間信任水平降低，影響了網點團隊合作的氛圍。

看起來很美，用起來卻難如人意。360度考評像把「雙刃劍」，只要運用得當，完全可以充分發揮作用，取得預期的效果。從上述網點執行360度考評的情況來看，以下幾個問題應加以改進：

（1）考評參與主體。合理界定考核人是影響考核效果的重要因素之一，銀行作為一個重要的服務窗口，其客戶對員工的評價是一個重要的環節，因其具有很強的客觀公正性，因而不能被忽略。

（2）考評動員培訓。如果在考評前召開全體員工會議，進行動員培訓，說明整個考核過程，怎樣開始、怎樣結束，向員工講清其意義，瞭解評價的目的，就可以有效減少評價中的人為因素。

（3）組織個人述職。在測評之前，有必要組織被考核人述職，一方面是為了讓有關考核者對被考核人有一個更加全面、深入的瞭解，另一方面也是對被考核人人品的一個檢驗。

（4）撰寫考核報告。網點考核小組根據民主測評結果，結合被考核人的個人述職，撰寫考核情況報告，客觀描述被考核人的考核情況，並對民主測評結果的可靠性進行分析。

（5）考核反饋。360度考評反饋的第一次反饋，應該是個人自己的反饋，並且根據其結果應當是確定的，讓員工能夠及時根據反饋的結果改進工作行為。

（6）幫助改進。在把個人的360度考評反饋結果告訴員工之後，要積極指導其改進工作中的不足之處，從而提高其績效，這才是績效評價的最終目的所在。

三、標杆管理法

標杆管理法（Benchmarking）由美國施樂公司於1979年首創，後經美國生產力與質量中心系統化和規範化，標杆管理發展成為重要的支持企業不斷改進和獲得競爭優勢的管理方法之一。

(一) 什麼是標杆管理

自從施樂公司推行標杆管理取得明顯成效之後，大型企業紛紛效仿。目前世界500強企業中有近90%的企業在日常管理活動中應用了標杆管理法。施樂公司將標杆管理定義為「一個將產品、服務和實踐與最強大的競爭對手或者行業領導者相比較的持續流程」。美國生產力與質量中心則將標杆管理定義為「一個系統、持續的評估過程，通過不斷將企業流程與世界上居領先地位的企業相比較，獲得幫助企業改善經營績效的信息」。

對於商業銀行來說，標杆管理就是銀行通過不斷尋找和研究同行或相近行業中一流企業的最佳實踐，並以此為基準與本行進行比較、分析、判斷，從而使本行不斷得到改進，進入或趕超區域領先銀行，創造高績效的良性循環過程。銀行所選擇的標杆對象不局限於同一區域內領先的銀行，也可以是相近行業的其他非銀行類優秀企業。標杆管理的核心就是向行業內外最優秀的企業學習。通過學習，銀行重新思考和改進經營實踐，創造自己的最佳實踐，這實際上是一個模仿和創新的過程。

標杆管理的核心思想就是認為企業的業務、流程、環節都可以解剖、分解和細化。銀行可以根據需要去尋找整體最佳實踐或者優秀部分進行標杆比較，比如銀行可以選擇本地區領先的銀行進行整體對比，也可以選擇部分如某項業務流程進行部分對比，參與主體可以是各個層級的經營機構，比如支行甚至網點等尋找優秀對象進行標杆比較。銀行通過比較和學習，可以重新思考並改善經營管理模式，借鑑先進的模式和理念，逐步形成適合自己的全新的最佳經營管理模式和方法。通過標杆管理，銀行能夠明確產品、服務、流程等方面的最高標準，然後做出必要的改進來達到這些標準。因此，標杆管理是一種擺脫傳統的封閉式管理的有效方法。

1. 標杆管理的類型

標杆管理可以分為以下四類：

(1) 內部標杆管理

內部標杆管理是企業以企業內部操作為基準，通過辨識、篩選企業內部優秀的經營管理實踐，並在企業進行推廣，從而實現經驗共享，是企業提高績效的最便捷的方法之一。其類似於企業經常開展的樹典型、學先進的活動。但是，單獨執行內部標杆管理法往往導致產生內向視野，容易形成封閉思維，因此內部標杆管理法應經常與外部標杆管理法結合使用。

(2) 競爭標杆管理

競爭標杆管理的目標是企業與同一區域市場的其他企業在產品、服務和流程等方面的績效和實踐進行比較，直接面對競爭者。它實施起來比較困難，原因在於公共領域的信息容易獲得，有關競爭對手的其他信息卻比較難以獲得。

(3) 職能標杆管理

職能標杆管理是企業以行業領先的企業或其他企業的優秀職能操作為基準進行的

標杆管理。職能標杆的基準是非競爭性的企業或其他優秀外部企業及其職能或業務實踐。由於沒有直接的競爭關係，因此合作者往往比較願意提供和分享技術與市場信息。

（4）流程標杆管理

流程標杆管理是企業以最佳工作流程為基準進行的標杆管理。由於比較的是類似的工作流程，因此流程標杆管理法可以跨不同類型的企業進行。它一般要求企業對整個工作流程和操作有很詳細的瞭解。

2. 標杆管理的特點

標杆管理作為一個重要的績效管理方法，在企業組織變革、組織學習和績效管理中都有廣泛的應用。在標杆管理的實踐中，主要表現出以下特點：

（1）績效比較和超越貫穿於績效管理的始終。企業選擇一個超越的績效基準，超越標杆就是績效改進、績效提升並實現超越的過程，體現了績效比較和評價的基本思想。

（2）標杆是最佳實踐和最優標準。標杆往往是行業內或者一定區域範圍內的最佳實踐或者最優標準。企業通過與標杆進行全面的比較和分析，找出差距，制訂超越方案，實現超越。企業在選擇標杆的時候，可以根據其領域的不同，選擇不同的標杆進行超越。比如華為在選擇標杆的時候，就是根據不同的業務領域選擇不同的對象進行學習和超越。如在業務流程管理上，華為通過向IBM學習，逐步由電信設備製造商向電信整體方案提供商和服務商轉變；在人才培養上，華為則選擇向GE學習，把組織發展和個人發展結合起來。

（二）標杆管理的實施步驟

標杆管理的規劃實施有一套邏輯嚴密的步驟，大體可分為以下五步：

第一步，確認標杆管理的目標。企業在實施標杆管理的過程中，首先要堅持系統優化的思想，不是追求組織某個局部的優化，而是著眼於企業組織總體的最優。其次要制訂有效的實施規劃，以避免實施過程中的盲目性。

第二步，確定比較目標。比較目標就是能夠為企業提供值得借鑑的信息的組織和部門，比較目標的規模和性質不一定與企業相似，但應在特定方面為企業提供良好的借鑑。

第三步，收集與分析數據，確定標杆。分析最佳和尋找標杆是一項比較繁瑣的工作，但對於企業標杆管理的成效非常關鍵。標杆的尋找包括實地調查、數據收集、數據分析、與自身實踐比較找出差距、確定標杆指標。

第四步，系統學習和改進。這是企業實施標杆管理的關鍵。企業標杆管理的精髓在於創造一種環境，使企業員工在戰略願景下工作，自覺地學習和變革，創造出一系列有效的計劃和行動，以實現企業的戰略目標。同時，標杆管理往往涉及企業業務流程的完善和行為方式的優化，因此需要採取培訓、宣講等各種方式，真正調動員工的積極性。

第五步，評價與提高。企業實施標杆管理不可能一蹴而就，而是一個長期漸進的過程。每一輪完成之後還需要重新檢查標杆管理的目標與實際達到的效果，分析差距，找出原因，為下一輪改進打下基礎。

標杆管理作為企業改善經營績效、提升競爭能力的一種管理方法和工具，可以與其他管理工具結合使用，比如在設置績效目標或者提煉關鍵績效指標的時候，就可以運用這一方法。

(三) 標杆管理的優勢與不足

樹立標杆的目的是為了超越。企業實施標杆管理，必須針對自身特點，抓住學習創新的關鍵環節，促進企業戰略目標的實現。片面理解標杆管理而惰於創新，不但與標杆管理的初衷背道而馳，而且也不能從根本上提高企業的核心競爭力。對標杆管理的作用和局限性進行瞭解，有助於更有效地使用這一管理方法。

1. 標杆管理的優勢

標杆管理為企業提供了優秀的管理方法和管理工具，具有較強的可操作性，能夠幫助企業形成一種持續追求改進的文化。其優勢主要表現在：

（1）標杆管理有助於提升企業績效

企業通過辨識行業內外最佳企業的績效及其實踐途徑，確定需要超越的標杆，然後指定需要超越的績效標準，同時制定相應的改善措施，進而實現標杆超越，最後制定循環提升的超越機制，從而實現企業績效的持續提升。

（2）標杆管理有助於企業的長遠發展

標杆管理是企業挖掘績效潛力的有效方法。企業將組織內部各環節和流程與標杆進行全面比較，使個人、部門甚至組織的潛能受到充分激發，有利於形成良好的企業文化，從而實現外在動力轉化為內在發展動力，為企業的長遠發展提供保障。

（3）標杆管理有助於企業建立學習型組織

學習型組織實質上是一個能熟練地創造、獲取和傳遞知識的組織。標杆管理的實施有助於企業發現其在產品、服務、工作流程以及管理模式等方面存在的問題，通過學習標杆的成功之處，結合實際形成適合自身的最佳管理實踐，並且這個實施過程是一個持續學習、更新完善的過程。

2. 標杆管理的不足

從本質上來講，標杆管理仍然是一種片段式、漸進的管理手段，因為所有的業務、環節和具體的工作都可以作為對象進行對比。因此，企業在實施標杆管理的時候，不一定能從整體最優的角度出發實施標杆超越，雖然可以取得一定的效果，但是在很多時候會遇到困難和挫折。所以，標杆管理方法通常應與其他績效管理方法配合使用，才能更好地發揮其作用。

四、關鍵績效指標法

(一) 什麼是關鍵績效指標

所謂關鍵績效指標（Key Performance Indicators，KPI）是企業將組織戰略目標經過層層分解而產生的、具有可操作性的、用以衡量企業組織戰略實施效果的關鍵性指標體系。其目的是建立一種機制，將企業組織戰略轉化為內部流程和活動，從而促進企業取得持續的競爭優勢。關鍵績效指標核心思想是帕累托法：關鍵的少數和次要的多數，亦即「二八」原則，認為抓住企業的關鍵成功領域（Key Result Areas，KRA），洞悉企業的關鍵成功要素（Key Performance Factors，KPF），有效管理企業的關鍵績效指標，就能以少治多、以點帶面，從而實現企業戰略目標，打造持續的競爭優勢。其中，關鍵成功領域是為了實現企業戰略而必須做好的幾個方面的工作。關鍵成功要素是對關鍵成功領域的細化和定性描述，是制定關鍵績效指標的依據。關鍵成功領域、關鍵成功要素和關鍵績效指標始終保持著戰略導向性，三者的關係如圖 2-1 所示。

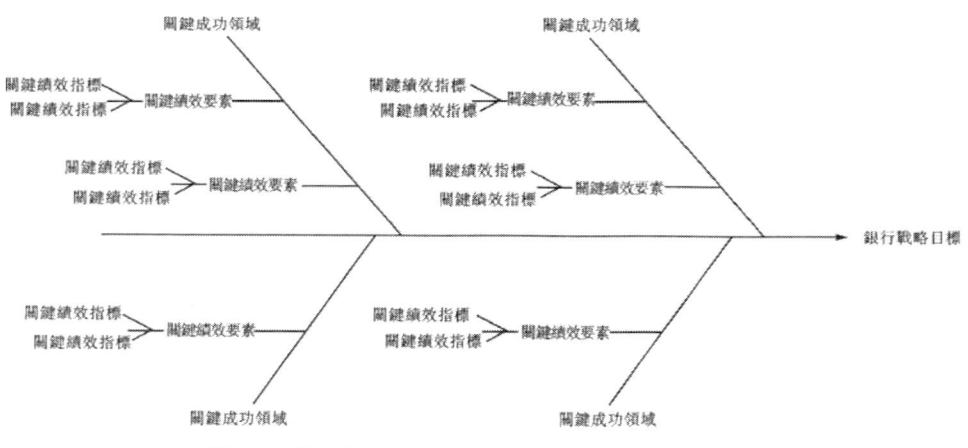

圖 2-1　基於銀行戰略的 KRA、KPF、KPI 的關係魚骨圖

1. 關鍵績效指標體系特性

（1）衡量企業組織戰略實施效果的關鍵性指標體系

這包括兩方面的含義：一方面，確保關鍵績效指標是戰略導向的，即關鍵績效指標是企業由組織戰略層層分解得出的，是對企業組織戰略的進一步分解和細化；另一方面，確保關鍵績效指標是「關鍵性」的，是對企業組織成功具有重要影響的。

企業組織戰略對關鍵績效指標具有決定性的作用。當組織戰略目標調整或者改變時，關鍵績效指標體系必須根據組織戰略目標的變化做出相應的調整或改變，特別是當企業進行經營戰略轉型時，關鍵績效指標必須及時反應出企業經營戰略的關鍵成功領域和關鍵成功要素。

作為商業銀行，其關鍵績效指標體系同樣主要來自於銀行總體戰略的層層分解和承接。但由於商業銀行各經營單位比如支行和網點所在區域的經濟環境和市場競爭格局不同，經營單位還需要結合當地的區域環境制定獨有的績效指標。

（2）最能有效影響企業價值創造的關鍵驅動因素

關鍵績效指標是對驅動企業戰略目標實現的關鍵領域和重要因素的深入發掘，它實際上提供了一種管理思路。作為管理者，應該抓住關鍵績效指標進行管理，通過關鍵績效指標將員工的行為引向企業的戰略目標方向。關鍵績效指標引導管理者將精力集中在能對績效產生最大驅動力的經營行為上，及時瞭解和判斷企業經營過程中出現的問題，及時採取提高績效水平的改進措施。

（3）對企業戰略目標有增值作用的可衡量的績效指標體系

企業經營活動的效果是內因和外因綜合作用的結果，這其中內因是員工可控制和影響的部分，也是關鍵績效指標所衡量的部分。關鍵績效指標應盡量反應員工工作的直接可控效果，並剔除他人或環境造成的其他方面的影響。例如，銀行存款淨增與市場份額都是衡量前臺行銷部門市場行銷能力的指標，而某銀行存款淨增是該地區全部存款淨增規模與該行市場份額相乘的結果，其中該地區全部存款淨增規模是不可控變量。在這種情況下，兩者相比，市場份額更能體現關鍵績效的核心內容，更適於作為關鍵績效指標。

2. 關鍵績效指標類型

（1）按照關鍵績效指標層次劃分

按照關鍵績效指標的層次不同，可劃分為組織關鍵績效指標、部門關鍵績效指標和個人關鍵績效指標。其中組織關鍵績效指標來自於企業對組織戰略的分解；部門關鍵績效指標來自於對組織關鍵績效指標的承接和分解；個人關鍵績效指標來自於最小經營單位和部門關鍵績效指標的承接和分解。這三個層次的指標共同構成了企業整體的關鍵績效指標體系。關鍵績效指標體系的建立過程，強調在企業戰略的引領下，將企業的戰略規劃和目標通過自上而下的層層分解落實為組織、部門和個人的關鍵績效指標，並通過在組織系統內推行關鍵績效指標，將企業戰略規劃轉化為內部管理的過程和具體行動，從而確保企業戰略目標的有效實現。

（2）按照關鍵績效指標的性質劃分

按照指標性質的不同，企業關鍵績效指標分為財務指標、經營指標、服務指標和管理指標。其中財務指標側重於衡量企業創造的經濟價值；經營指標側重於衡量企業經營運作流程的績效；服務指標側重於衡量客戶對企業所提供的產品和服務的態度；管理指標側重於衡量企業日常管理的效率和效果。如表2-4所示。

表 2-4　　　　　　　　某商業銀行關鍵績效指標分類（示例）

類別	目標	關鍵績效指標舉例	作用
財務指標	側重於與商業銀行會計職責一致的價值創造	人均經濟增加值 經濟資本回報率 資產回報率 成本收入比	確保創造經濟價值
經營指標	側重於在日常經營管理流程以及跨職能、跨業務輔助流程中創造價值	存款淨增 存款市場份額 產品銷售 個人高價值客戶淨增 對公結算帳戶淨增 重點法人客戶行銷 小微企業貸款 現金管理客戶淨增 產品創新	確保近期和遠期的側重點
服務指標	提供客戶對銀行經營注意度、滿意度的看法	客戶滿意度 網點功能優化 自助設備營運率	確保近期和遠期的側重點
管理指標	建立良好的激勵機制和內部控制機制	績效評價機制 薪酬制度 員工培訓 員工個人職業發展 員工滿意度 風險管理 內部控制	包括對銀行業績的內部和外部評判

3. 商業銀行的績效指標體系

商業銀行關鍵績效指標的構建是以組織關鍵績效指標、部門關鍵績效指標和個人關鍵績效指標為主體的。但在管理實踐中，關鍵績效指標並不是績效指標的全部，還有兩類指標來源：一類是來源於部門或崗位的核心職責，體現了商業銀行組織各層次具體工作職責的基本要求；另外一類是基於商業銀行所在區域經濟環境而制定的獨有的績效指標，體現了商業銀行基層經營單位「一行一策」或「一點一策」的差異化發展要求，這兩類指標通常被稱為一般績效指標（Performance Indicators，PI）。在設計基於關鍵績效指標的績效管理體系的時候，通常商業銀行組織層面的績效指標都是關鍵績效指標，而部門層面和個人層面的績效指標則是由關鍵績效指標和一般績效指標共同構成的，如圖 2-2 所示。但是，不同部門所承擔的兩類指標的構成不同，有的部門承擔的關鍵績效指標多，有的部門承擔的關鍵績效指標少，有的甚至不承擔關鍵績效指標。比如，對於一些支持部門（如辦公室、保衛部、人力資源部等）而言，它們的績效指標更多的來自於部門的職能或職責，不是源於銀行組織戰略的分解，因此

這類部門的一般績效指標所占比重較大,而關鍵績效指標所占比重相對較小。個人層面的績效指標構成也是由關鍵績效指標和一般績效指標構成的。

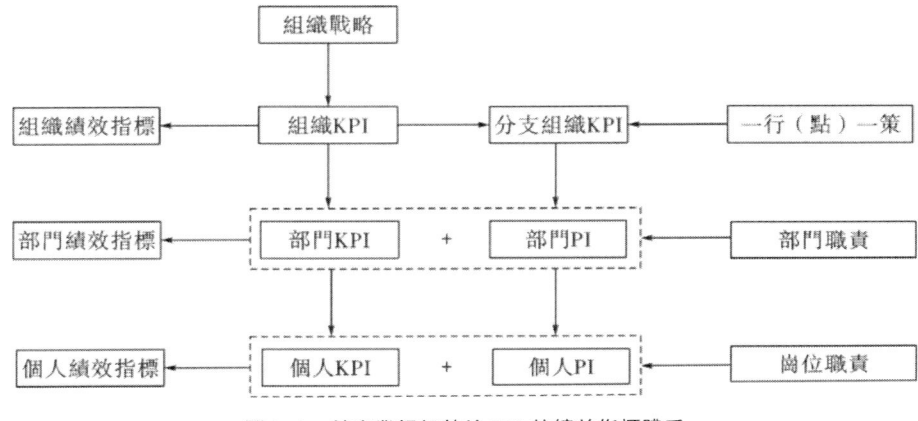

```
                    ┌──────────┐
                    │ 組織戰略 │
                    └────┬─────┘
                         ↓
┌──────────┐        ┌──────────┐        ┌──────────────┐        ┌──────────────┐
│組織績效指標│ ←── │ 組織KPI  │ ←──→ │ 分支組織KPI  │ ←── │ 一行(點)一策 │
└──────────┘        └────┬─────┘        └──────────────┘        └──────────────┘
                         ↓
┌──────────┐        ┌─────────────────────────┐        ┌──────────┐
│部門績效指標│ ←── │  部門KPI  +  部門PI    │ ←── │ 部門職責 │
└──────────┘        └─────────────────────────┘        └──────────┘
                         ↓
┌──────────┐        ┌─────────────────────────┐        ┌──────────┐
│個人績效指標│ ←── │  個人KPI  +  個人PI    │ ←── │ 崗位職責 │
└──────────┘        └─────────────────────────┘        └──────────┘
```

圖 2-2 某商業銀行基於 KPI 的績效指標體系

(二) 關鍵績效指標的設計步驟

關鍵績效指標體系通常是採用魚骨圖法來建立的。其基本思路是企業通過對組織戰略的分析,找出企業獲得成功的關鍵成功領域,然後把關鍵成功領域層層分解為關鍵成功要素,最後將關鍵要素分解為各項指標,即關鍵績效指標,以便對關鍵要素進行量化考核和分析。設計一個完整的基於關鍵績效指標的績效管理系統通常需要六個步驟:確定關鍵成功領域、確定關鍵成功要素、確定關鍵績效指標、構建組織關鍵績效指標庫、確定部門 KPI 和 PI 以及確定個人 KPI 和 PI。

1. 確定關鍵成功領域

建立關鍵績效指標體系的第一步就是根據企業的發展戰略,通過魚骨圖分析,尋找使企業實現戰略目標或保持競爭優勢所必需的關鍵成功領域,即對企業實現戰略目標和獲得競爭優勢有重大影響的領域。確定企業關鍵成功領域,需要明確三個方面的問題:一是企業在哪些方面取得了成功,哪些方面還有差距,成功依靠的是什麼,產生差距的原因是什麼;二是在過去那些成功因素中,哪些能夠使企業在未來持續獲得成功,哪些會成為企業成功的阻礙;三是企業未來追求的目標是什麼,未來成功的關鍵因素是什麼。這實質上是對企業的戰略制定和規劃過程進行審視,對所形成的戰略目標進行反思,並以此為基礎對企業的競爭優勢進行剖析。例如某商業銀行通過訪談和頭腦風暴法,尋找並確定了該行能夠有效驅動戰略目標的關鍵成功領域:產品創新、市場領先、客戶管理、利潤與增長、服務管理、員工與文化、風險控制、IT 支持,如圖 2-3 所示。

图 2-3　某商业银行关键成功领域

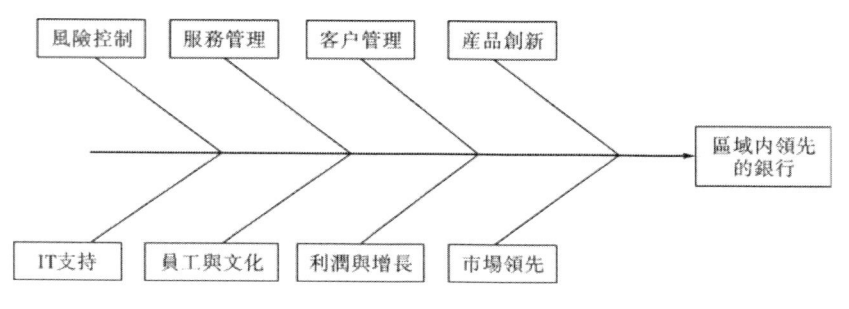

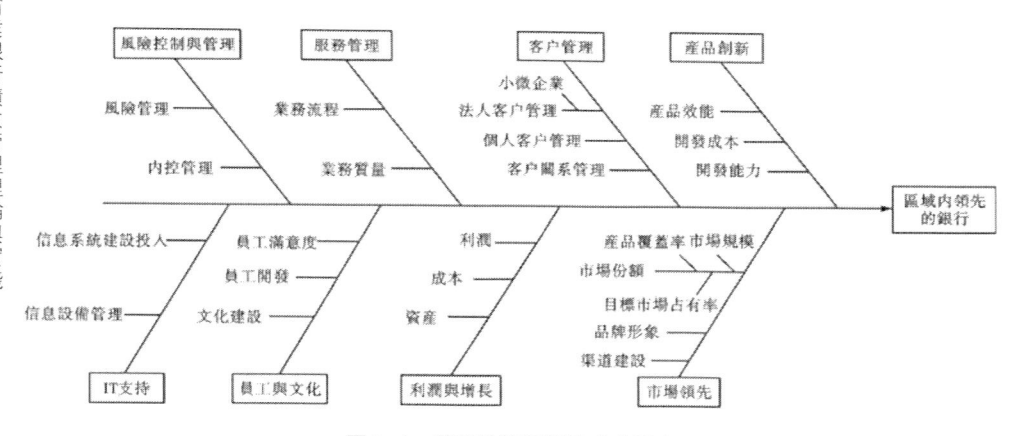

2. 确定关键成功要素

关键成功要素提供了一种描述性的工作要求，是对关键成功领域进行的解析和细化，主要解决以下几个问题：第一，每个关键成功领域包含的内容是什么；第二，如何保证在该领域获得成功；第三，达成该领域成功的关键措施和手段是什么；第四，达成该领域成功的标准是什么。某商业银行的关键成功要素如图 2-4 所示。

图 2-4　某商业银行关键成功要素

3. 确定关键绩效指标

对关键成功要素进一步细化，经过筛选，关键绩效指标便可以确定。选择关键绩效指标应遵循三个原则：①指标的有效性，即所设计的指标能够客观地、最为集中地反应要素的要求。②指标的重要性，即通过对企业整体价值创造业务流程的分析，找出对其影响较大的指标，以反应其对企业价值的影响程度。③指标的可操作性，即指标必须有明确的定义和计算方法，容易取得可靠和公正的原始数据，尽量避免凭感觉主观判断的影响。以市场领先和客户管理为例，某商业银行确定的关键绩效指标如图 2-5 所示。

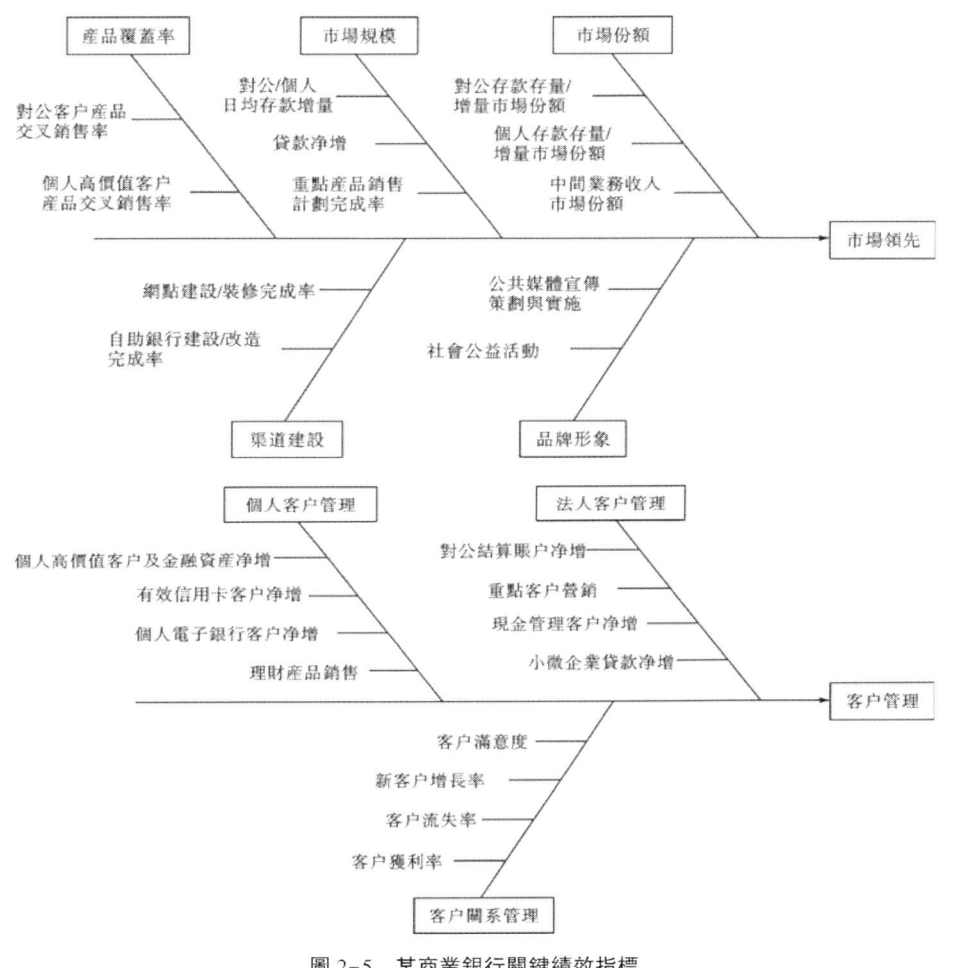

圖 2-5　某商業銀行關鍵績效指標

4. 構建組織關鍵績效指標庫

在確定了組織關鍵績效指標後，就可以按照關鍵成功領域、關鍵成功要素和關鍵績效指標三個維度對企業的組織關鍵績效指標進行匯總，建立一個完整的關鍵績效指標庫，以此作為整個企業進行績效管理的依據。某商業銀行匯總後的關鍵績效指標庫如表 2-5 所示。

表 2-5　　　　　　　某商業銀行關鍵績效指標庫（示例）

關鍵成功領域	關鍵績效要素	關鍵績效指標
產品創新	產品效能	新產品投資利潤率
		新產品利潤貢獻率
	開發成本	研發成本控制率
	開發能力	研發項目階段成果達成率
		項目開發完成準時率

表2-5(續)

關鍵成功領域	關鍵績效要素	關鍵績效指標
市場領先	市場份額	對公存款市場份額
		個人存款市場份額
		中間業務收入市場份額
	產品覆蓋率	法人客戶產品交叉銷售率
		個人高價值客戶產品交叉銷售率
	市場規模	日均存款淨增
		貸款淨增
		重點產品銷售
	品牌形象	公共媒體宣傳策劃與實施
		社會公益活動
	渠道建設	網點建設/裝修完成率
		自助銀行建設/改造完成率
客戶管理	法人客戶管理	重點客戶行銷
		對公結算帳戶淨增
		小微企業貸款淨增
		現金管理客戶淨增
	個人客戶管理	個人高價值客戶及金融資產淨增
		有效信用卡客戶淨增
		個人電子銀行客戶淨增
		理財產品銷售
	客戶關係管理	客戶滿意度
		高價值客戶增長率
		客戶流失率
		客戶獲利率
利潤與增長	利潤	人均經濟增加值
		經濟資本回報率
		撥備後利潤計劃完成率
	成本	成本收入比
	資產管理	資產回報率
		淨資產收益率
服務管理	服務流程	服務標準化
	服務質量	業務交易時間
		業務差錯率

表2-5(續)

關鍵成功領域	關鍵績效要素	關鍵績效指標
員工與文化	員工培訓與開發	優秀員工流失率
		績效改進計劃完成率
		員工培訓計劃完成率
	企業文化建設	員工滿意度
風險控制與管理	風險管理	風險管理制度
		風險事件
	內控管理	內部控制
IT支持	信息系統建設投入	信息系統建設投入率
	信息設備管理	計算機系統安全運行時間
		信息設備平均使用率

5. 確定部門 KPI 和 PI

部門績效指標一般由關鍵績效指標和一般績效指標構成。關鍵績效指標絕大部分來自於對組織關鍵績效指標的承接和分解，也有一部分是部門自身獨有的指標。一般績效指標通常來源於流程、制度或部門核心職責。

首先，要確認組織績效指標能夠直接被相關部門承接，如銀行對公存款淨增、個人存款淨增等，這些關鍵績效指標就可以直接確定為部門關鍵績效指標。其次，對不能被直接承接的指標，則必須對這些指標進行進一步的分解：一是按照組織結構分解，二是按照主要流程分解。比如銀行「中間業務收入」這一關鍵績效指標需要由公司業務部門「對公業務中間業務收入」、個人業務部門「個人業務中間業務收入」、國際業務部門「對公國際業務收入」、信用卡業務部門「信用卡業務收入」和電子銀行業務部門「電子銀行業務收入」等幾個指標共同支撐才能實現。

在一般情況下，企業關鍵績效指標需要全部落實到具體的部門，否則必然會影響銀行戰略目標的實現。部門關鍵績效指標的確定也可以看成在組織關鍵績效指標庫中根據部門分工進行指標選擇的過程，一般採取矩陣表的形式進行分解。某銀行部門關鍵績效指標分解矩陣如表 2-6 所示。

表 2-6　　某商業銀行部門關鍵績效指標分解矩陣表（示例）

序號	關鍵績效指標	公司業務部	個人業務部	國際業務部	信用卡部	計劃財務部	辦公室	人力資源部	…
1	對公存款淨增	√							
2	個人存款淨增		√						
3	中間業務收入	√	√	√	√				
4	對公結算帳戶淨增	√	√						
5	個人高價值客戶淨增		√						
6	對公產品交叉銷售率提升	√							

表2-6(續)

序號	關鍵績效指標	公司業務部	個人業務部	國際業務部	信用卡部	計劃財務部	辦公室	人力資源部	...
7	個人高價值客戶產品交叉銷售率提升		√						
8	個人高價值客戶金融資產淨增		√						
9	理財產品銷售	√	√						
10	國際結算量			√					
11	結售匯及外匯買賣業務			√					
12	信用卡有效客戶淨增				√				
13	個人電子銀行活躍客戶淨增				√				
14	企業電子銀行活躍客戶淨增	√							
15	撥備後利潤	√	√	√	√				
16	人均經濟增加值	√	√	√	√				
17	成本收入比								
18	風險管理	√					√	√	
19	資產回報率					√			
20	經濟資本回報率					√			
21	聲譽風險管理						√		
22	崗位資格認證	√	√	√	√		√		

部門績效指標通常包含關鍵績效指標和一般績效指標，並且所有的績效指標需要全面體現在部門績效計劃中。上述某商業銀行公司業務部通過承接或分解組織關鍵績效指標確定了部門的關鍵績效指標，再補充來自部門職責和流程的一般績效指標，就獲得了該部門的績效指標體系，如表2-7所示。

表2-7　　　　　某商業銀行公司業務部績效計劃表（示例）

序號	考核指標	指標類型	權重分	目標值	完成值	考核得分	計分方法	數據提供部門
1	對公存款淨增	KPI						
2	對公中間業務收入	KPI						
3	對公結算帳戶淨增	PI						
4	重點目標客戶行銷	PI						
5	對公產品交叉銷售率提升	KPI						
6	對公撥備後利潤	KPI						
7	部門經濟增加值	KPI						
8	部門成本收入比	KPI						
9	重點工作	PI						
10	機關效能建設	PI						

部門經理簽字　　　　　　　　　　　　　　　　　　主管領導簽字

6. 確定個人 KPI 和 PI

同部門關鍵績效指標的設計思路一樣，個人關鍵績效指標主要通過對部門關鍵績效指標的分解或承接來獲得。當然，對於銀行基層網點員工來說，個人關鍵績效指標也是直接通過網點關鍵績效的分解或承接來設置的。個人績效指標體系同樣包括關鍵績效指標和一般績效指標，其中一般績效指標通常來源於員工所在崗位應承擔的職責。

所有部門或網點關鍵績效指標最終需要有人來承擔，這樣才可以確保企業戰略能夠有效實現。但是，不同的崗位承擔關鍵績效指標的數量有很大差異，有的崗位承擔的關鍵績效指標數量多，有的崗位承擔的關鍵績效指標數量少，甚至有的崗位承擔的全是一般績效指標，沒有關鍵績效指標。以某銀行為例，公司業務部客戶經理分別承擔了 6 個關鍵績效指標和 4 個一般績效指標，櫃員承擔了 5 個關鍵績效指標和 3 個一般績效指標，如表 2-8 和表 2-9 所示。

表 2-8　　　　某商業銀行公司業務部客戶經理個人績效計劃書（示例）

姓名：		部門：	崗位：客戶經理		崗位等級：		上級崗位：	
序號	績效考核指標	指標類型	權重分	封頂分	目標值	理想值	完成值	考核得分
1	中間業務收入	KPI						
2	對公存款時點淨增	KPI						
3	對公存款日平淨增	KPI						
4	對公產品交叉銷售率提升	KPI						
5	日均對公自主理財產品	KPI						
6	貸款淨增	KPI						
7	名單制目標客戶行銷	PI						
8	客戶關係管理	PI						
9	貸後管理工作	PI						
10	客戶評級授信	PI						
	合計							

員工簽字　　　　　　　　　　　　　　　　　　部門經理簽字

表 2-9　　　　某商業銀行網點櫃員個人績效計劃書（示例）

姓名：		網點：	崗位：非現金櫃員		崗位等級：		崗位：	
序號	績效考核指標	指標類型	權重分	封頂分	目標值	理想值	完成值	考核得分
1	個人日均存款淨增	KPI						
2	個人高價值客戶淨增	KPI						
3	信用卡有效客戶淨增	KPI						
4	重點產品銷售	KPI						
5	客戶滿意度	KPI						
6	業務量	PI						
7	識別推薦	PI						
8	業務準確率	PI						
	合計							

員工簽字　　　　　　　　　　　　　　　　　　網點負責人簽字

(三) 指標權重與員工責任

設計良好的關鍵績效指標是績效管理成功的保障，它所提供的基礎性數據是績效評價的標準和績效改進的依據。關鍵績效指標對員工個人具有引導和規範作用。指標被賦予不同的權重，對員工產生的影響完全不同。一個崗位的關鍵績效指標的數量一般控制在 5~10 個之間，指標過少可能導致重要工作被忽略，指標過多可能導致目標分散，導致員工不能突出工作重點。指標權重過高可能導致員工「抓大放小」，而忽視與工作密切相關的其他指標。而且權重過高可能導致績效評價的風險過於集中，萬一該指標不能完成，則整個績效管理工作陷於被動。指標權重太低則對評價結果影響力小，也容易產生無法突出工作重點的現象。

員工績效是結果與行為過程的集合體。對於處在不同層次和不同崗位的員工而言，反應其工作績效結果和行為過程的關鍵績效指標所占的比重是不一樣的。由於高層管理者對組織的整體經營管理負責，因此對財務指標負有更大的責任，其評價指標中財務指標所占的權重較大。中層管理者的經營、服務類指標的權重更大些。對於職能部門而言，如前臺行銷部門的財務指標、經營指標權重要比中後臺部門更大些。對於一般員工而言，如從事中後臺崗位的員工，服務類和管理類指標權重更大些。

(四) 關鍵績效指標的優勢與不足

1. 關鍵績效指標的優勢

關鍵績效指標作為一個績效管理工具，在企業績效管理實踐中得到了廣泛的運用。運用關鍵績效指標進行績效管理，有助於發揮企業戰略導向的引領作用，形成對員工的激勵和約束機制。

(1) 確保商業銀行戰略目標有效落地。一方面，關鍵績效指標體系直接源於組織戰略，通過分解戰略找出關鍵成功領域，然後確定關鍵成功要素，最後通過對關鍵成功要素的分解得到關鍵績效指標，這個過程有助於在組織系統內形成一致的行動導向，從而推動企業戰略目標的實現；另一方面，通過使關鍵績效指標體系與企業戰略保持動態一致，確保企業在環境或戰略發生改變時，關鍵績效指標會相應地進行調整以適應企業戰略重心的變化，有利於增強績效管理系統的適應性和操作性。

(2) 促進組織績效與員工個人績效共同成長。員工個人關鍵績效指標是通過對組織關鍵績效指標的層層分解而獲得的，員工努力達成個人績效目標的過程就是助推組織績效實現的過程，也是助推戰略目標實現的過程。因此，實施基於關鍵績效指標的績效管理，有利於實現組織與員工個人的雙贏。

(3) 有效把握工作重點。關鍵績效指標強調目標明確、重點突出、以少帶多。通過實施關鍵績效指標管理，有利於迅速抓住關鍵，把握工作重點，提升工作效率。

2. 關鍵績效指標的不足

關鍵績效指標為企業提供了一個新的管理思路和管理工具，在企業績效管理中得

到了廣泛的運用。但是隨著管理實踐的不斷深入，關鍵績效指標也暴露出某些不足和問題，主要表現是：

（1）關鍵績效指標的戰略導向不夠全面

關鍵績效指標沒有關注企業的使命、願景和核心價值觀，這種導向是不全面的，因而缺乏戰略檢驗或調整的根本標準。在面對不確定環境的時候，或在企業戰略需要調整和修正的時候，關鍵績效指標的局限性表現得尤為明顯。

（2）關鍵成功領域缺少明顯的邏輯關係

關鍵成功領域是根據企業戰略確定的，由於其是相對獨立的領域，因而往往造成關鍵績效指標之間缺乏邏輯關係。在管理實踐中，由於關鍵成功領域是仁者見仁、智者見智的問題，不同的設計者可能會提出不同的關鍵成功領域，因而最終就會導出不同的關鍵績效指標。

（3）關鍵績效指標對績效管理系統的引領方向不明確

各關鍵績效指標之間相對獨立且缺乏明確的邏輯關係，可能導致關鍵績效指標對員工行為的引領方向不一致。這會造成關鍵績效指標對資源配置的導向作用不明確，甚至出現指標間相互衝突，容易導致不同部門和不同員工在完成各自績效指標的過程中，對有限的資源進行爭奪或重複使用，造成不必要的耗費和損失。

（4）關鍵績效指標缺乏對績效過程的管理

關鍵績效指標過多關注結果，缺乏對績效實現過程的全面關注，因此可能不能確保商業銀行獲得持續穩定的高績效。

五、經濟增加值評價法

經濟增加值（Economic Value Added，EVA）是稅後淨利潤扣除資本成本後的經營利潤，其核心思想是：一個公司只有在其資本收益超過為獲得該收益所投入的資本的全部成本時才能為股東帶來價值。經濟增加值評價法首先由美國斯特恩—斯圖爾特公司於1982年引入，用來作為全面考評一個企業價值創造能力和盈利能力的一種企業績效評價系統。運用EVA來評價企業的經營績效可以反應和測度經營行為導致公司價值的增減變化，從而實現企業價值最大化。目前EVA理論已在美國和歐洲的很多企業裡廣泛應用，包括花旗銀行、匯豐銀行、渣打銀行等國際知名銀行。它們已經建立起一套複雜的績效信息系統，能夠計算銀行整體、產品、分支機構、客戶經理以及客戶的EVA，並將其作為業績評價體系中的核心財務指標進行測量。在中國，近年來一些商業銀行也開始將其引入，用來考評下屬分支行和總體的經營績效。

（一）商業銀行EVA的計算方法設計

EVA在企業績效當中的計算公式為：

EVA = NOPAT(稅後淨營業利潤) − WACC(加權平均資本成本) × TC(資本總額)

稅後淨營業利潤是經過調整之後的稅後利潤。資本成本包括債務資本和權益資本。

商業銀行作為金融企業具有一定的特殊性，在資本充足率等方面對最低資本有一定的要求，在 EVA 作為評價指標對銀行績效進行評價時，要對一些指標進行適當修正，其中：

（1）稅後淨營業利潤＝稅後利潤總額＋貸款呆帳準備的本年變化數＋壞帳準備的本年變化數＋其他資產減值準備（長期投資減值準備、風險投資準備、在建工程準備等）的本年變化數＋累計折舊調整＋遞延稅項調整＋投入資本的費用項目調整（如研究與開發費用）＋營業外支出－營業外收入－營業外支出×所得稅率＋營業外收入×所得稅率。

（2）加權平均資本成本（WACC）＝股權資本成本＝無風險收益率＋β 系數×市場風險溢價。

其中，加權平均資本成本是指企業債務資本成本和權益成本的加權平均，但目前中國商業銀行的資本構成中，債務資本占比很低，大部分商業銀行都沒有或者很少發行金融債券，權益資本占比較高，所以加權平均資本成本可以被近似地看成權益資本成本。

無風險收益率是指無違約風險的證券或者證券組合的收益率。從理論上講，無風險利率的最佳估算是 β 為零的組合，而這種組合難度大，很難在估算無風險收益率時使用。結合中國實際情況，可以 5 年期國庫券的利率來代替。β 系數反應該銀行股票相對於整個市場（一般用股票市場指數來代替）的系統風險，β 系數越大，說明該銀行股票風險越高，波動越大。β 值可通過銀行股票收益率對同期股票市場指數的收益率迴歸計算得來。風險溢價反應證券市場對無風險收益的溢價，可以根據具體市場狀況確定。

（3）資本總額＝股東權益＋年末的貸款呆帳準備＋年末的壞帳準備＋年末的其他資產減值準備（長期投資減值準備、風險投資準備、在建工程減值準備等）＋遞延稅款貸方餘額＋研發費用資本化的金額＋累計的營業外支出－累計的營業外收入。

然後，再通過計算得來的 EVA 值，建立 EVA 評價的相對評價指標。不同銀行的 EVA 值由於資產規模的不同而有所區別，為了進行橫向比較，可以使用「EVA 回報率」指標來進行分析。

（二）基於 EVA 的績效評價體系

設計合理的組織層級是商業銀行業績評價體系能夠真實反應銀行經營業績的前提。國外先進銀行一般將業績評價體系覆蓋的層級劃分為總行、分支行、責任中心，這種貫穿於整個銀行內部的各個部門的評價方式值得中國商業銀行學習。

中國一些商業銀行在借鑑國外先進銀行經驗的基礎上，以產品和業務為主線，根據各個部門職責的不同劃分成本中心或者利潤中心，通過分別計算各部門相應的內部轉移收入和成本費用分攤來評價各個部門的經營績效。

1. 責任中心的劃分

（1）成本中心，是指企業中只歸集成本費用的責任部門和不承擔相應收入的部

門。它具有三個特點：一是它只考慮成本費用；二是它只分攤可控成本；三是它只對該部門產生的成本進行考核和控制。總行成本中心的控制目標根據全行平均水平來確定，分行成本中心控制目標按所分攤的總行成本以及分行自身水平來計算確定。銀行的成本中心主要包括總行及各分支行中後臺管理部門。

（2）利潤中心既是利潤的創造者，也是成本的承擔者。與成本中心相比，利潤中心有自己相對獨立的收入，並且往往是銀行考核的主要對象，如分支行、前臺行銷部門等。除此之外，利潤中心的收入和支出可以比較容易地區分，能夠對本行的盈利和成本進行核算和控制。利潤中心主要是各分支行機構，也包括銀行的公司業務部、個人金融部、國際業務部等前臺部門。

2. 成本費用核算和內部資金轉移價格

（1）費用成本

費用成本是指商業銀行在經營管理過程中發生的各項費用支出，銀行會計核算中歸屬於「業務及管理費用」，如人員費用（員工工資、職工福利費、工會經費和職工教育經費等）和經營管理費用（業務招待費、租賃費、固定資產折舊、業務宣傳費等）兩個部分。目前，商業銀行大多按照收益原則、可控性原則和成本效益原則進行核算。費用分攤的方法根據不同層級的組織結構而採取不同的分配方法，主要有分批成本法、分部成本法和作業成本法等。

一般來說，銀行網點宜採用分批成本法，因為銀行網點沒有內設機構，幾乎所有的成本都與產品行銷直接相關。支行及以上機構宜採用分部成本法，因為支行及以上機構都內設了部門，這些部門一般不直接參與產品行銷，所產生的費用與產品沒有直接的聯繫，因此，可以先把費用成本明細項目按照成本中心進行歸集，再通過經營性成本中心向產品進行分配。作業成本法是通過對作業成本的確認、計量，最終計算產品成本，同時將成本計算深入到作業層次。作業成本法進一步提高了費用歸集分攤的科學性和合理性。目前中國一些商業銀行已開始探索進行作業成本管理。

（2）內部資金轉移價格（FTP）

■內部資金轉移價格的含義

內部資金轉移價格是銀行從管理角度出發制定的，用於衡量資金在內部不同分支機構之間、部門之間和各產品之間流動的虛擬價格。內部資金轉移價格一般不發生實際的資金流動，屬於內部成本收益核算範疇。內部資金轉移價格確定了資金資源在銀行內部分配時的一個價格尺度，體現了銀行使用資金的有償性原則。內部資金轉移價格直接影響銀行的營業收入，進而影響銀行業績評價。

■內部資金轉移價格的確定

國際上成熟銀行已經有了內部資金轉移定價機制，是在較為完善的外部市場基準利率（如LIBOR）的基礎上形成的，它反應了資金的真實市場收益和機會成本。是否可以採用市場基準利率作為內部資金轉移價格，取決於貨幣市場的發展程度。中國商業銀行是按照資金的籌集成本來確定其利率的。

目前，內部資金轉移價格的定價方法主要有單資金池法、多資金池法和期限匹配邊際成本法。

單資金池法是將銀行所籌集的資金集中起來，統一放在一起，並賦予一個價格。單資金池法的優點是簡單易行，缺點是不考慮資金的期限結構，無法規避利率風險，容易造成責任中心業績考核不公平。

多資金池法認為所籌集的資金具有不同性質，應按照銀行資產和負債的不同特點，建立各自的對應關係，按照各個資金池的特徵確定與之對應的資金價格。其優點是考慮了資金的不同期限，缺點是該方法比較複雜，運作成本較高，加上每個資金池的資金不可能完全匹配，容易造成資金的浪費和短缺。

期限匹配邊際成本法考慮了資金的期限，將新老資金區別對待，新資金用新的轉移價格，老資金按老轉移價格計算。該方法的優點是可以對每一筆業務的收益進行精確計算，對於分支機構來說，絕大部分的利率風險可被總行消化，缺點是該方法操作複雜，運作成本較高。

中國商業銀行一般以全國同業拆借中心公布的相應基準利率為標準，確定下級機構使用資金的價格，包括存款的拆借利率、貸款的利差。因此，內部資金轉移價格的高低直接影響分支機構的業績。中國商業銀行需要按照市場定價的基本原理，建立和完善內部資金轉移價格的形成和調整機制，從而傳遞市場環境的最新變化和經營導向。

3. 商業銀行各層級組織 EVA 的計量

（1）總行層級 EVA 的計量

商業銀行總行的業績是全行整體經營業績的反應，是其所有分支機構業績的匯總，其 EVA 指標的計算公式為：

總行 EVA = 風險調整後稅後營業利潤 - 資本的社會平均回報率

= 稅後淨營業利潤 -（各項資產應計提的減值準備 - 各項資產減值準備餘額）-（信用風險經濟資本 + 操作風險經濟資本 + 市場風險經濟資本）× 資本期望回報率

在計算 EVA 時，需要對會計報表中的淨利潤進行一些必要的調整，如對商譽、研發支出、營業外收支、準備金和遞延稅款等項目進行相應調整。資本的社會平均回報率可以採用資本定價模型計算，但是由於中國市場定價不夠完善，而且計算 β 系數比較困難，所以對於社會資本平均回報率的計算，各商業銀行可以統一設定一個固定數值，一般設定為 10%~15%，比如交通銀行為 15%、國家開發銀行為 10%。

（2）責任中心和部門 EVA 的計量

商業銀行層級比較多，因此分支行 EVA 的計量也比較重要。分支行在計算 EVA 時需要考慮內部資金轉移價格。另外，市場風險下的匯率風險和利率風險一般由總行承擔，計算時不需要考慮市場風險。分支行屬於利潤中心，因此其責任中心的 EVA 計算公式如下：

責任中心 EVA = 稅後淨營業利潤 + 內部轉移收支淨額 - 成本分攤額 -（信用風險經濟資本 + 操作風險經濟資本）× 經濟資本期望回報率

操作風險經濟資本可以由總行按照以前年度分支行營業收入乘以一定的分配係數來確定。

由於商業銀行各層級部門設置的差異性，對於一個產品由不同部門分管的情況，可以將產品EVA按照一定的比例拆分到相應部門。

部門EVA＝∑所管機構（網點）EVA＋∑本級產品EVA＋∑非本級直屬網點產品EVA

對於銀行中后臺管理部門，其主要職能是對前臺部門的支持和保障，沒有行銷職責，所以一般不需要進行EVA考核。

（3）產品EVA的計量

產品的業績計量方法是：第一，提取各產品的利息收支、中間業務收入、匯兌損益等來確定產品的收入；第二，按照內部資金轉移價格計算相關產品的成本；第三，通過成本分攤法將營業費用分攤到產品，計算產品分費用；第四，按照產品資產質量分類和內部評級法計算風險成本；第五，計算營業稅金和所得稅，計算產品的稅務成本；第六，根據不同產品占用的資本成本，計算EVA。

（4）客戶EVA和員工EVA計量

銀行可以根據客戶所使用產品的對應關係，將相關產品的EVA匯總，就可以計算出客戶的EVA，即客戶EVA＝∑產品EVA。

員工EVA根據員工所行銷的產品進行對應，將相關產品的EVA匯總，就可以形成員工的EVA，即員工EVA＝∑行銷產品EVA。

(三) EVA評價體系的優勢與不足

1. EVA的優勢

EVA作為一種新興的績效評價方法，在一定程度上克服了現有財務指標的缺陷，能夠較為客觀地反應商業銀行的經營成果和價值增長情況。其主要優點為：

（1）真實反應了商業銀行的經營業績

在傳統會計核算體系下，會計利潤只考慮債務資本的成本，而沒有考慮權益資本的成本。EVA則考慮了企業全部資金的機會成本，包括銀行所有者權益資本和債券資本。當銀行的收益超過銀行的所有資本的成本時，說明經營者為銀行增加了價值，而銀行的收益低於銀行的所有資本的成本，則說明銀行投資者的財富受到了侵蝕。用EVA來衡量銀行的績效能夠真實全面地反應商業銀行的經營業績。

（2）盡量剔除了會計失真的影響

對於EVA來說，雖然傳統的財務報表仍然是進行計算的主要信息來源，但是它要求對財務報表中的會計信息進行必要的調整，以盡量消除公認會計準則所造成的扭曲性影響，從而能夠更加真實、完整地評價商業銀行的經營業績。

（3）EVA使決策者與股東目標一致

商業銀行所有者（股東）的目標是投出資本的資本安全和資本增值，關心銀行的

穩定發展和長遠利益，追求股東財富的最大化。商業銀行經營者（決策者）的目標則可能為經理效用（利益）的最大化，獲取更高的報酬，這是商業銀行「逆向選擇」與「道德風險」問題時有發生的主要原因。而 EVA 則是將銀行所有者目標與經營者目標緊密銜接的一條紐帶，各利益集團都可以借助 EVA 來實現自身的最終目的。

（4）注重企業的可持續發展

EVA 方法通過對傳統會計準則中計算利潤的一系列調整來減少管理者可能的短期行為，降低管理者以犧牲長期業績來追求短期效果的可能，使管理者著眼於企業的長遠發展，並鼓勵其進行能給企業帶來長遠利益的投資決策，如新產品的研究和開發、人力資源的整合等，這樣就能夠減少企業經營者短期行為的發生，從而促進企業的可持續發展。

（5）EVA 具有廣泛的適用性

首先，EVA 可以適用於不同的使用對象，它不但適用於商業銀行總體的評價，而且還能適用於對商業銀行的分支行的經營績效的評價，還可以運用於不同的部門，對 EVA 考評的管理可以不斷細化，這是運用其評價的獨特優勢；其次，EVA 的使用，能使整個績效評價系統更易於被理解和實施，並且更容易實現企業財務管理系統一體化。

2. EVA 的不足

EVA 評價方法作為一種新的評價方法，除了具有其自身的獨特優勢外，也不可避免地存在一定缺陷：

（1）主要依賴財務數據

EVA 主要還是依賴於一些財務數據，無法對影響銀行未來業績增長的服務質量、員工滿意度、內部管理和控制等重要的非財務因素做出合理的評價，對一些不易貨幣化計量的非財務方面的資源和潛力考慮也不周到。在實際應用過程中，可運用平衡計分卡模型，適當結合一些非財務因素來對商業銀行的經營績效加以綜合衡量。

（2）單一指標不能滿足企業需要

在信息時代，各種信息存在高度不確定性，企業必須通過各種信息系統和溝通渠道去獲得影響經營成功的信息。需要綜合考慮影響企業經營績效的多個方面的因素，單一的評價指標並不能滿足企業的發展需要。

（3）EVA 本身的局限性

EVA 作為一個財務業績指標，無法對財務資本之外的其他方面如無形資產、商譽等核心競爭力進行有效的計量；同時 EVA 評價模式也有一定的缺陷，通過 EVA 反應的是銀行經營的最終結果，而對經營當中存在的問題的分析卻不多。實際上，對商業銀行的經營績效進行評價，除了瞭解商業銀行的財務狀況和經營成果外，更重要的方面是找出銀行經營中存在的問題，進而對經營活動進行改進。在這一點上，EVA 相對於一些傳統績效評價方法來說有較大缺陷。

（4）計算和評價的精確性

EVA 對資本成本的計算缺乏精確的計量基礎。資本成本的確定要建立在市場價值

的基礎上，資本資產定價模型所涉及的風險溢價、β 系數等參數的評估數據均來源於資本市場，但中國目前資本市場尚不完善，很多商業銀行上市時間也不長，根據有關數據計算的 β 系數不夠精確。同時，各家商業銀行所處的環境也不盡相同，不同的商業銀行可能會根據自己所處的經營環境的特點來設定自己的風險系數、資本成本等，因此對 EVA 的計算以及其相互的可比性尚存在一定的問題。

【案例分析】

EVA 在某股份制銀行考核中的運用

國內某股份制銀行為了傳導 EVA 管理理念，率先對公司客戶經理嘗試推行了 EVA 考核，其主要考核方式是運用 EVA 實行模擬利潤考核，客戶經理的績效工資直接與模擬利潤貢獻掛鉤。

一、績效工資

公司客戶經理績效工資＝公司業務績效工資＋國際業務績效工資＋零售按揭業務績效工資

公司業務績效工資＝［（存款實際模擬利潤＋貸款實際模擬利潤）－基準模擬利潤貢獻］×實際模擬利潤績效工資系數（3%）＋（存貸款增量模擬利潤－基準模擬利潤貢獻）×增量模擬利潤績效工資系數（2%）

國際業務績效工資＝（國際業務收付匯量－基準業務收付匯量貢獻）×0.5%×40%

零售按揭業務績效工資＝（當年新增按揭日均模擬利潤－基準模擬利潤貢獻）×1.6%

二、模擬利潤構成

模擬利潤由公司存款（即對公一般性存款、金融機構存款）模擬利潤、公司貸款模擬利潤、銀行承兌匯票佔有風險資產計算的模擬利潤（扣減項）、貼現模擬利潤、國際業務模擬利潤、資金資本市場業務和部分中間業務模擬利潤構成。

三、模擬利潤計算

（一）存款模擬利潤的計算

存款模擬利潤＝對公一般性存款模擬利潤＋金融機構存款模擬利潤

對公存款模擬利潤＝Σ｛對公存款日均餘額×［收購資金價格（FTP）－存款利率］｝×對公存款利潤調整系數（A）

（1）對公一般性存款的存款模擬利潤調整系數：

①行政事業單位的財政性存款的利潤調整系數為 1.6；

②除行政事業單位的財政性存款外的存款的利潤調整系數為：

活期存款（含活期保證金存款）模擬利潤調整系數暫定為 1.3；

物流金融三項產品定期保證金存款模擬利潤調整系數均為 1.0；

定期保證金存款模擬利潤調整系數均暫定為 0.9；

其他定期存款模擬利潤調整系數暫定為 1.0；

其他存款的模擬利潤調整系數均暫定為1.0.
(2) 金融機構存款模擬利潤調整系數均暫定為1.0。

對公一般性存款和金融機構存款分別計算模擬利潤。分行可根據業務發展的需要和技術能力對不同期限、不同業務品種的FTP進行差別定價。

(二) 貸款模擬利潤的計算

貸款模擬利潤＝{∑ [貸款日均餘額×（貸款利率×0.945-賣出資金價格）-內部風險權重計量×風險資本成本率（0.8%）]}×貸款利潤調整系數（0.7）-貸款準備金計提

(1) 內部風險權重按照相關資本管理實施方案執行。
(2) 貸款準備金計提=貸款餘額×貸款準備金計提標準。

(三) 銀行承兌匯票風險資產扣減模擬利潤

銀行承兌匯票風險資產扣減模擬利潤=銀行承兌匯票敞口日均餘額×內部風險權重×風險資產成本率（0.8%）

(四) 貼現模擬利潤的計算

貼現模擬利潤=∑ [貼現利息收入×0.945-貼現票面金額×賣出資金價格（FTP）×貼現天數/360-貼現票面金額×貼現天數/360×內部風險權重×風險資本成本率（0.8%）]×貼現利潤調整系數（B）

銀行承兌匯票和商業承兌匯票貼現的利潤調整系數（B）分別為1.2和1.0。

(五) 國際業務模擬利潤的計算

國際業務模擬利潤僅計算國際業務收付匯量折算的模擬利潤，計算辦法為：

將各幣種國際業務收付匯量統一折算為美元計價的國際業務收付匯量；將折算後的國際業務收付匯量按1：3折算成人民幣活期日均存款計算模擬利潤。計算公式如下：

國際業務模擬利潤=∑ {進出口收付匯量（美元）×折算系數（3.0）× [收購資金價格（FTP）-活期存款利率]}×對公存款利潤調整系數

國際業務模擬利潤計算公式中的對公存款利潤調整系數暫定為1.0。

(六) 資金資本市場業務模擬利潤的計算

資金資本市場業務模擬利潤按產品實際收入金額放大3倍作為模擬利潤，資金資本市場業務的範圍按相關考核方案執行。

(七) 中間業務收入模擬利潤的計算

中間業務收入的模擬利潤除短期融券按實際收入放大2倍計算外，其他的按實際收入金額計算，中間業務的範圍按相關考核方案執行，但不包括國際業務、零售業務和資金資本市場業務的中間業務收入。

四、EVA考核推行效果

EVA作為一種新的業績評價體系，有利於指導、激勵和控制企業的價值創造行

為。該行實施 EVA 績效評價體系後，經過三年努力，存貸款市場份額得到了顯著提升，一躍成為當地存貸款增量市場份額提升最快的銀行，更重要的是，該行重新認識了經營管理中最基本的要素，為企業的體制和文化建設帶來了持續的變化，使企業處於一種良性的「價值創造」的企業文化氛圍中。

六、平衡計分卡

平衡計分卡（Balanced Score Card，BSC）是美國哈佛商學院教授羅伯特·卡普蘭（Robert Kaplan）和諾朗諾頓研究所所長、美國復興全球戰略集團創始人兼總裁戴維·諾頓（David Norton）於 1992 年提出的。該方法不僅完全改變了企業傳統的績效考核思想，還推動了企業自覺去建立實現戰略的目標體系，在產品、流程、客戶和開發市場等關鍵領域使企業獲得突破性進展。

所謂平衡計分卡，是指從財務、客戶、內部流程、學習成長四個角度，將組織的戰略落實為可操作的衡量指標和目標值的一種全新的績效管理體系。與以往績效考核工具不同，它不再以單純的財務指標為衡量標準，而是對應地加入了未來驅動因素（即客戶因素、內部流程因素、學習與成長因素），即在保證短期效益的同時，更保證了組織未來發展的驅動力，包括良好的財務狀況、良好的客戶關係、簡單而高效的內部流程、優秀的人才隊伍建設。平衡計分卡的四個維度如圖 2-6 所示。

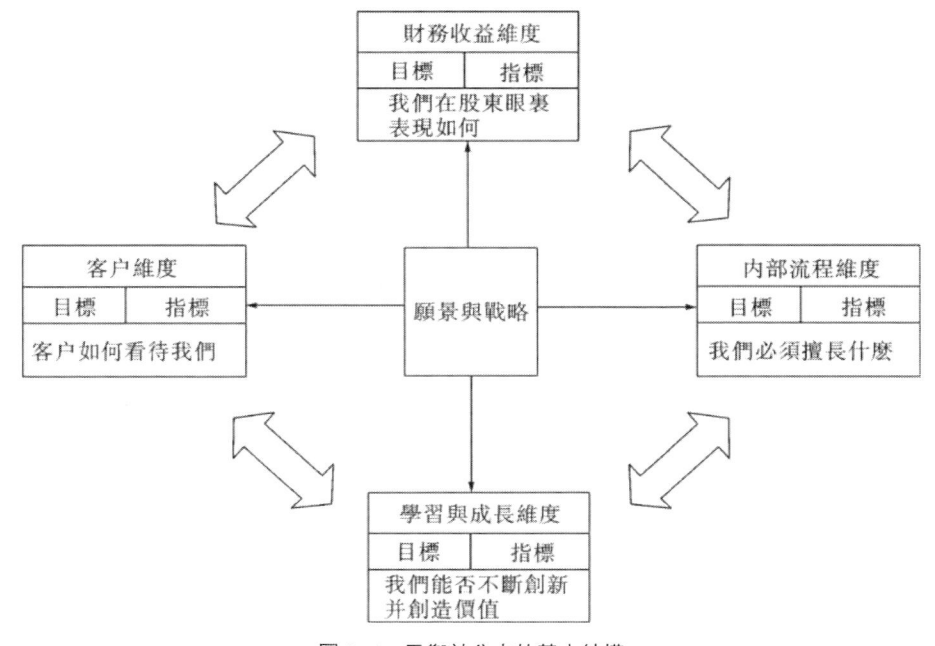

圖 2-6 平衡計分卡的基本結構

平衡計分卡的核心思想就是通過財務、客戶、內部流程、學習與成長四個方面指標之間相互驅動的因果關係展現組織的戰略軌跡，實現績效考核、績效改進、戰略實施以及戰略修正的目標。平衡計分卡中每一項指標都是一系列因果關係的一環，通過它們把相關部門的目標同組織的戰略聯繫在一起；而「驅動關係」一方面是指計分卡的各方面指標必須代表業績結果與業績驅動因素雙重含義，另一方面計分卡本身還必須是包含業績結果與業績驅動因素雙重指標的績效考核系統。

此方法之所以稱為「平衡」計分卡，是因為這種方法通過財務指標與非財務指標之間的相互補充「平衡」，同時也是定量評價與定性評價之間、客觀評價與主觀評價之間、指標的前饋指導與後饋控制之間、組織的短期利潤增長與長期發展之間、組織的各個利益相關者的期望之間尋求「平衡」的基礎上完成績效考核與戰略實施的過程。

在平衡計分卡理論提出以前，歐美國家的大部分企業都在沿襲傳統的單一財務指標對組織績效進行評價。然而隨著企業全球化競爭步伐的加快，越來越多的企業高層管理者認識到，即使最好的財務體系也無法涵蓋績效的全部動態特點。人們開始對只依賴財務指標對績效進行評價的合理性提出質疑，也開始意識到傳統的財務性評價存在缺陷。直到20世紀90年代，全新的績效評價體系——平衡計分卡被提出，才從根本上扭轉了傳統的組織績效評價體系缺乏全面性、動態性的不足，形成了組織戰略目標與組織績效驅動因素、財務指標與非財務指標相結合的系統的績效評價體系。目前，平衡計分卡已在全球的管理實踐中得到廣泛的運用。據統計，全球企業500強中，已經有90%的企業因為使用平衡計分卡而獲得「突破式的變革收益」。平衡計分卡也因此被《哈佛商業評論》評價為21世紀最傑出的管理工具之一。

(一) 平衡計分卡的特點

1. 一種績效考核系統

平衡計分卡是根據組織的戰略而設計的系統的評價指標體系，是一套完整的企業績效考核系統。它不僅克服了傳統績效考核體系的片面性和滯後性，而且強化了對目標制定、行為引導、績效提升等方面的管理，使企業績效的達成有了制度上的保證。

2. 一種溝通工具

傳統的績效考核系統強調控制，而平衡計分卡則注重溝通。平衡計分卡用來闡述企業戰略，並幫助個人、部門和企業之間建立一致的目標系統，將企業的全部資源加以整合，為實現一個共同的戰略目標而努力。為了實現這個目的，平衡計分卡通過宣講和傳播，使管理者和員工真正瞭解企業戰略和願景。管理者和員工共同開發各個層次的平衡計分卡，明確自己的目標並努力達成既定目標。因此，平衡計分卡的開發過程本身就是一個溝通的過程，平衡計分卡也就是管理者和員工溝通的工具。

3. 一種因果邏輯關係

平衡計分卡不是指標的簡單混合，而是根據組織戰略和願景，由一系列因果聯繫

貫穿起來的有機整體。四個層面的目標通過因果關係聯繫在一起，從頂部開始的假設是：只有目標客戶滿意了，財務成果才能實現。客戶價值主張描述了如何創造來自目標客戶的銷售額和忠誠度，內部流程創造並傳達了客戶價值主張。然後，支持內部流程的無形資產為戰略提供了基礎，這四個層面目標的協調一致是價值創造的關鍵。

4. 強調有效平衡

與其他績效管理工具不同，平衡計分卡強調「平衡」，即強調財務與非財務衡量的平衡、長期目標與短期目標的平衡、結果與動因的平衡。

（1）財務指標與非財務指標的平衡

傳統的績效管理只注重其中一兩個方面，特別是只注重財務方面目標的實現，而忽略了客戶、內部流程、學習與成長等方面的建設。在市場經濟初期，通過財務指標足以評價企業經營狀況，但隨著市場競爭的日益激烈，企業需要不斷增強自身的各種能力，如果只關注財務目標而忽視非財務目標，則可能使企業的競爭能力降低、優秀人才流失加快等，因此，必須重視財務指標和非財務指標的平衡。

（2）長期目標與短期目標的平衡

企業的主要目標是創造持續增長的股東價值，它意味著一種長期的承諾。雖然短期績效對企業而言非常重要，但企業不能以犧牲長期投資為代價而獲取短期效果。在平衡計分卡中，企業通過在四個維度建立起長期目標和短期目標不同的戰略主題組合，以確保長短期績效能夠兼顧，從而實現可持續發展。

（3）結果與動因的平衡

企業當然是要實現財務業績最大化，但這只是一個結果，單純關注結果可能會導致忽視過程，反而會使得最終目標的實現變得難以確定。如果能夠兼顧過程，尋找影響實現這個目標的因素，從而設立分目標，就可以確保最終目標的實現。對因素的追索從而確定分目標正是平衡計分卡的最大特色。平衡計分卡對原因和結果都進行了探討，平衡了兩方面的關係。

（4）企業組織內部群體與外部群體的平衡

平衡計分卡中，股東與客戶為組織外部群體，員工和內部流程是內部群體，平衡計分卡認識到在有效執行戰略的過程中就可以實現這些群體間的平衡。

（5）領先指標與滯後指標之間的平衡

四個維度中，財務指標是滯後指標，反應的是企業上一年度發生的情況，不能告訴企業如何改善業績和可持續發展。客戶、內部流程、學習與成長指標是領先指標，是未來財務績效的驅動器。平衡計分卡對於領先指標的關注，使企業更關注過程而不僅僅是事後的結果，從而達到了領先指標和滯後指標之間的平衡。

所以，平衡計分卡考慮了企業內部各利益主體與價值創造主體的利益，兼顧了財務指標與非財務指標，平衡了短期利益與長期利益的關係，明晰了結果與動因之間的邏輯關係，使企業更加穩健地發展。

(二) 運用平衡計分卡的前提

運用平衡計分卡，一般應具備以下四個前提條件：

(1) 組織的戰略目標能夠層層分解，並能夠與組織內部的部門、團隊、個人的目標達成一致，其中個人利益能夠服從組織的整體利益，這是平衡計分卡研究的一個重要前提。

(2) 計分卡所揭示的四個方面指標（財務、客戶、內部流程、學習與成長）之間存在明確的因果驅動關係。但這種嚴密的因果關係鏈在一個戰略業務單位內部針對不同崗位的個人，計分卡所涵蓋的四個方面指標並不是必需的。

(3) 組織內部與實施平衡計分卡相配套的其他制度是健全的，包括財務核算體系的運作、內部信息平臺的建設、崗位權責劃分、業務流程管理以及與績效考核配套的人力資源管理的其他環節等。

(4) 組織內部每個崗位的員工都是勝任各自工作的。在此基礎上研究一個戰略業務單位的組織績效才有意義。

(三) 平衡計分卡基本框架

對於商業銀行來講，平衡計分卡四個維度具有緊密的內在邏輯關係：要達到既定的財務目標即實現利潤，客戶是關鍵。客戶的每一次購買等於是對銀行經營的認可，只有客戶滿意了，銀行的財務目標才能實現。這樣，一個滯後性的指標（財務指標）就可以轉變為一個前向性的指標（客戶指標），從而使得銀行可以對目標更好地把握，所以財務目標的直接原因是客戶的滿意。要使客戶滿意，就要將滿足客戶需要的產品和服務提供給客戶，並保障良好的售後服務，這就涉及銀行的整個內部流程管理。優質流程的每一個環節質量的保證靠的是每一個員工良好的素質，所以系統地提高員工素質對於支撐優質的流程是至關重要的，這表現為商業銀行的學習與成長。

1. 財務層面

財務層面是股東最關心的部分，是銀行各種目標的最終落腳點。銀行的管理者在設計財務維度指標時必須考慮：「我們如何讓我們的股東滿意？」

財務指標作為商業銀行目標的最終落腳點，必然要反應銀行的戰略目標。因為銀行戰略是在分析了銀行內外部環境和銀行自身的能力之後制定出來的，所以財務指標只有嚴格按照戰略目標設定才有可能順利實現。財務指標一般可以分為四類：盈利性指標、流動性指標、安全性指標和效率性指標。商業銀行要達到既定的財務目標，最直接的指標就是利潤指標。但是商業銀行充足的流動性、風險控制和營運的效率都直接影響商業銀行經營安全和利潤水平。由此也可以看到，財務指標內部存在「支撐」關係，這種「支撐」亦即平衡計分卡中始終貫穿著的「平衡」思想。如圖2-7所示。

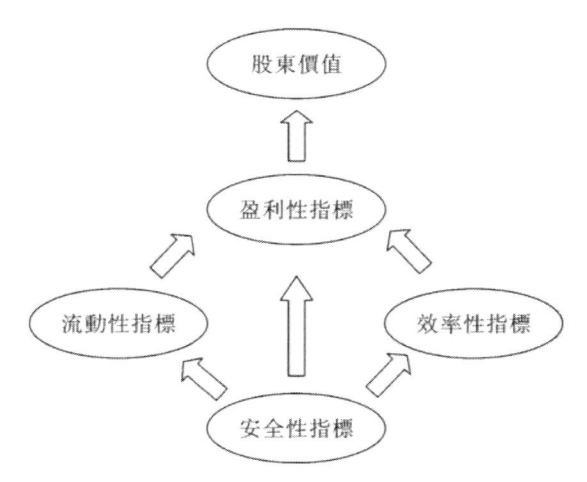

圖 2-7　商業銀行財務指標內部邏輯關係

商業銀行常見的主要財務指標如表 2-10 所示。

表 2-10　　　　　　　　商業銀行常見的財務指標（示例）

指標類別	具體指標
盈利性指標	淨利潤、撥備前利潤、撥備後利潤、經濟資本回報率、資產回報率、資本利潤率、利潤增長率、存貸利差、非利息收入占比
流動性指標	現金資產比率、備付金率、資產流動性比率、存貸比
安全性指標	不良貸款率、資本充足率、撥備覆蓋率
效率性指標	人均利潤率、人均經濟增加值、人均經濟增加值增量、資產使用率、成本收入比

2. 客戶層面

什麼是實現企業利潤的關鍵？利潤無論大小，實現的關鍵就在於客戶。作為商業銀行，「顧客至上」是永恆的理念。如果不能滿足客戶的需求，必定會被市場淘汰。

平衡計分卡重新強調了「顧客至上」這個思想，指出其在實現企業利潤中的關鍵地位。隨著客戶數量的不斷增長和銀行的不斷增加，意味著商業銀行除了在吸引新增客戶上不斷加大力度以外，還將越來越關注存量客戶的滿意度和忠誠度。銀行在不斷開發新的客戶的同時，還要積極保住老的客戶。行銷實踐證明，開發一個新顧客的成本是保住一個老客戶成本的 5~6 倍。

商業銀行提升客戶的滿意度和忠誠度，首先要提高銀行產品的功能，為客戶創造價值；其次要提高服務質量，提升客戶體驗，包括服務環境、服務態度、售後服務等；最後是要提升企業形象，體現社會責任，包括積極參加社會公益活動和環境保護活動等。

衡量客戶維度的指標區分為前瞻性指標和滯後性指標。

（1）前瞻性指標

■客戶開發，包括個人貴賓客戶淨增、法人客戶淨增、現實客戶與潛在客戶比例、單位新客戶開發成本等。

■客戶維護，包括客戶流失率等。

■客戶滿意度，包括客戶簽約率、客戶增長率、客戶滿意率、客戶投訴率、客戶投訴處理週期等。

（2）滯後性指標

■市場份額，包括存款市場份額、貸款市場份額、中間業務收入市場份額、個人貴賓客戶市場佔有率、法人客戶市場佔有率等。

■產品銷售，包括存款淨增、貸款淨增、中間業務產品銷售、有效信用卡客戶淨增、個人電子銀行客戶淨增、高價值客戶產品覆蓋率等。

3. 內部流程層面

在競爭如此激烈的市場環境中，商業銀行要使自己的產品和服務獲得客戶的認可，就必須比同業在某一個或某幾個方面更優秀。平衡計分卡在這個維度上向我們提出的問題是「我們必須擅長什麼？」商業銀行必須通過創新和完善內部流程，實現流程再造，才能向客戶提供差異化的產品和優質的服務並使之滿足客戶的需求和期望，構建銀行的核心競爭力。

商業銀行內部流程分為金融產品創新流程、客戶管理流程、營運管理流程和風險管理流程等。

（1）金融產品創新流程

商業銀行為了實現價值最大化，實現收入持續增長，不僅要改善現有的金融產品、提高服務質量以滿足客戶需求，提高現有客戶的利潤貢獻率，同時也要研發創新金融產品，挖掘潛在客戶，開拓新市場。因此，金融產品創新流程是商業銀行創造客戶價值、實現收入增長的關鍵環節。銀行進行金融產品創新，首先，必須以客戶需求為中心，尋找細分市場，開發滿足不同類型客戶需求的新產品。其次，必須制定嚴格的金融產品研發流程，包括金融產品創意生成、金融產品開發及行銷、金融產品反饋等方面。

（2）客戶管理流程

客戶管理流程主要包括客戶篩選、客戶獲得、客戶保留和客戶增長。在客戶篩選階段，銀行應通過市場調研、信息反饋等途徑瞭解細分客戶，剔除非盈利型客戶，瞄準高價值客戶，並根據這些客戶的價值主張，建立吸引這些細分客戶的品牌形象。因此，發現潛在需求是客戶選擇的前提。挖掘潛在客戶，關鍵在於掌握客戶的消費心理動機。商業銀行客戶消費動機包括安全性動機、保值增值性動機、融資性動機、支付性動機、便利性動機、其他特殊動機六種類型。

面對激烈的競爭環境，商業銀行應堅持以客戶為中心，滿足客戶日益增加的金融服務需求。獲得客戶是客戶管理流程中最難實現的環節。首先，金融產品是一種無形

產品，金融產品無法在行銷過程中讓客戶直觀地瞭解產品的所有性能，金融產品的無形性使客戶做出購買決策變得困難。其次，金融產品的技術性及信息不對稱性是難以獲得客戶的又一原因。因此，商業銀行更應注重專業行銷人員的培養，在產品行銷過程中能將金融產品的特性轉化為客戶認同的價值主張，從而產生購買欲。此外，商業銀行針對細分市場採取不同的行銷策略，如針對普通客戶、VIP客戶、私人銀行客戶實行分層經營。客戶保留就是使現有客戶成為商業銀行忠誠的客戶群體。忠誠的客戶的維護成本不僅比新客戶開發成本低，而且還能推薦新客戶。因此，商業銀行應重視忠誠客戶的培育，通過為客戶提供優質的產品和服務，讓客戶滿意。

（3）營運管理流程

商業銀行營運管理核心是為客戶提供高效率、高質量的營運流程。由於銀行業務營運採用電子化銀行系統，銀行系統穩定性及個性化是影響營運效率的重要因素。此外，銀行員工的專業技能是營運管理流程的重要保障，縮短業務處理時間、減少差錯率等都可以直接提高營運管理的效率和效果，而這些是與客戶的價值主張相吻合的。

（4）風險管理流程

風險管理流程與商業銀行營運管理流程密切相關，銀行作為經營貨幣和信用的金融機構，風險管理是關鍵。銀行經營過程中面臨各種風險，既包括信用風險、操作風險和流動性風險，也包括宏觀層面的各種系統性風險。風險管理水平直接影響銀行對信用風險、流動性風險及操作風險的控制。如銀行的授信往往伴隨著信用風險，因此商業銀行應加強信貸授信審批流程管理，完善IT信息系統建設，實現客戶數據共享。此外，內部操作過程不完善、銀行員工違規、系統中斷都會給銀行帶來風險。因此，銀行在經營過程中應明確治理結構，不僅要設置專門的風險管理機構，而且要制定和完善相應的內部控制制度，加強風險防範和控制。

高效的流程來自於兩個方面：一是流程中的每個環節，二是各個流程間銜接的效率。當前商業銀行非常重視能帶來直接效益的外部客戶，但是對於內部客戶往往關注不夠。國有商業銀行內部客戶流程存在的主要問題是：

■對內部客戶重視不夠，影響了員工在經營中的參與度、積極性和工作上的配合程度，從而最終影響外部客戶的滿意度。據統計，當內部客戶的滿意率提高到85%時，企業的外部客戶滿意率則高達95%。

■業務流程片段化。它表現為流程整體性不強，部門和條線業務交叉少，彼此缺少銜接和協調，存在重複和衝突，流程環節過長，部門壁壘森嚴。

■組織結構形式不靈活。它表現為隨市場調整的靈活性較差。如客戶經理由於承擔了大量的數據錄入、報表統計、業務分析和內務等綜合性事務，這勢必影響客戶經理的客戶走訪和行銷，影響客戶經理行銷潛力的發揮。閉門造車，沒有足夠的時間及時、動態地瞭解客戶，風險變得更大。

內部流程最關鍵也是最難的地方在於降低流程的成本，包括人力成本、時間成本和財務成本。商業銀行要建立一個高效的流程體系，需要從以下幾個方面入手：

■全員客戶化理念。銀行內部員工與外部客戶一視同仁，以客戶化的理念指導內部員工的行為，使得員工行為與客戶活動有機地結合在一起，既提高了內部員工的工作效率，也提高了服務外部客戶的效率。這種內外部客戶滿意度的統一，是對以客戶為中心的深層次認識。

■流程整體化。系統論思想強調整體全局最優而不是單個環節或作業任務最優，設計和優化流程中的各種活動，跨越不同職能和部門的分界線，降低內耗，減少摩擦，消除部門本位主義和利益分散主義。強調流程中每一個環節上的活動盡可能實現最大化增值，盡可能減少無效或不增值的活動，發揮整體團隊精神，實現整體流程的價值最大化。

■組織形式靈活化。組織形式與流程優化密不可分。流程為客戶而定，組織結構為流程而定。如銀行在涉及通用作業情況下，許多跨部門的作業可以整合為一體。例如一些商業銀行推行的智能櫃臺，通過整合後臺業務操作，減少了許多人工環節，有效地提高了流程效率，就是一個很好的嘗試。

因此，銀行需要根據市場的要求不斷完善或再造內部流程，推動整個經營模式、管理體制的全面、深入改革，迅速提升服務和管理能力，才能真正從容應對同業的競爭和挑戰。

此外，隨著時代的發展，企業承擔的責任也越來越大，我們稱之為「法規與社會責任流程」，它是指企業在謀求股東利潤最大化之外所負有的維護和增進社會公益的義務，包括環境、安全和健康、員工雇傭和社區投資四個內容。作為商業銀行，通過在一定區域範圍內設置機構、經營客戶、銷售產品和提供服務來獲取經濟利潤，並且接受地方政府的支持和領導，因此其任何經營活動都離不開與當地環境的互動。履行社會責任可能會影響其短期的利潤，但從長期來看，商業銀行維護良好的區域夥伴關係、保證員工的健康和安全、提高服務質量、注重環境保護和社區投資等社會責任有利於樹立良好的品牌形象，從而獲得長期而持久的收益，實現長期社會價值和股東價值的雙贏。

4. 學習與成長層面

學習與成長層面是銀行戰略實施的內在驅動力，反應了企業內部流程所需要的各種資源，特別強調了無形資產的重要性。卡普蘭認為，組織無形資產主要包括人力資本、信息資本和組織資本。當無形資產與組織戰略保持一致時，就能為組織持續創造價值。

（1）人力資本

人力資本主要是指企業實現戰略目標所需要的員工知識、技能、品質等素質。美國學者萊爾·M. 斯潘塞（Lyle M. Spencer）將素質劃分為知識與技能、社會角色、自我形象、個性與社會動機五個方面，並提出了「素質冰山模型」概念。如圖2-8所示。

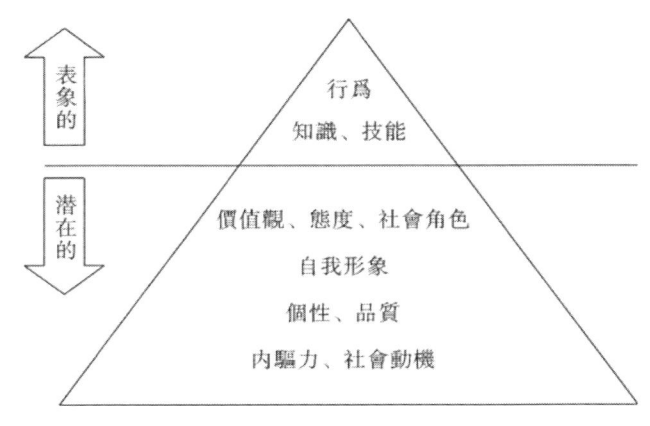

```
         ↑
     表  │          行爲
     象  │       知識、技能
     的  │
    ─────┼──────────────────
         │    價值觀、態度、社會
     潛  │         角色
     在  │       自我形象
     的  │      個性、品質
         │    內驅力、社會動機
         ↓
```

圖 2-8　員工素質冰山模型

冰山模型各要素之間是相互驅動和相互作用的。其中行為、知識、技能等要素，可以通過培訓、工作輪換、崗位調配等手段，在短時間內實現較大改變。但對於價值觀、態度、社會角色、自我形象、個性、品質、內驅力和社會動機而言，則是不易改變的。因此，企業對於員工的知識、技能等職業素質的開發相對比較容易，而對於其他幾個方面，則相對困難，有的甚至是企業必須捨棄的。

素質的內涵包括：第一，素質是驅動一個人產生優秀工作績效的各種個性特徵的集合；第二，素質是通過個人的知識、技能、能力、內驅力等方式共同表現出來的；第三，素質直接決定了一個員工能否勝任某項工作以及未來所能創造的工作績效。而所謂職業素質，就是從事某項具體職業所應當具備的素質以及為獲得這些素質所應具備的潛力。

■銀行從業者素質

為適應 21 世紀國際金融業嚴峻的競爭環境，國內外很多著名管理學家紛紛就銀行員工的職業素質問題進行了廣泛而深入的探討，提出了很多有見地的研究成果。如德國巴特瓦爾德國際綜合經營管理學院的漢斯（Hans）教授提出：「跨世紀銀行業的興衰取決於它的領導力量。作為銀行家，應當具備以下這些條件：具有全球眼光；改革的戰略性思想；將遠見卓識與具體目標結合起來；不斷適應社會、政治、經濟、文化等方面的變革；具有較強的協調、溝通能力；有管理各種資源的能力；能不斷改進質量、成本、程序、產品；有創造性管理的才能；善於掌握情況，通曉決策過程；有判斷力，富有創新精神。」

美國賓夕法尼亞大學教授、諾貝爾獎獲得者勞倫斯（Lawrence）指出：「現代電子衍生金融交易是一種極其複雜的行業，串聯全球，24 小時運作，沒有受過專門訓練的人才是不行的。」他通過對世界主要金融機構近 1,000 名員工的調查瞭解提出：「有助於（銀行員工）晉升和成功的因素有：具有占據高層崗位的個人願望；善於做人的工作；準備經受風險並願意承擔這方面的責任。」

美國著名管理學家詹森·杰克（Johnson Jack）提出了世界優秀銀行業者所應具備的基本職業素質條件：「善於做明天的計劃，建樹明天的成就；注意力能集中於組織價值方面；有效調節並保證公司行為符合規律；用系統方案解決系統問題；做到公司資源的合理配置；敢於制定令人不快的決策並能承擔起這方面的責任；保證精神振奮和領先地位；善於解決通情達理和不通情達理的人們之間的衝突。」

根據這些研究成果，自20世紀90年代中期起，發達國家的一些大型商業銀行開始結合自身業務特點，編製適應企業戰略需求的員工素質辭典，並應用於實際業務層面，取得了良好的效果。根據素質辭典，商業銀行員工的職業素質從企業層面可以劃分為三類，即業務素質、管理能力和內生素質。業務素質是與企業所處行業特色直接相關的基於工作內容和工作技能的素質，是員工順利進入某一行業領域工作的基本素質。管理能力是員工成功運用自身所具有的知識、技能、能力等促使團隊達成組織目標的素質。內生素質是員工與生俱來所具備的素質，這種素質既可以是自然表現出來的，也可以是潛在的。在商業銀行中，由於不同部門不同崗位的差別，對於員工職業素質的構成要素也提出了不同的要求，但總體上講，業務型員工大都能夠體現出較強的業務素質，管理型員工大都能夠體現出較強的管理能力，而良好的內生素質則更多地體現在高層領導者身上。

著名學者林惠雯就發達國家商業銀行和臺灣地區商業銀行所編製的員工職業素質辭典進行了較為系統全面的歸納和總結，如表2-11所示。

表2-11　　　　　　　　商業銀行員工職業素質構成要求

職業素質	構成要素	發達國家商業銀行評價要求	臺灣地區商業銀行評價要求
業務素質	分析能力	A4	A3
	學習能力	A5	A3
	專業知識	A3	A5
	服務能力	A5	A4
	風險管理能力	A5	A4
管理能力	鼓勵他人能力	A5	A3
	衝突管理能力	A4	A5
	內部控制能力	A3	A4
	團隊領導能力	A5	A3
	溝通協調能力	A4	A4
內生素質	主動性	A5	A3
	創造性	A5	A4
	適應能力	A4	A5
	協作能力	A4	A5

在業務素質中，銀行普遍對員工的分析能力、學習能力、專業知識、服務能力和風險管理能力具有較高的要求。在管理能力中，銀行普遍對員工的激勵他人能力、衝突管理能力、內部控制能力、團隊領導能力和溝通協調能力具有較高的要求。在內生素質中，銀行普遍對員工的主動性、創造性、適應能力和協作能力具有較高的要求。商業銀行職業素質（素質辭典）如圖2-9所示。

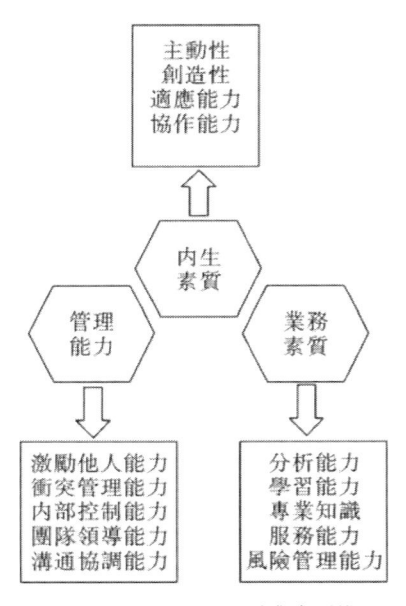

圖2-9　商業銀行員工職業素質模型

員工業務素質、管理能力和內生素質三者的關係是：員工的業務素質是管理能力的基礎，也是對員工職業素質開發的第一階段。管理能力是對員工較高的素質要求，是職業素質開發的第二階段，而員工的內生素質則是決定其業務素質和管理能力開發成效的先決條件。同時，無論是對業務素質的開發，還是對管理能力的開發，其基本的運行平臺都是基於內生素質的。通過前面對「素質冰山模型」的分析可以得知，員工內生素質的開發難度是很大的，往往投入巨大而收效甚微。對於企業而言，應更關注員工業務素質和管理能力的開發。

■職業素質提升

商業銀行員工職業素質提升是一個長期的戰略舉措，有效的員工職業素質提升有利於支撐平衡計分卡的前三個層面，最終體現為企業績效的提升。商業銀行員工職業素質提升可以劃分為職前開發、企業開發和個人開發三個途徑。

職前開發是指企業在招聘過程中應用職業素質測評等手段，對應徵者進行甄別，剔除不具有組織所要求必備素質的人員，以確保所招聘的員工的整體素質能夠較好地與組織要求吻合的過程。職前開發有利於降低員工職業素質的後期開發成本。職前開發對於銀行員工職業素質要素的影響程度由高到低依次為：學習能力、專業知識、溝

通協調能力、分析能力、衝突管理能力、激勵他人能力、內部控制能力、團隊領導能力、服務能力和風險管理能力。因此，學習能力、專業知識應是商業銀行職前開發的重點。

　　企業開發是指企業通過培訓等手段激發現有員工的潛力，促進員工在工作過程中豐富實踐經驗、在學習過程中提高專業能力，實現員工職業素質在解決實際問題中獲得提升的過程。職業素質可以分為一般職業素質和特殊職業素質，企業對員工素質的開發也可以分為一般開發和特殊開發。在企業開發過程中，員工是處於被動的一方，員工只能在企業提供的開發內容、開發方式中進行有限的選擇，很容易弱化員工對培訓開發的興趣，影響開發的成效。所以，企業有必要通過考核等激勵手段，激發員工的學習興趣，使其能夠主動地投入到企業的開發過程中。企業開發對於商業銀行員工職業素質的影響程度由高到低依次為：風險管理、內部控制能力、服務能力、團隊領導能力、衝突管理能力、專業知識、激勵他人能力、分析能力、溝通協調能力和學習能力。因此，風險管理能力、內部控制能力、服務能力、團隊領導能力、衝突管理能力和專業知識應是商業銀行開發的重點。企業開發的主要方式包括主管指導、同事引導、崗位輪換、專題培訓、在職進修、出國進修和參觀學習等。從具體職位來看，企業開發方式對於一般員工的影響效果從高到低依次為：同事引導、專題培訓、崗位輪換、在職進修、參觀學習和主管指導。對於管理人員的影響效果從高到低依次為：在職進修、崗位輪換、專題培訓、主管指導、參觀學習和同事引導。

　　個人開發是指員工通過自身的學習和工作實踐，主動提升個人職業素質的過程。工作實踐是提升個人素質的重要途徑。例如銀行員工進行客戶管理，不僅可以拓展其業務渠道，而且還能積極促進其服務能力、溝通能力、業務知識的快速提升，在實踐中運用所學，豐富經驗。個人開發對於銀行員工職業素質要素的影響程度由高到低依次為：分析能力、溝通協調能力、激勵他人能力、衝突管理能力、服務能力、專業知識、學習能力、內部控制能力、團隊領導能力和風險管理能力。因此，分析能力、溝通協調能力、激勵他人能力應是員工個人開發的重點。個人開發的主要方式按有效性從高到低依次為：網路學習、NML（報紙、雜誌、宣傳材料）、向同事請教、自費培訓、向主管請教、參與相關組織等。

　　（2）信息資本

　　信息資本主要是指企業支持戰略執行所需的信息系統及基礎設施能力等。隨著信息技術的不斷發展，信息資本已成為推動商業銀行變革，獲取競爭優勢的重要資產。因此，商業銀行在完善服務器、數據庫等硬件基礎設施的同時，應不斷搭建與內部流程一致的核心業務處理系統，如信貸風險管理系統、客戶關係管理系統、產品研發系統、金融監管系統等，提高銀行金融風險防範和經營管理水平，加快銀行產品和業務創新，從而為客戶提供全面、快捷和高效的服務。銀行信息系統建設有利於員工素質的發揮與提升。有關競爭對手的信息、市場的信息、銀行內部上傳下達的信息、員工表現的信息等收集系統、分配系統、查詢系統和知識共享系統，其效率的高低直接影

響員工的工作效率和素質的提升。

(3) 組織資本

組織資本主要表現為推動企業實施戰略和組織變革所需要的組織能力，如企業文化、組織結構、領導與協調等。目前很多銀行都認識到了企業文化在銀行績效提升、保留優秀員工方面的重要性，但運作起來往往適得其反，不是企業文化內涵不清晰，就是企業文化觀念無法深植員工內心。因此，要發揮企業文化的引領作用，首先必須要建立以市場為導向、以客戶為中心的服務理念。其次要做好規劃，實行系統工程建設。再次要加強宣傳，使員工隨時感受到無處不在的企業文化的力量。最後要將企業文化體現到獎懲體系上，建立高績效文化。通過獎懲明確告知員工企業鼓勵什麼行為、反對什麼行為，將良好的員工行為轉化為員工的日常習慣。此外，銀行管理層應不斷提升領導和協調能力，加強與銀行各部門、各員工的溝通交流，完善薪酬管理體系和激勵體系，保證各部門目標、員工個人目標與銀行戰略發展目標一致。

學習與成長維度考核指標通常有員工培訓計劃完成率、員工培訓投入率、員工崗位資格通過率、員工專業素質測評分數、員工滿意度、優秀員工流失率、新產品投資利潤率、研發項目階段成果達成率、信息系統建設投入率、文化建設項目完成率等。

總而言之，平衡計分卡各個層面之間是由一系列因果關係組成的績效驅動鏈。保羅·尼文（Paul R. Niven）曾這樣描述平衡計分卡各個層面的因果關係：「學習與成長是樹根，通過內部流程這棵樹干長出客戶這條樹枝，最終帶來財務回報這片葉子。」具體來說，財務層面反應了組織戰略的最終結果，客戶層面是銀行獲得財務成果的直接來源。而內部流程是實現客戶價值主張的重要保證，通過改善內部流程可以實現財務層面和客戶層面的目標。學習與成長層面是實現其他層面目標的內在驅動力，將組織無形資產與企業戰略結合，有利於企業實現可持續發展。由此可見，保持企業學習與成長能力和戰略協調一致將提高內部流程經營績效，從而實現客戶層面和財務層面的目標，最終保證組織戰略的成功實施。

(四) 戰略地圖

戰略地圖（Strategy Maps）是組織戰略要素之間因果關係的可視化表示方法，它以平衡計分卡的財務、客戶、內部流程、學習與成長四個層面的目標為核心，通過分析這四個層面目標的相互關係而繪製出組織戰略因果關係圖。戰略地圖是平衡計分卡的發展和昇華，是一種用於描述和溝通戰略的有效管理工具。戰略地圖的核心內容是企業通過運用人力資本、信息資本和組織資本等無形資產（學習與成長），創新和建立戰略優勢和效率（內部流程），進而使企業把特定價值帶給市場（客戶），最終實現股東價值（財務）。

平衡計分卡四個層面之間的目標關係，再加上每個層面內部的因果關係，就構成了戰略地圖的基本框架。如果把戰略地圖比作一座四層的樓房，則房頂部分由使命、核心價值觀、願景和戰略構成，房子的主體部分從最高層到最低層依次是：財務層面、

客戶層面、內部流程層面、學習與成長層面。其中財務層面包括收入增長戰略和資產收益提升戰略。客戶層面包括產品領先戰略、服務提升戰略、客戶拓展戰略和品牌形象戰略。內部流程層面包括金融產品創新流程、客戶管理流程、營運管理流程、風險管理流程。學習與成長層面包括三種無形資產，即信息資本、人力資本、組織資本。商業銀行戰略地圖模板如圖 2-10 所示。

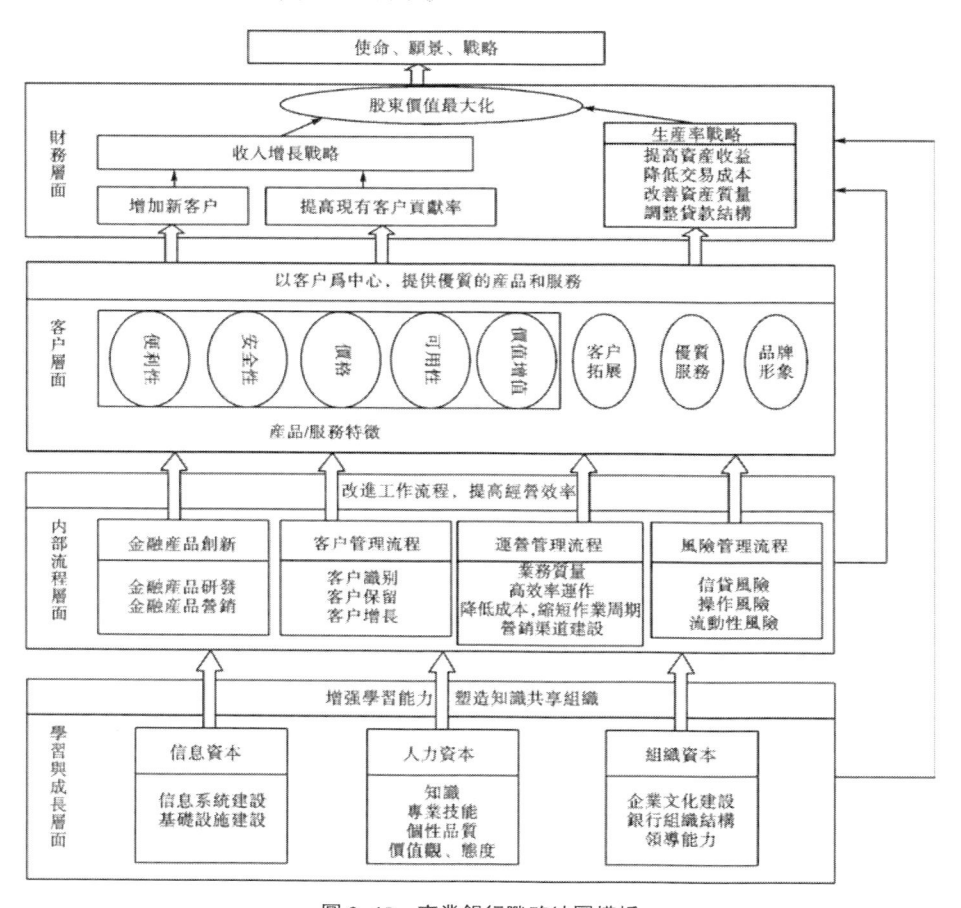

圖 2-10　商業銀行戰略地圖模板

把使命、核心價值觀、願景、戰略、四個層面及其構成要素通過邏輯關係整合起來所形成的框架，就是卡普蘭和諾頓提出的戰略地圖模板。企業戰略地圖的構建，為設計企業戰略績效評價指標體系奠定了基礎。

（五）平衡計分卡的實施流程

平衡計分卡作為一種新型的戰略績效管理系統，為商業銀行實現戰略目標提供了指標方向。但實施平衡計分卡是一項複雜的系統工程，必須統籌規劃，加強組織溝通，才能確保實施工作順利進行。實施平衡計分卡一般流程為：

1. 明確使命和願景，確定發展戰略

卡普蘭認為，使命和願景處在平衡計分卡的頂層，在使命的引導下，明確企業發展戰略，它是實施平衡計分卡的核心。平衡計分卡是為戰略執行服務的，所以在員工中建立對使命與願景的共識是導入平衡計分卡時必不可少的工作。這種共識的建立，採取的是「自上而下」與「自下而上」相結合的方式。一方面，企業通過各種途徑在員工中進行信息收集，結合員工的看法來制定願景和戰略；另一方面，通過引導的方式讓員工認識到願景和戰略的重要性。如圖 2-11 所示。

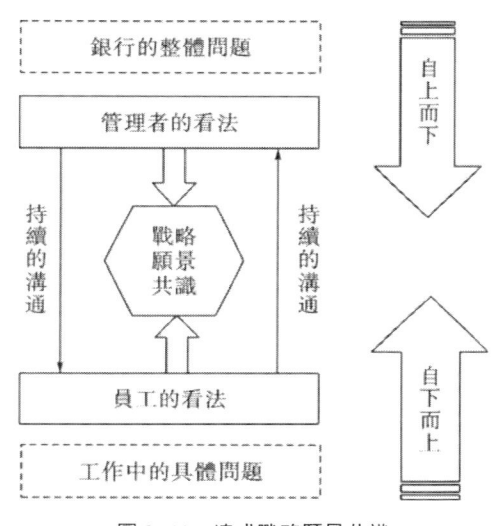

圖 2-11　達成戰略願景共識

2. 清晰描述戰略，構建戰略地圖

該步驟為戰略展開之初最核心且最關鍵的一步。如果缺乏對戰略的清晰描述，將會在執行中出現偏差，最終導致戰略失敗。因此，企業明確發展戰略之後，必須運用戰略地圖這一可視化工具，在財務、客戶、內部流程、學習與成長層面將戰略主題清晰地描述出來，為設計平衡計分卡績效評價指標奠定基礎。

3. 結合管理模式和運作流程，分解戰略目標

由於各個企業戰略目標不同，在管理模式和運作流程上側重點不同，因此在戰略目標分解時應瞭解企業自身特點，根據各職能部門職責確定目標，從而保證目標的協調發展。

4. 根據平衡計分卡的四個維度，構建績效評價體系

按照戰略地圖描述的財務、客戶、內部流程和學習與成長四個層面的戰略目標，構建相應的績效指標體系。這一過程使戰略目標轉化為四個層面之間具有因果關係的績效驅動鏈，由此形成的績效指標體系以戰略為指導，能夠反應戰略實施的關鍵環節。

5. 建立有效的反饋機制，不斷完善戰略地圖和平衡計分卡

平衡計分卡是個動態反應的過程，這就要求企業從全局出發，不斷優化各個層面

之間的因果關係，修正平衡計分卡評價指標，最終形成科學的戰略績效評價指標體系。

（六）平衡計分卡的優勢與不足

平衡計分卡不僅是企業績效管理的工具，更是企業戰略制定和戰略執行的工具。自平衡計分卡被提出以來，得到了全球企業界的接受與認同，越來越多的企業在平衡計分卡的實踐項目中受益。平衡計分卡存在固有的優點，但也有天生的缺點。

1. 平衡計分卡的優勢

（1）使整個組織行動一致，服務於戰略目標

平衡計分卡強調了績效管理與企業戰略之間的緊密聯繫，又提出了一套具體的指標框架體系，能夠將個人績效、部門績效、經營單位績效與企業組織整體績效很好地聯繫起來，從而確保所有努力方向同企業戰略目標保持一致。

（2）彌補了單一財務指標的不足

平衡計分卡遵從財務評價和非財務評價並重的業績評價體系的設置原則。傳統的業績評價系統主要是對財務指標的評價。在日益激烈的競爭環境中，單一的財務指標評價不能全面反應企業的經營狀況。平衡計分卡彌補了單一財務指標在客戶、業務流程、產品創新、員工、企業文化等方面的不足，增加了客戶、內部流程、學習與成長三個層面的非財務指標，很好地實現了財務指標和非財務指標的結合，形成了一套完整的指標體系。

（3）能夠避免企業的短期行為

財務評價指標以過去的信息為依據，無法評價企業未來成長的潛力。非財務指標能很好地衡量企業未來的財務業績。如提高客戶滿意度能夠增加收入、培養客戶的忠誠度、吸引新的客戶、減少交易成本，能夠提高企業未來的業績。平衡計分卡從戰略目標和競爭需要的角度出發，實現了企業長期戰略與短期行為的有效結合。

2. 平衡計分卡的不足

（1）實施難度大

平衡計分卡的實施，要求企業有明確的組織戰略，而且高層管理者具備分解和溝通戰略的能力和意願，中高層管理者具有指標創新的能力和意願，因此管理基礎薄弱的企業不適合引入平衡計分卡。

（2）建立指標體系較困難

平衡計分卡對傳統業績評價體系的突破在於它引進了非財務指標，克服了單一依靠財務指標評價的局限。然而如何建立非財務指標體系却是企業面臨的一個難題。非財務指標較財務指標難以收集，需要企業長期探索和總結。並且不同的企業處所的行業、面臨的環境不同，其戰略需求不同，進而目標設定也不相同。因此，企業在運用平衡計分卡時，需根據實際情況加以仔細斟酌。

（3）指標取捨難度大

平衡計分卡涉及財務、客戶、內部流程、學習與成長四套業績評價指標，指標數

量多，指標間的因果關係很難做到真實、明確。按照卡普蘭的說法，合適的指標數目是 23~25 個。如果指標之間不是完全正相關的關係，我們在評價最終結果的時候，應該選擇哪個指標作為評價依據？如果捨掉部分指標的話，會不會導致業績評價的不完整性？這些問題都是在運用平衡計分卡時要考慮的。

（4）指標權重分配比較困難

這裡包括兩個方面的含義，一是平衡計分卡四個層面的權重分配，二是各層面內部不同指標的權重分配。不同的指標權重，其績效導向不同，最終評價結果不同。而平衡計分卡並沒有說明針對不同發展階段和戰略需要確定指標權重的方法，因而權重的確定也沒有一個客觀標準，這就不可避免地使得權重的分配帶有濃厚的主觀色彩。

（5）部分指標的量化難以落實

部分指標尤其是部分很抽象的非財務指標的量化非常困難，如客戶維度中的客戶滿意度以及學習與成長維度中的員工滿意度如何量化等。這也使得在評價績效的時候，不可避免地帶有主觀因素。

（6）實施成本大

平衡計分卡要求企業從財務、客戶、內部流程、學習與成長四個方面考核戰略目標的實施，並為每個方面制定詳細而明確的目標和指標。除對戰略的深刻理解外，需要消耗大量精力和時間把它分解到部門，並找出恰當的指標。而落實到最後，指標可能會多達 20~30 個，這在收集和考核數據時，也是一個不小的負擔。並且平衡計分卡的執行也是一個耗費資源的過程。一個典型的平衡計分卡需要 3~6 個月去執行，另外還需要幾個月去調整結構，使其規範化，因而總的開發時間經常需要一年或更長的時間。

(七) 基於 BSC 和 EVA 的關鍵績效指標體系的構建

如上所述，任何一種績效評價方法都有其缺陷。近年來，一些商業銀行將平衡計分卡、經濟增加值評價法和關鍵績效指標法三種方法結合起來，探索建立基於 BSC 和 EVA 的關鍵績效指標的評價體系。其基本思路是以 EVA 為核心，以平衡計分卡（BSC）為紐帶，通過價值傳遞，從 BSC 的四個層面去設計 KPI 指標，形成一套多方位的績效評價指標體系。如圖 2-12 所示。

1. 財務層面的 KPI 設計

商業銀行的財務成果指標如淨利潤等，能夠反應銀行一定時期的經營活動的最終成果。在現代企業股東價值成為企業經營目標的環境下，銀行的財務指標應該反應股東創造的價值。銀行只有在獲取比資本成本更高的收益時，才能為股東創造財富。由於 EVA 具有反應股東價值的特性，因此它成了各種指標的核心和原發性指標。按照 EVA 基本計算公式，遵循「杜邦財務分析法」的思路，進行層層分解，通過對銀行盈利性、流動性、安全性和效率性進行分析，設計相互關聯的財務層面的 KPI 指標。

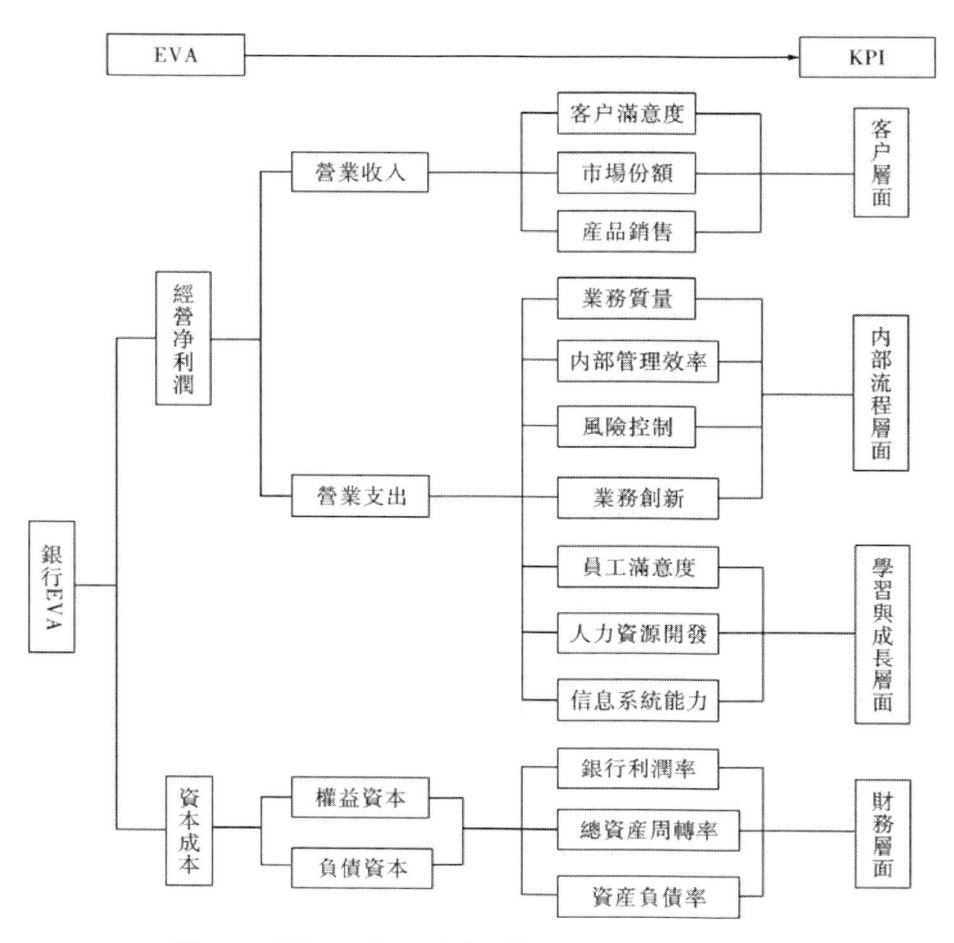

```
                    EVA ─────────────────────────────► KPI

                                       ┌── 客戶滿意度 ──┐
                         ┌── 營業收入 ──┼── 市場份額 ────┤ 客戶層面
                         │             └── 產品銷售 ────┘
                         │
             ┌─ 經營淨利潤┤             ┌── 業務質量 ────┐
             │           │             ├── 內部管理效率 ┤
             │           └── 營業支出 ──┼── 風險控制 ────┤ 內部流程層面
             │                         └── 業務創新 ────┘
   銀行EVA ──┤
             │                         ┌── 員工滿意度 ──┐
             │                         ├── 人力資源開發 ┤ 學習與成長層面
             │                         └── 信息系統能力 ┘
             │
             │           ┌── 權益資本 ──┐ ┌─ 銀行利潤率 ─┐
             └─ 資本成本 ┤              ├─┤ 總資產周轉率 ├ 財務層面
                         └── 負債資本 ──┘ └─ 資產負債率 ─┘
```

圖 2-12　基於 BSC 和 EVA 的關鍵績效指標體系的構建（示例）

（1）盈利性指標

商業銀行的最終目標就是銀行價值最大化，盈利水平的高低是評價和衡量商業銀行經營效益的基本標準。因此，銀行首先關注的是利用資產創造價值的水平，即銀行的盈利能力。盈利性指標通常有總資產收益率、存貸款利差、資本利潤率等。

（2）流動性指標

流動性作為清償能力監管的核心指標，是指銀行資產在不發生損失的情況下，能以合理價格獲取可用資金並迅速變現的支付能力。銀行不同於一般性質的企業，由於其經營貨幣並要應付日常的提取、結算以及法定準備金的要求，就會嚴重危及銀行信譽，影響業務的發展，還會增加額外的經營成本。銀行的流動性主要體現在資產和負債兩方面，所以在指標設置時也應綜合考慮這兩方面的情況。流動性指標通常有流動性比率、存貸款比率等。

(3) 安全性指標

簡單而言，安全性就是要求銀行能正確處置風險，盡量避免各種不確定因素對其資產、負債、利潤、信譽等方面的影響，確保商業銀行信用活動的穩健。銀行在經營過程中面臨著各種金融風險，而銀行的資金來源中產權資本相對較少，資本槓桿比率比一般工商企業高，這使得銀行承受風險的能力相對較差。為了保證銀行的正常經營，必須充分注意資金的安全性。安全性指標通常有不良貸款率、資本充足率等。

(4) 效率性指標

效率性原則是指商業銀行經營過程中的財務效率化程度，即人員配置、資金的運用與設備投資的最佳組合等，良好的財務效率有助於提升商業銀行的經營能力，而無效率往往是造成銀行失敗的主要原因。效率性指標通常有總資產週轉率、成本收入比等。

2. 客戶層面的 KPI 設計

在市場經濟條件下，商業銀行面臨著激烈的競爭，銀行必須滿足客戶需求，提供客戶偏好的產品和服務，以確保市場份額。通過市場調查和市場細分，尋找自己的客戶群，確定目標客戶，提高市場佔有率。同時，做好存量客戶的維護和新客戶的拓展，提高客戶的忠誠度、滿意度及獲利能力。客戶層面設立的指標通常包括市場份額、客戶滿意度、客戶保持率、客戶獲利率、高價值客戶及金融資產增長率、存貸款增長率、銀行產品銷售率等。如圖 2-13 所示。

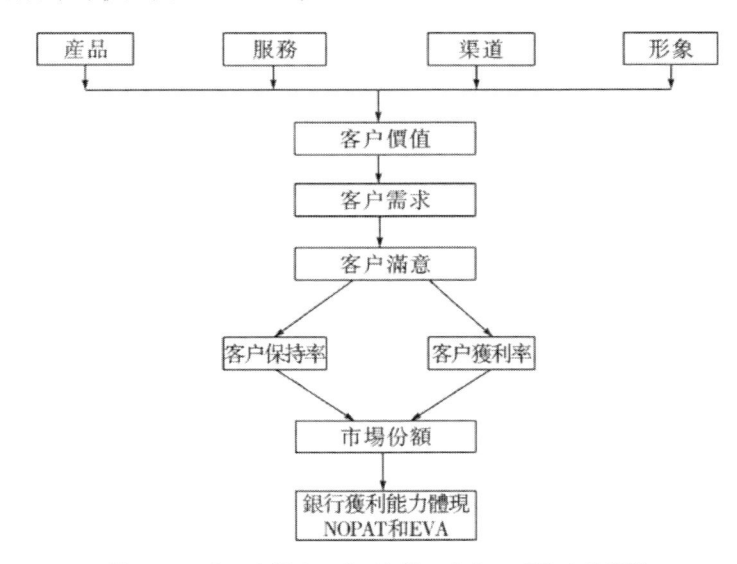

圖 2-13　產品和服務—客戶價值—銀行盈利能力傳遞圖

3. 內部流程層面的 KPI 設計

內部流程是指商業銀行的內部業務流程的運作。內部業務流程的運作即客戶需求—產品研發—產品行銷—售後服務—滿足客戶需求的一系列活動。內部業務流程的有

效運作是提高銀行績效的有力保障，是最大的業績驅動因素。通過內部運作的實施，銀行的戰略目標得以落地、年度經營計劃得以實施、客戶需求得以滿足。內部運作維度的指標選取可以按照業務質量、內部管理效率、風險控制和業務創新四個方面進行設置。業務質量指標通常有業務交易時間、業務差錯率等。內部管理效率指標通常有前臺/中後臺員工比率、人均利潤率等。銀行風險控制指標通常有違規操作次數、訴訟案件數、內控評價、風險管理專項考核等。業務創新指標通常有新產品投資利潤率、新產品利潤貢獻率、研發成本控制率、研發項目階段成果達成率和項目開發準時率等。

4. 學習與成長層面的 KPI 設計

學習與成長是商業銀行立足長遠、面向未來的投資，是根據銀行戰略確定的未來發展方向而進行的人員儲備，有利於銀行在未來保持核心競爭力，形成競爭優勢。只有通過學習與成長，提升員工素質、開發新產品，銀行才能提高內部經營效率和服務質量，為客戶創造更大的價值，獲得新的市場，提高收入和利潤。學習與成長包括人力資本、組織資本和信息資本。人力資本指標通常有員工培訓合格率、培訓項目投入等。組織資本指標通常有員工滿意度、員工保持率、員工流失率等。信息資本指標通常有信息系統建設投入率、信息設備平均使用率等。

【案例分析】

為什麼導入不如預期

兩年前，某商業銀行為了提升市場競爭力，奪回失去的市場份額，實現「區域領先銀行」的企業願景，聘請專家制訂了戰略規劃，並開始在全行導入平衡計分卡管理工具。所有的導入計劃和效果預測都讓人感到欣喜。

但完備的導入計劃在實施 15 個月後，這家銀行的業績不僅與當初的財務預期相差甚遠，而且在當地的同業市場份額進一步下滑。

為什麼導入不如預期？我們發現，這家銀行的戰略具體實施步驟和技術架構都相當完備，但是銀行高層管理者在績效管理導入過程中仍然固守著短期利益思維，有意或無意地過分強調財務指標，忽視非財務指標，這種「換湯不換藥」式地固守傳統績效管理模式的做法，當然不會帶來預期的效果。

據統計，中國企業制定詳細的績效目標後，90%並不會達到原來的預期。雖然財務指標可以很好地反應企業的投入與產出的對應關係，如資產回報（ROA）、經濟增加值（EVA）、成本收入比等，可以反應企業的盈利能力，但是過於重視財務指標帶來的問題是，重視短期盈利能力，而缺乏對長期利益的關注。在一味地追逐短期盈利當中，企業的發展定位要麼「眼高手低」，要麼對既定的發展目標「鑽牛角尖」。現代管理學大師彼得·德魯克指出，對於企業經營目的只有一種適當的解釋———「創造消費者」。消費者決定了企業的本質。現實情況下，中國企業過分重視財務指標，根本談不上為顧客創造價值，這使得企業所制定的戰略缺乏基礎。

於是，就會出現這樣一種現象：當被財務指標吸引的企業面對目標客戶增長乏力

的尷尬局面時,管理者們便將發展戰略束之高閣,績效管理的作用被淡化,寄希望於用先進信息技術的量化數據和技能培訓來提升績效,於是企業資源計劃系統(ERP)、客戶關係管理系統(CRM)、全面質量管理、標準化管理等被大家熱烈追逐。

當然,信息管理系統和標準化管理確實能夠幫助銀行提升業績,却不能保障銀行得到可靠的績效結果。因為信息技術與標準化管理並不能使員工更加熱愛工作,也不能準確傳達戰略決策。員工因缺乏對銀行戰略的瞭解和認同而無法產生持續的內在動力。因此,儘管 CRM 被普遍使用,但銀行仍然被不滿意的顧客糾纏,經過標準化管理導入的網點的服務質量仍然出現反覆。

過度重視財務指標對於企業並沒有太多意義。目前中國商業銀行生存在越來越開放的市場環境中,財務和非財務指標因素將業績評價與戰略實施結合起來,使得財務指標與非財務指標對業績評價系統都非常重要。很顯然,當銀行著眼於確定預算和短期目標時,財務指標的使用高於非財務指標。但是非財務指標評價與銀行長期業績關係緊密,企業戰略、企業文化、經營環境以及外部報告和預算信息因素,都會對銀行業績評價產生長期而深遠的影響。

非財務指標之所以對企業十分重要,是因為它能幫助企業修改既定的目標或計劃,保持戰略執行的靈活性。企業文化等非財務指標能讓組織成員產生強烈的集體歸屬感,通過精神的感召力影響員工的行動。它也能夠促使中層管理人員重視對企業員工至關重要的激勵與培養。因此,非財務指標是企業業績長久持續增長的內在動力。事實上,也只有非財務因素才能使業績評價系統與企業戰略管理真正聯繫起來。因此,忽視非財務因素無疑會最終導致績效管理導入失敗。

【知識連結】

匯豐銀行員工職業素質辭典

自 20 世紀 90 年代中期起,發達國家的一些商業銀行開始結合自身業務實際,編製適合企業戰略需求的員工素質辭典,並應用於實際業務層面,取得了良好的效果。英國匯豐銀行員工職業素質辭典如表 2-12 所示。

表 2-12

類型		內容
內生素質	主動性	・能夠闡述、傳遞對自我能力的強烈自信 ・作為執行主管能夠保持自己的主動精神 ・時刻準備做出和支持、執行決定 ・面對高級主管,勇於承認自己的不足和錯誤、導致的風險 ・樂於接受反饋和向他人提供反饋 ・直接、公開的交流 ・聽取他人意見、考慮他人需求、善於移情思考問題 ・瞭解自己對他人的影響、識別他人動機、判斷他人優勢

表2-12(續)

類型		內容
內生素質	團隊精神	・能夠在自己的領域和思想中包容他人 ・能夠與同事共享信息、知識、關係、網路及其他資源 ・準確使用可獲得的各種支持服務,善於利用團隊成員的技能 ・樂於介紹他人的思想與建議
	影響力	・有風度、魅力和較高的領導藝術 ・行為得體,有策略、藝術地說服他人,善於理解他人 ・能夠激勵他人的熱情,傳遞正能量 ・善於在群體中傳達、交流重大決定和方針 ・注重現場管理
工作能力	組織能力	・善於組織會議,確保產生最佳影響 ・善於識別工作的優先次序,有計劃地安排各項工作 ・善於從最後期限倒推,周密安排工作進度 ・能夠預見資源需求 ・進行目標管理,為自己和員工設定時間要求 ・善於處理員工個人利益與銀行組織利益的關係
	業務承擔能力	・能夠在工作時間框架內提出解決問題的辦法 ・勇於承擔任務、問題、困難,克服個人因素,確保解決問題 ・主動行動,勇於設定挑戰性目標 ・承認自我發展領域,努力獲取新技能、能力等
	目標能力	・堅持計劃,不走歧路,為了將來可以犧牲現在 ・條件不成熟時不急於求成,能夠等待時機和最佳時機 ・採取長期觀點,根據長期目標評價選擇方法
	合作能力	・勇於承擔集體責任 ・具有合作意識與眼光 ・能夠努力為公司其他部門尋求生意機會
知識素質	瞭解能力	・發展、保持高層網路和與公司內外的正式溝通 ・瞭解將要發生的事情和當前的進展 ・監督競爭活動 ・掌握時事、經濟、文化問題與情況
	分析能力	・對複雜問題總攬清晰、認識深刻、理解透澈 ・迅速、準確地抓住信息和問題的核心 ・善於根據新信息進行思考 ・容忍衝突和分歧的信息與思想,並善於處理衝突與分歧
	指示能力	・能夠創造、選擇方法,並能預見所選擇的方法對他人的影響 ・創造能夠贏得他人尊重的創新解決方法 ・明確戰略方向
	適應能力	・讚同變化 ・向現狀挑戰

七、非系統考核法

在實際工作中，除了前面我們講到的系統的績效管理方法外，還會運用到很多零散的考核方法，我們稱之為非系統考核法。非系統考核法的運用比較有針對性，具有一定的實踐意義。這裡我們主要介紹評級量表法、圖解式考核法、關鍵事件考核法和行為等級錨定法等銀行常用的考核方法。

(一) 評級量表法

評級量表法是一種被廣泛採用的考評方法，它把員工的績效分成若干項目，每個項目後設一個量表，由考核者做出考核。評級量表法之所以被運用得最多，是因為它極易完成，而且費時少，又易學，有效性也很高。某商業銀行員工行為考核評定表法如表 2-13 所示。

表 2-13　　　　　　　　　　員工行為考核評定表

姓名： 單位： 崗位： 日期：	考核說明： 1. 每次僅考慮一個因素，不允許因某個因素給出的考核結果而影響其他因素的考核。 2. 考核整個考核時期的績效情況，避免集中在近期的事件或孤立事件中。 3. 以滿意的態度記住一般員工應履行的職責，考核結果高於一般水平或優秀的，表明該員工與一般員工有明顯的區別。 4. 評定標準：A. 10分, B. 8分, C. 6分, D. 4分, E. 2分。				
考核等級 考核內容	A. 優秀，不斷地超出要求	B. 良好，經常超出要求	C. 一般，一直符合要求	D. 低於一般，需要改進，有時不符合要求	E. 較差，不符合要求
求實進取： 工作講求實際，腳踏實地，並以結果為導向，設定較高目標，不斷超越自我，力求把工作做到最好。					
客戶導向： 以客為尊，有幫助和服務客戶的願望及行動，努力發現並滿足客戶的需求，提升客戶滿意度，實現雙贏。客戶包括內部客戶和外部客戶。					

表2-13(續)

誠信合規：誠懇正直，信守承諾，秉持個人行為與本行的企業價值觀、道德規範的統一；正確理解、貫徹執行銀行現行的規章制度體系，踐行和倡導合規文化。					
團隊合作：以實現共同的團隊目標為導向，明確團隊角色，積極配合團隊成員工作，協調化解內部衝突，提升團隊成員歸屬感，實現共同利益目標。					
創新變革：能夠適應環境的變化，解放思想，接受並參與變革；善於學習和吸收新知識、新觀念，能創造性地開展工作。					
高效執行：及時回應客戶需求和上級指示，提高執行效率；傳達、檢查和評估工作目標的執行，確保執行效果。					
合計分數					
改進和成長： □當前是最好的或接近最好的績效； □經過進一步培訓和實踐能取得進步； □沒有明確的改進方向。 員工自我評價：同意□　　　不同意□ 負責人評價：					

員工	負責人	審核人
日期	日期	日期

在表 2-13 中，對每項考核內容和每一考核等級都給出了定義。對考核內容和等級描述得越精確，則給員工的績效評價越精確。有些考核表對被考核者做出最高或最低考核評價時，要求考核者說明理由。例如對一名員工的「客戶導向」項目考核為「較差」，則考核者需要提供這種低考核結論的書面說明，這樣做的目的在於避免出現過於草率的評價。

評級量表法既簡單又省事，可以測評很多考核目標。但評價量表法也有缺陷，使用這種量表，考核者很容易產生暈輪效應誤差和趨中效應誤差。過於寬大的或中庸的考核者，會把每個人的每個項目很快地評為高分或平均分。多數評級量表法並不針對某一特別崗位，而是適用於組織的所有單位，因而不具有針對性。

(二) 圖解式考核法

圖解式考核法也稱圖尺度考核表。圖解式考核法主要針對每一項評定的考評內容，預先訂立基準，包括依不間斷分數程度表示的尺度和依等級間斷分數表示的尺度，前者被稱為連續尺度法，而後者被稱為非連續尺度法。實際運用中，常以後者為主。

利用圖尺度考核表不僅可以對員工的工作內容、責任及行為特徵進行考核，而且可以向被考核者展示一系列被認為是成功工作績效所必需的個人特徵（如合作性、適應性、成熟性、動機等），並對此進行考核。員工行為能力圖尺度考核表如表 2-14 所示。

表 2-14　　　　　　　　　員工行為能力考核圖尺度考核表

員工姓名：		單位：
崗位：		日期：

考核目的：□年度考核　□季度考核　□試用期考核　□晉升
　　　　　□績效不佳　□其他

說明：請按照尺度表中標明的等級來核定員工的工作績效分數，並將其填寫在相應的分數框內，最終的考核結果通過將所有分數加總和平均而得出。

考核等級說明：
O：傑出（outstanding）。在所有各方面的表現都十分突出，並且明顯地比其他人優異得多。
V：很好（very good）。工作的大多數方面表現明顯超出崗位的要求，工作水平是高質量的，並且在考核期間一貫如此。
G：好（good）。稱職的和可信賴的工作水平，達到了工作績效標準的要求。
I：需要改進（improvement needed）。存在缺陷，需要進行改進。
U：不令人滿意（unsatisfactory）。工作總的來說無法讓人接受，必須立即加以改進。

考核要素	考核尺度		考核實施依據或評語
求實進取： 工作講求實際，腳踏實地，並以結果為導向，設定較高目標，不斷超越自我，力求把工作做到最好。	O □ V □ G □ I □ U □	100～91 90～81 80～71 70～60 60 及以下	分數： 事實依據或評語：

表2-14(續)

項目	等級	分數區間	評分
客戶導向： 以客為尊、有幫助和服務客戶的願望及行動，努力發現並滿足客戶的需求，提升客戶滿意度，實現雙贏。客戶包括內部客戶和外部客戶。	O ☐ V ☐ G ☐ I ☐ U ☐	100～91 90～81 80～71 70～60 60及以下	分數： 事實依據或評語：
誠信合規： 誠懇正直、信守承諾，秉持個人行為與本行的企業價值觀、道德規範的統一；正確理解、貫徹執行本行現行的規章制度體系，踐行和倡導合規文化。	O ☐ V ☐ G ☐ I ☐ U ☐	100～91 90～81 80～71 70～60 60及以下	分數： 事實依據或評語：
團隊合作： 以實現共同的團隊目標為導向，明確團隊角色，積極配合團隊成員工作，協調化解內部衝突，提升團隊成員歸屬感，實現共同利益目標。	O ☐ V ☐ G ☐ I ☐ U ☐	100～91 90～81 80～71 70～60 60及以下	分數： 事實依據或評語：
創新變革： 能夠適應環境的變化，解放思想，接受並參與變革；善於學習和吸收新知識、新觀念，能創造性地開展工作。	O ☐ V ☐ G ☐ I ☐ U ☐	100～91 90～81 80～71 70～60 60及以下	分數： 事實依據或評語：
高效執行： 及時回應客戶需求和上級指示，提高執行效率；傳達、檢查和評估工作目標的執行，確保執行效果。	O ☐ V ☐ G ☐ I ☐ U ☐	100～91 90～81 80～71 70～60 60及以下	分數： 事實依據或評語：

圖解式考核法的優勢是實用，開發成本小。其不足是不能有效地指導行為，也就是說，評定量表不能清楚地指明員工必須做什麼才能得到某個確定的評分，因而對被期望做什麼可能一無所知。例如在「團隊合作」這一項上，員工被評為「I」級，可能很難找出如何改進的辦法。此外，圖解式評定量表在評價過程中也可能因潛在的偏見而影響考核的準確性。

(三) 關鍵事件法

關鍵事件法又稱重要事件法，它由美國學者弗拉賴根（Flanagan）和貝勒斯（Baras）創立。關鍵事件法就是利用收集到的有關工作表現的特殊事例進行考核。關鍵事件法在商業銀行績效考核中被廣泛地運用。

1. 關鍵事件的含義

關鍵事件是由員工或團隊的關鍵行為產生的、對個人或團隊績效產生決定性影響的行為結果。關鍵事件應該能夠反應個人的行為特徵，對工作本身、工作團隊或組織能夠產生較大的作用，對工作發展有較深遠的影響。但是，關鍵事件必須是與關鍵績效相聯繫的關鍵行為及結果，員工履行其職責的日常性行為、非工作行為及其結果不應被視為關鍵事件。

員工的關鍵事件按性質可以分為正向關鍵事件和負向關鍵事件兩種類別。正向關鍵事件是指對個人績效及組織績效產生了積極影響的關鍵事件，包括：超出了個人績效承諾目標或一般工作要求的工作業績，對組織績效提升有重大貢獻；支持周邊協作、跨部門項目工作；在本職工作以外為組織或部門的文化建設、組織氛圍建設等做出了明顯的貢獻；提出合理化建議並取得了重要或重大成果。負向關鍵事件是指對個人績效及組織績效產生了消極影響的關鍵事件，包括：重大的或重要的工作失誤、重大的違紀行為等。對於關鍵事件的分類還可以按照屬性或範圍進行界定。但是無論如何，關鍵事件總是由行為和結果兩方面構成的，並且關鍵事件法就是通過對這些正向或負向的關鍵事件的記錄，從而對員工的績效或能力作出判斷與評價。正向的關鍵事件被用於支持和佐證員工的某種績效狀況，負向的關鍵事件則用於否定員工的某種狀況。

2. 關鍵事件法的含義

關鍵事件法（Critical Incident Method，CIM），又稱工作抽樣法，它是由考核者通過觀察、記錄被考核者的關鍵事件，而對被考核者的工作績效進行考評的一種方法。如前所述，當被評估者的某種行為對組織的績效產生了積極或消極的重大影響時，這種行為就可以被稱為關鍵事件。關鍵事件法要求評估者對具有代表性的關鍵事件進行書面記錄，這些記錄將同其他資料一起被用於對被評估者的工作進行評價。關鍵事件法通過工作中的關鍵事件，制定相應的扣分和加分標準，以此對被考核者的業績進行評價。比如績效考核中的所謂「一票否決制」，其實就是從這裡衍生出來的。某商業銀行關鍵事件考核示例如表 2-15 所示。

表 2-15　　　　　　　　某商業銀行員工正向關鍵事件考核（示例）

1. 考核期間員工堵截、防範各類詐騙案件、重大業務差錯的，每次加計 1 分。
2. 考核期間本人受到市分行、省分行、總行表彰獎勵的，分別加計 1 分、2 分、3 分。
3. 考核期間員工參加技能比武或條線競賽受到市分行、省分行、總行表彰獎勵的，分別加計 1 分、2 分、3 分；得前三名或一等獎，加倍計分。
4. 考核期間網點負責人所在網點受到市分行、省分行、總行表彰獎勵的，分別加計 1 分、2 分、3 分。
5. 考核期間營運主管與下列事項加分掛勾： （1）對單位負責人或業務主管部門的違規、違紀行為予以抵制，並及時向上級行書面報告的，每次計 1 分。 （2）主動發現、揭露、制止重大違規問題、事故、案件的，每次計 2 分。 （3）網點堵截、防範各類詐騙案件、重大業務差錯的，每次計 1 分。 （4）所在網點營運管理條線受到營業部、省分行、總行表彰獎勵的，分別計 1 分、2 分、3 分。

3. 關鍵事件法的操作

關鍵事件法的操作包含了三個重點：第一是觀察，第二是書面記錄，第三是依據關鍵性事實考核。這種關鍵性事實，應該是上級主管平常及時記錄在案，並在考核時點，通常是季度和年度，由主管依據記錄對被考評者進行考核。

關鍵事件的操作步驟可以歸納為 STAR 法，即在平常進行記錄時要關注以下幾個要點：Situation（情景）——事件發生時的情景是怎樣的；Target（目標）——要達到什麼樣的目的；Action（行動）——被考核者當時採取了什麼樣的行動；Result（結果）——被考核者採取行動之後獲得了什麼樣的結果。

關於關鍵事件法的操作與運用，一般還有如下幾種具體方法：

（1）關鍵事件清單法。關鍵事件法也可以開發一個與員工績效相聯繫的關鍵行為清單，以此進行績效考核。關鍵事件清單法常常給予不同的項目以不同的權重，表示某些項目比其他項目重要。

（2）行為定位評級表。這種量表把行為考核與評級量表結合在一起，用量表對員工績效做出評級，並以關鍵事件對量表值做出定位。

4. 關鍵事件法的優勢與不足

（1）優勢

■可以為考核者向被考核者進行績效反饋提供確切的實施證據。

■可以避免近因效應的誤區。因為績效考核所依據的關鍵事件是在一個考核週期內累積出來的結果，是被考核者在整個考核期內的表現，所以能夠有效避免近因效應。

■有利於保存一種動態的關鍵事件記錄，還可以獲得關於被考核者是通過何種途徑消除不良績效的實例。

（2）不足

■運用關鍵事件法進行績效考核，需要花費大量的時間去收集那些關鍵事件，需要進行長期的認真觀察，瞭解員工的工作行為並加以概括和分類，操作過程比較長，成本比較高。

■關鍵事件法缺乏橫向或縱向的比較，有一定的主管隨意性。

■關鍵事件法關注的是對工作績效顯著有效或無效的事件，這就遺漏了平均績效水平。所以利用關鍵事件法，對中等平均績效的員工就很少涉及，而這部分員工一般是企業的主體。

在實際管理中，商業銀行首先要注意結合實際制定關鍵事件考核辦法，明確關鍵事件操作法的責任人並賦予其相應的管理權限，確定關鍵事件標準，建立員工對關鍵事件申報、審批、錄入和查閱流程，建立相關考核臺帳和基於信息技術平臺的員工關鍵事件信息庫。其次，在建立起關鍵事件法管理體系後，員工的各種關鍵事件不僅可以被運用於員工的績效管理，還可以被運用於員工的誠信管理，以及日常工作過程中的行為及結果的引導。最後，要注意關鍵事件法的運用與銀行網點文化、員工素質模型和任職資格標準之間的相關性，將關鍵事件作為績效考核、晉升晉級、評優評先的

重要參考依據。

(四) 行為等級錨定法

1. 行為等級錨定法的含義

行為等級錨定法（Behaviorally Anchored Rating Scale，BARS）也稱行為定位法，是一種將同一職務工作中可能發生的各種典型行為進行評分度量，建立一個錨定評分表，以此為依據，對員工工作中的實際行為進行測評的考評方法。它由美國學者史密斯（P. C. Smith）和肯德爾（L. Kendall）於20世紀60年代提出。

行為等級錨定法是關鍵事件法的進一步拓展和應用，它將關鍵事件和等級評價有效地結合在一起。觀察一張行為等級評價表可以發現，在同一績效維度中存在一系列的行為，每種行為分別表示這一維度中的一種特定績效水平，將績效水平按等級量化，可以使考評的結果更有效、更公平。行為等級錨定法如表2-16所示。

表 2-16　　　　　　　客戶服務行為錨定等級考核表

□7	·把握長遠盈利觀點，與客戶達成夥伴關係
□6	·關注顧客潛在需求，起到專業參謀作用
□5	·為顧客而行動，提供超常服務
□4	·個人承擔責任，能夠親自負責
□3	·與客戶保持緊密而清晰的溝通
□2	·能夠跟進客戶，有問必答
□1	·被動回應客戶，回答拖延、含糊

行為等級錨定法的目的在於：通過一個等級評價表，將關於特別優良或特別低劣績效的敘述加以等級量化，從而將描述性關鍵事件法和量化性評級量表法的優點結合起來。

2. 行為等級錨定法的實施步驟

（1）進行工作分析，獲取關鍵事件，由主管人員做出明確簡潔的描述。

（2）建立評價等級。一般分為5~9級，將關鍵事件歸並為若干績效指標，並給出確切定義。

（3）對關鍵事件重新加以分配。由另一組管理人員對關鍵事件做出重新分配，把它們歸入最合適的績效要素指標中，確定關鍵事件的最終位置，並確定績效考核指標體系。

（4）對關鍵事件進行評定。審核績效考核指標等級劃分的正確性，由第二組人員將績效指標中包含的重要事件由優到差、從高到低進行排列。

（5）建立最終的工作績效評價體系。

3. 行為等級錨定法的優勢與不足

（1）優勢

■對員工績效的考量更加精確。

■績效考評標準更加明確。評定量表上的等級尺度是與行為表現的具體文字描述一一對應的，或者說通過行為表述錨定評定等級，使考評標準更加明確。

■具有良好的反饋功能。評定量表上的行為描述可以為反饋提供更多必要的信息。

■具有良好的連貫性和較高的信度。使用該方法對考評者使用同樣的量表，對同一對象進行不同時段的考評，能夠明顯提高考評的連貫性和可靠性。

■考評條理清晰，各績效要素的相對獨立性強，有利於綜合評價判斷。

（2）不足

行為等級錨定法的主要不足有：設計和實施的費用高，比許多考評方法費時費力；考核某些複雜的工作時，特別是那些工作行為與效果的聯繫不太清楚的工作，管理者容易著眼於對結果的評定而非依據錨定事件進行考核。

【案例分析】

關鍵事件法在客戶管理中的運用

個人高端客戶已經成為各家商業銀行爭奪的焦點，能不能挖掘和維護好個人高端客戶已經成為銀行能否在金融市場中立足和是否具有競爭力的關鍵因素。CSX支行所在區域有50萬個人優質客戶，但該行的市場佔有率却不足20%，與該行大型商業銀行地位很不相稱。

CSX支行個人存款市場份額和個人貴賓客戶佔有率長期無法提升的原因主要在於：個人貴賓客戶管理不到位，如個人貴賓客戶的指派率和簽約率僅分別為29%和31%，個人貴賓客戶產品交叉銷售率為85%，CFE使用率為60%等。因此，制定切實可行的考核辦法，強化高端客戶行銷和維護，是促進CSX支行個人業務發展的有效途徑。為此，CSX支行運用關鍵事件法制定了個人客戶經理管戶考核辦法，旨在加強個人客戶經理日常行銷和維護個人貴賓客戶的過程管理，考核結果不僅納入個人客戶經理綜合績效考核（權重分10分），而且與個人客戶經理行銷費用（如電話費、交通費等）掛勾，有效地激發了客戶經理主動行銷和拓展個人貴賓客戶的積極性，效果十分明顯。經過一年的努力，該行個人貴賓客戶的指派率和簽約率均達到了90%以上，貴賓客戶產品交叉銷售率達到了187%，CFE使用率達到了98%，已發卡客戶達標率和已達標貴賓客戶發卡率均達到了90%以上，個人存款市場份額明顯提升，提前完成上級行下達的各項個人業務目標任務。CSX支行關鍵事件法在個人客戶經理客戶日常管理考核中的運用如表2-17所示。

表 2-17　　　　　　　　　　個人客戶經理客戶日常管理考核表

考核指標	權重	考核內容		計分規則
客戶行銷維護日常管理	100	貴賓客戶升等	是否按月對本人管理的貴賓客戶制訂升等計劃，次月客戶日均金融資產是否提升10%	每月檢查1次，沒有制訂升等計劃扣5分，次月貴賓客戶日均金融資產提升比率未達10%扣5分
		CFE系統登錄	每日登錄CFE系統查看工作提醒、商機管理及新指派的客戶	每月檢查不少於3次，未每日登錄C系統的每缺1次扣5分
		電話邀約	每天電話邀約維護客戶，專職客戶經理每天不少於20戶，其他管戶經理不少於10戶	每月檢查不少於3次，未達到的1次扣5分
		客戶維護活動	每月開展一次客戶維護活動或「三進三掃」活動	未組織開展的1次扣5分
		客戶基礎管理	客戶信息完備率（包括C系統客戶信息和貴賓客戶信息管理匯總表信息）、貴賓客戶發卡率	每月檢查不少於3次。①客戶信息治理：白金卡以上客戶未達100%、金卡客戶每月提升比率小於15%且80%以下的，各扣5分；②客戶發卡率：白金卡以上客戶未達100%、金卡客戶每月提升比率小於15%且80%以下的，各扣5分
		工作日誌	每天登記個人貴賓客戶管理工作日誌	每月檢查不少於3次，發現一次扣5分

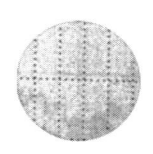

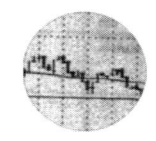

第三章　　銀行戰略績效管理

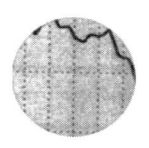

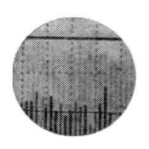

當前，由於信息技術革命和社會經濟金融結構發生了重大變化，商業銀行賴以發展的外部經營環境與過去截然不同，所面臨的經營壓力不斷加大，銀行運行的不確定性不斷增加。因此，傳統的管理模式顯然已經不能適應銀行發展的需要，於是商業銀行戰略管理便應運而興，並且不斷完善，發展成為現代企業戰略管理體系中的重要組成部分。

一、企業戰略

　　「戰略」一詞自古有之，「戰」指戰鬥、戰爭，「略」指謀略、策略。在中國《左傳》和《史記》中已有「戰略」一詞。在西方，「戰略」一詞源於希臘語「strategos」，該詞的意思是指揮軍隊的藝術和科學。

　　今天，戰略的運用早就超出了軍事範疇。20世紀60年代中後期，戰略思想開始被運用於商業領域，並伴隨著社會學理論以及管理學理論的發展而發展。簡單地說，所謂戰略，是指對重大、帶有全局性的或決定全局的問題的謀劃和策略。

　　美國哈佛大學商學院教授安德魯斯認為：「戰略是目標、意圖或目的，以及為達到這些目的而制訂的主要方針和計劃的一種模式。這種模式界定著企業正在從事的或者應該從事的經營業務，界定著企業所屬的或應該屬於的經營類型。」

　　哈佛大學的邁克爾·波特也認為：「戰略是公司為之奮鬥的一些終點與公司達到它們而尋求的途徑的結合物。」

　　美國著名管理學家安索夫認為，企業戰略是貫穿於企業經營中的基本主線，這條經營的主線由四個要素構成：①產品和市場範圍，即企業所生產的產品和競爭所在的市場。②增長向量，即企業計劃對其產品和市場範圍進行變動的方向。③競爭優勢，即那些可以使企業處於強有力競爭地位的產品和市場特性。④協同作用，即企業內部聯合協作可以達到的效果，即1+1>2的現象。

　　美國學者霍弗和申德爾進一步認為，企業在制定自己的戰略時，應該考慮企業資源配置和外部環境的相互作用。他們給戰略下的定義是：「戰略是企業目前和計劃的資源配置與環境相互作用的基本模式，該模式表明企業將如何實現自己的目標。」

　　加拿大麥吉爾大學教授明茨伯格把戰略定位為一系列行為方式的組合。他借鑑市場行銷學中行銷要素的提法，用計劃、計策、模式、定位、觀念等要素來對企業戰略進行描述。其中，「計劃」強調戰略作為一種有意識、有組織的行動方案。「計策」強調戰略作為威懾和戰勝競爭對手的一種手段。「模式」強調戰略最終體現為一系列具體的行動及實際結果。「定位」強調戰略應使企業根據環境的變化進行資源配置，從而獲得有利的競爭地位和獨特的競爭優勢。「觀念」強調戰略作為經營哲學的範疇，體現其對客觀世界的價值取向。

歸納以上的觀點，可以將企業戰略定義為：企業對其長遠發展方向、發展目標、發展業務以及發展能力的選擇及相關謀劃。企業戰略一般有三層含義：一是分析和研究企業的內部條件和外部環境。二是確定企業的經營方向和發展目標以及實現這些方向和目標的政策、計劃和措施。三是確保有關政策、計劃和措施的落實。因此，企業戰略的目的是明確企業的經營環境和市場定位，確定企業的長期發展方向、範圍和任務，以求得企業在市場競爭中保持長期、持續和穩定的發展，從而實現企業價值最大化。

第二次世界大戰結束後，隨著現代科學技術和世界經濟的迅猛發展，企業經營管理的內部條件和外部環境都發生了巨大變化，市場競爭也越來越激烈，如何未雨綢繆、運籌帷幄而決勝千里，成為所有企業家思考的課題。在此形勢下，將戰略運用於企業經營管理便成為企業家謀取競爭優勢和實現企業長期發展的關鍵。

企業戰略管理是對企業的經營活動實行的總體性管理，是企業制定和實施發展戰略的一系列管理決策與行動。其核心是使企業自身條件與環境相適應，求得企業的生存和發展。

二、銀行戰略

商業銀行戰略分為總行層面的戰略和經營單位（分支機構）層面的戰略。總行層面的戰略關注的是商業銀行整體戰略目標和活動範圍，以及如何管理各個戰略經營單位（分支機構）來創造企業價值。經營單位戰略主要關注商業銀行經營的各個經營單位（分支機構）如何獲取競爭優勢、識別和創造市場機會、產品和業務創新，從而達到商業銀行所設定的總體目標。

商業銀行戰略管理是指商業銀行為適應外部經營環境的變化，應對市場競爭，確保銀行市場價值不斷增長和長期可持續發展，而對未來一定時期內經營發展所要達到的目標及為實現這一目標所做的策劃和謀略，即「為未來做現在的決策」。商業銀行戰略不只是書面的關於銀行未來發展的規劃策略文件，更表現為一種行動。商業銀行戰略管理包括使命願景、戰略目標、業務戰略、職能戰略四個部分。

使命願景：企業未來要成為一個什麼樣的企業。

戰略目標：企業未來要達到一個什麼樣的發展目標。

業務戰略：企業未來要在哪些區域、哪些客戶、哪些產品、哪些渠道發展，怎樣發展。

職能戰略：企業需要在市場行銷、金融創新、人力資源管理、財務營運管理、信息科技、風險管理、品牌管理、企業文化等方面採取什麼樣的策略和措施以支持企業願景、戰略目標、業務戰略的實現。

商業銀行戰略的根本目的是要解決銀行的發展問題。使命願景是商業銀行戰略的

起點，它指明了銀行的發展方向。戰略目標是商業銀行戰略的要求，它明確了銀行發展速度和發展質量。業務戰略，包括區域戰略、客戶戰略、產品戰略和渠道戰略，它是實現銀行戰略的手段，為銀行的發展提供了發展點。職能戰略是銀行戰略的支撐，它為銀行發展提供了發展能力。使命願景、戰略目標、業務戰略和職能戰略構成了商業銀行戰略自上而下的四個層面。上一層面為下一層面提供方向和思路，下一層面為上一層面提供有力支撐，它們之間相互影響，構成一個有機的戰略發展系統，如圖3-1 所示。

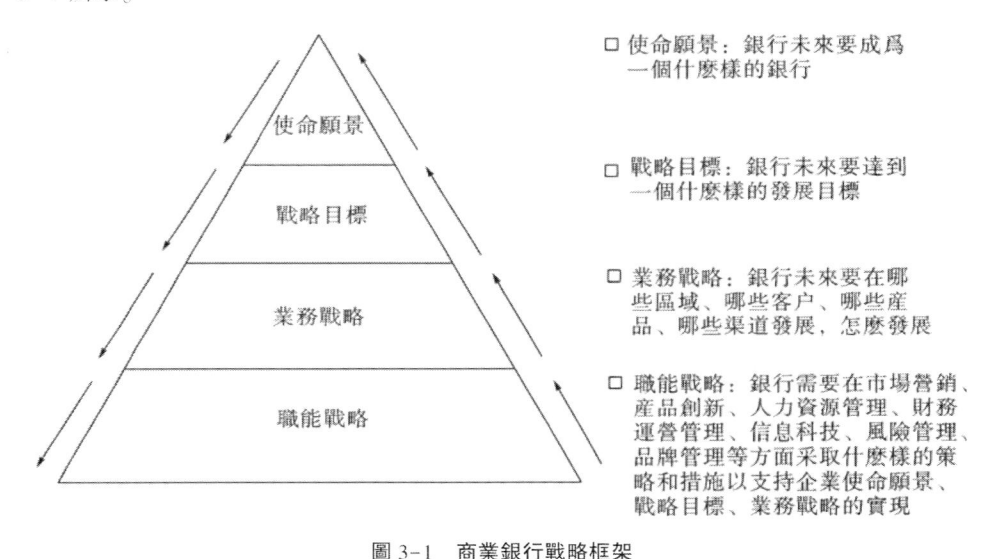

圖 3-1　商業銀行戰略框架

(一) 使命願景

企業願景是指企業渴望實現的未來景象，是企業對未來長遠發展方向的規劃。它回答的是「企業在未來將成為什麼樣的企業」的問題。企業使命是在界定企業願景概念的基礎上，回答企業經營活動的範圍和層次。

企業願景是企業長期發展的方向、目標、理想、願望，是企業自我設定的社會責任和義務，明確指出了企業在未來時間裡是什麼樣及達到什麼樣的狀況。關於其「樣子」的描述主要從企業對社會的影響力，在市場或行業的排名，與客戶、股東、員工、社會等利益相關者的關係等方面來表達。一般來說，企業願景包括三個基本要素：大家願意看到的（期望的）、大家願意為之努力的（主動的），通過努力可以逐步接近的（可實現的），這是一個「膽大包天」的夢想。

偉大的公司都會制定遠大的企業願景來激勵企業進步。遠大的願景可以促使大家團結一致集中於企業偉大的目標，激發所有人的力量，並為實現偉大目標而努力奮鬥。

美國花旗銀行的企業願景是「一家擁有最高道德行為標準、可以信賴、致力於社

區服務的公司」，使命是「致力於為消費者提供各種金融服務」。

中國建設銀行的企業願景是「為客戶提供更好的服務，為股東創造更大的價值，為員工搭建廣闊的發展平臺，為社會承擔全面的企業公民責任」，使命是「始終走在中國經濟現代化的最前列，成為世界一流銀行」。

中國工商銀行的企業願景是「建設最盈利、最優秀、最受尊重的國際一流現代金融企業」，使命是「提供卓越金融服務，服務客戶、回報股東、成就員工、奉獻社會」。

中國農業銀行的企業願景是「建設城鄉一體化的全能型國際金融企業」，使命是「面向『三農』、服務城鄉、回報股東、成就員工」。

招商銀行的企業願景是「力創股市藍籌，打造百年招銀」，使命是「為客戶提供最新最好的金融服務」。

中國民生銀行的企業願景是「創立義為先、利為基的富有社會責任的民營銀行」，使命是「社會進步、慈善責任」。

（二）戰略目標

戰略目標是指企業為實現其願景而在一定時間內對主要成果期望達成的目標值。戰略目標反應了企業對發展速度與發展質量的要求，它的時限一般是 3~5 年。戰略目標的設定，是對企業願景的展開和具體化，是對企業願景在企業某個發展階段的進一步闡明和界定，是對企業經營活動所要達到的水平的具體規定。

商業銀行戰略目標是銀行經營管理的起點。戰略目標按時間維度可分解為年度目標、季度目標和月度目標，並形成商業銀行從高層管理者到中層管理者再到基層員工自上而下的目標體系。戰略目標是銀行配置資源的依據，銀行根據戰略目標、各經營單位目標的大小，制訂實現目標的計劃，並配置相匹配的資源支持。

戰略目標不僅使商業銀行有了明確的發展方向，而且還使銀行各層級、各經營單位、各部門及每位員工都有了奮鬥目標。戰略目標會使企業各方面的力量在戰略目標引導下集中起來，形成一股合力，推動企業不斷前進。戰略目標及圍繞戰略目標分解形成的目標體系對各層級、經營單位、各部門和員工都具有很大的激勵作用，它對每位員工都是一種鼓舞、一種動員，激勵著每位員工充分發揮自己的積極性、主動性和創造性。

企業戰略目標離不開戰略資源的支持。商業銀行主要戰略資源有：

（1）第一戰略資源，包括人力資源、人才資源和組織資源。

人力資源是指組織成員及其所具有的知識、技能、能力和潛力。人才資源是人力資源的一部分，是優質的人力資源。從人權角度講，人不能為任何其他個人或組織所有，因此人力資源不能在資產負債表中反應出來。銀行只能通過與員工簽訂勞動合同的形式來購買員工的時間、技能和勞動。商業銀行可以通過資源的投入進行人才資源

的開發和管理。這種投入與開發就形成了銀行的人力資本，即銀行通過教育、培訓、輪崗等手段提升員工的技能、知識、能力，這種知識與技能可以為其所有者帶來工資等收益，因而形成了一種特定的資本。

組織資源是指企業的組織結構類型與運作流程，其直接控制和運用各種要素，能夠為企業帶來增值。

（2）第二戰略資源，包括客戶資源、信息資源、知識資源、技術資源。

（3）第三戰略資源，即金融資源，包括資本資源、資金資源。

此外，還有一些資源如環境資源（宏觀和微觀環境、一般和特殊環境、外部和內部環境）、關係資源（長期的、信任的合作關係和通過這種關係網路獲得的外部資源與支持系統）、形象資源（員工形象、企業形象、社會形象）、物質資源（土地、建築、設施、設備、材料）等。這些是由市場供求關係或企業自身的需要程度來決定其整體戰略屬性的資源。

優秀的企業都會制定一個具有挑戰性的戰略目標。萬科為了實現「成為中國房地產行業的持續領跑者」的願景，在2005年初制定了「2014年實現銷售收入1,000億元，淨利潤100億元，市場佔有率3%」的挑戰性目標。華為公司制定了2013—2017年企業業務市場的5年戰略目標，即「繼續踐行被集成戰略，以客戶需求為導向，在2012年企業業務收入19億美元的基礎上，2017年銷售收入達到100億美元，實現國內和海外同步增長，並各占半壁江山」。

國內某大型商業銀行GS銀行通過深入分析，制定了2009—2011年戰略目標，其預估值均高於其上個三年規劃目標，如表3-1所示。

表3-1　　　　GS銀行2009—2011年主要經營指標戰略目標

	指標	2008年	2009—2011年	
核心經營指標	資產收益率（ROA）	1.21%	1.12%~1.18%	
	股東權益回報率（ROE）	19.39%	18.4%~18.85%	
	成本收入比	29.54%	控制在38%以內	
	資本充足率	13.06%	12%左右	
	核心資本充足率	10.75%	保持在8%以上	
	不良貸款率	2.29%	控制在2%左右	
	撥備覆蓋率	130.15%	力爭維持在130%以上	
	每股收益	0.33元	0.44元	其中：2009年每股0.36元，2010年每股0.4元

表3-1(續)

	指標	2008年	2009—2011年	
主要發展目標	資產增長率	12.40%	保持12%左右	其中:2009年增長17%~18%,2010—2011年增長率保持在12%左右
	貸款年增長率	12.10%	維持10%左右	其中:2009年增長18%~23%,2010—2011年增長率為11%左右
	存款增長率	19.20%	12%	其中:2009年增長率為18%~19.5%,2010年和2011年分別增長12%左右
	非信貸資產增長率	12.60%	2009年保持在12%以上,2010—2011年保持在13.5%左右	
	淨利潤增長率	35.60%	三年年均複合增長率力爭達到10%	
	手續費及佣金收入增長率	14.70%	保持年均20%左右	
結構調整目標	貸款淨額/總資產	45.50%	2009年提高至47%~49%,2010—2011年控制在46%左右	
	債券投資/總資產	31.20%	保持在30%~32%	
	客戶存款/總負債	89.90%	維持90%水平	
	存貸利差/營業淨收入	47.40%	2009年46%~48%,2010—2011年保持下降趨勢	其中,2010年45%~47%,2011年下降至43%~45%
	手續費及佣金淨收入/營業淨收入	14.20%	19%左右	其中:2009年達到16.5%左右,2010年達到18%左右
	投資利息收入/營業淨收入	33.50%	2009年力爭保持在28%~30%,2010—2011年保持在30%左右	
效率目標	人均資產(萬元)	2,530萬元	3,580萬元	其中:2009年達到2,930萬元左右,2010年達到3,230萬元左右。2011年比2008年增長42%
	人均營業淨收入(萬元)	81萬元	95萬~100萬元	其中:2009年達到81萬~84萬元,2010年達到85萬~90萬元
	人均撥備後利潤(萬元)	38萬元	49萬元	其中:2009年達到41萬元,2010年達到45萬元
	網均資產(億元)	6億元	8.7億元	其中:2009年提高至7億元,2010年提高至7.8億元。2011年比2008年增長45%
	網均營業淨收入(萬元)	1,879萬元	2,290萬~2,390萬元	其中:2009年達到1,900萬~2,000萬元,2010年達到2,050萬~2,150萬元
	網均撥備後利潤(萬元)	881萬元	1,180萬元	其中:2009年達到980萬元,2010年達到1,070萬元。2011年比2008年增長33%

表3-1(續)

	指標	2008 年	2009—2011 年	
競爭目標	貸款金融同業占比	13.70%	12%	保持同業第一位
	存款金融同業占比	16.60%	15%	保持同業第一位
	其中:個人存款	18%	18%	保持同業第一位
	手續費及佣金業務淨收入同業占比(11家上市銀行占比)	27%	26%~30%	保持同業第一位。
	託管業務(11家上市銀行占比)		不低於 23%	市場占比第一位
	年金業務(11家上市銀行占比)		不低於 25%	
	電子銀行業務(四行占比)		個人網銀保持 40%,企業客戶 45%	
	信用卡業務(六行占比)		發卡量 25%以上,信用卡消費額25%以上	確保同業第一位
	結算業務(四行占比)		35%以上	比 2008 年提高 5 個百分點,確保同業第一位

備註: 四行即工商銀行、農業銀行、中國銀行、建設銀行;十一行即工商銀行、建設銀行、中國銀行、交通銀行、招商銀行、中信銀行、民生銀行、浦東發展銀行、興業銀行、華夏銀行、深圳發展銀行。

(三) 業務戰略

業務戰略是指企業對未來發展目標的重大規劃與策略。業務戰略的主要目的是解決企業發展的戰略增長點問題。商業銀行業務戰略包括區域戰略、客戶戰略、產品戰略和渠道戰略等。

1. 區域戰略

區域戰略是企業在一定時期內對區域發展目標的規劃及策略。商業銀行從小到大會經歷一個區域經營範圍的變化,從最初的在一個城市經營,到達到一定規模開始跨省經營,再成為一個全國性的商業銀行,直至全球性商業銀行。商業銀行在區域發展不同階段的歷程中,必然面臨著要選擇適合自身發展的區域戰略模式。例如:

中國建設銀行的區域戰略是重點發展長江三角洲、珠江三角洲和環渤海地區等經濟較發達地區市場的主要城市,並加快發展中國內陸省份的省會城市業務。

招商銀行較早提出了「立足深圳,憑藉香港,依託股東,積極發展國際業務」的區域發展戰略。後來,隨著業務規模的不斷擴大,招商銀行在完善國內網點佈局的同時,加快了國際發展步伐。國內網點佈局全國 30 多個省會城市、直轄市、經濟資源集中地區,網點總數 400 多家,形成了覆蓋珠江三角洲區域、長江三角洲區域、環渤海區域城市群以及其他經濟中心城市的全國性服務網路。同時,積極實行國際化經營擴張,先是在香港設立了分行,後又在紐約設立了代表處。目前,招商銀行已與 70 多個國家和地區的 900 多家銀行建立了代理關係。這些海外機構的設立,使得招商銀行更

好地與國際金融市場接軌。

商業銀行區域化戰略模式包括異地設立分支機構,以及不同金融機構之間的聯合、重組和併購等。

如上海銀行,其前身為上海城市合作銀行,從1998年成立之初總資產只有不到300億元、存款餘額200多億元、貸款餘額僅100億元,發展到2005年末,上海銀行總資產達2,394億元,人民幣存、貸款餘額分別為1,939億元和1,219億元。上海銀行依託長三角經濟圈這一全國經濟最發達地區的優勢,在自身實力得到不斷提升的基礎上,開始謀求跨區域經營的發展戰略。2005年,上海銀行開始在寧波設立分行,成為中國第一家跨區域設立分行的城市商業銀行。實施跨區域戰略有利於上海銀行充分利用上海作為國內金融中心在信息、技術、人才、市場、資金等方面的資源優勢,實現銀行資源的最佳配置,是上海銀行佈局長三角經濟圈的一顆重要棋子,也將助推上海銀行的國際化進程。

位於珠三角經濟圈的深圳市商業銀行,採取引進中國平安保險(集團)股份有限公司戰略投資的方式,不僅獲得了平安保險良好的公司治理結構、先進的管理機制、強大的銷售網路等優勢,更為重要的是深圳市商業銀行可以依託平安保險集團的全國性經營性質,突破地域限制,成功實現跨區域發展戰略目標。

天津市商業銀行通過引進境外戰略投資者——澳大利亞和新西蘭銀行集團20%的股權的方式,進一步增強了天津市商業銀行在本地乃至環渤海地區和全國的綜合競爭力,提升了天津市商業銀行現代化經營管理能力和業務產品的創新能力,為天津市商業銀行走出天津,服務和輻射京津冀經濟圈奠定了堅實的基礎。

2. 客戶戰略

客戶戰略是指企業在一定時期內對客戶發展方面的規劃和策略。任何一家企業的資源都是有限的,為了讓有限的資源創造出最大的回報,商業銀行必須在不同的客戶類別上做出選擇,集中定位服務對象。如匯豐銀行將客戶分為八大類:初出茅廬,剛參加工作;事業剛起步;事業小有成就;中年富有;退休富有;退休不富有;學生;家庭主婦。與國內目前都是「一個產品包打天下」不同,匯豐銀行將其服務對象集中定位於事業小有成就和中年富有人群,其次是事業剛起步人群,對退休富有人群也提供一定服務。

中國建設銀行客戶戰略是加強與大型企業客戶的傳統良好關係,關注電力、電訊、石油和燃氣以及基礎設施等戰略性的龍頭企業,以及與主要金融機構和政府機關的傳統的良好關係,並選擇性地發展與中小企業客戶的關係。在個人銀行業務方面,大力提高來自高收入客戶市場的收益,同時通過提供更具成本效益和規模經濟效益的產品,鞏固大眾客戶基礎。

中國民生銀行客戶戰略是「民營企業的銀行、小微企業的銀行、高端客戶的銀行」。經過多年的累積,民生銀行支持了一批民營企業進入世界500強、亞洲500強、中國500強。同時,民生銀行自身公司價值和品牌效益也得到了大幅提升。在小微企

業方面，民生銀行從中國 100 萬家小微企業中選出 40 萬家小微企業進行信貸支持。穩定優良的信貸業務結構，對於民生銀行的可持續發展和健康發展起到了重要作用。

3. 產品戰略

產品戰略是指企業在一定時期內對產品發展方面的規劃和策略。商業銀行提供什麼樣的產品，產品的定位是什麼，產品的功能、特點怎樣設計，都需要產品戰略來解決。產品戰略在業務戰略中處於核心地位。區域戰略、客戶戰略、渠道戰略都需要通過產品戰略才能落實。因此，很多商業銀行非常重視產品創新。據統計，20 世紀 70 年代以來，國際最優秀的商業銀行提供的金融產品和服務，從當時的 50 多種增加到現在的 500 多種。目前，產品和服務創新正從傳統的業務貸款經營模式向中間業務經營領域滲透，主要表現在三個方面：一是由單一產品創新逐步改變為商業模式和組合化服務創新；二是由以控制風險為目的的低風險傳統產品逐步演變為突破經營風險的中度風險產品；三是由傳統的總分制組織模式變革為依託專業化人才、先進的科技平臺和科學的市場規劃的專業化經營。如民生銀行在金融市場業務、公司業務、零售業務、電子銀行業務和一些中間業務等經營領域推出了一系列創新性產品和服務：公司業務方面，買方付息票據、企業財務革新計劃和票據包買產品和服務；零售業務方面，「民生家園 1+3」、錢生錢、信用卡及移動按揭三大綠色貴賓通道；電子銀行業務方面，帳戶信息及時通知服務和網上開證等產品和服務。民生銀行通過注重產品和服務創新，樹立了良好的品牌形象。

當前，中國經濟發展進入新常態，金融環境在發生深刻變化，金融脫媒加劇、利率市場化加快、互聯網金融崛起以及新資本協議廣泛實施、金融市場全面開放等，對商業銀行傳統的經營模式產生了巨大的衝擊。特別是來自「互聯網+金融」的顛覆性的挑戰，已經讓銀行業淪落為一般企業。在此背景下，如何實行產品和服務的轉換升級是銀行面臨的一個首要課題。為此，有些商業銀行開始了積極探索。如民生銀行在「以客戶為中心、客戶至上」的客戶服務理念下，不僅要為戰略客戶提供現有的一攬子成體系的服務，還會緊貼互聯網，與互聯網平臺企業成為相互合作的夥伴，為客戶提供「金融+互聯網」「互聯網+金融」的「雙+」服務。這主要體現在：首先打造智能化的客戶服務系統，即智能管家服務，通過數據挖掘、行為分析，提供個性化的金融服務。其次，在大數據的支持下，改變原先自上而下的串聯式審批，通過串聯加並聯，以數據化管理的方式提高審批效率。最後，在交易環節，實現完全網路化、數據化的線上系統，將網路融資和現金管理緊密結合起來。通過上述三個方面的創新，民生銀行成為一家具有體制、機制活力和現代服務手段，最終能夠支撐戰略客戶產業升級和可持續發展的現代銀行。

4. 渠道戰略

渠道戰略是指企業為客戶提供各種產品、服務方式或途徑的規劃和策略。在很大程度上，商業銀行渠道的多寡、完善程度以及營運效率，體現了一家銀行的市場競爭力，其中，渠道建設能力及其營運能力構成商業銀行核心競爭力的重要內容。目前，

商業銀行渠道主要包括物理渠道（物理網點、自助銀行）和虛擬渠道（電話銀行、網上銀行、手機銀行等），它們相互依賴，相互補充，共同為客戶提供金融產品和服務。

當前，國內商業銀行在渠道建設方面存在的不足主要表現在：一是渠道定位不明確，發展方向不清晰。例如，手機銀行、網上銀行目前沒有進行客戶群劃分，缺乏積極主動的行銷，對於自助銀行應提供多種業務的辦理還是應作為營業網點的補充而專注於現金業務，以及各地區 ATM 是否應根據各城市的不同情況而賦予不同的功能等，定位仍不明確。二是網點佈局不合理，網點資源利用不充分。儘管目前國內商業銀行普遍加大了網點建設和改造力度，紛紛開始實施網點硬轉型和軟轉型，但與客戶的期望值仍有較大差距。三是渠道業務負載不平衡，虛擬渠道對櫃臺的代替作用沒有充分發揮出來。許多客戶對自助渠道和虛擬渠道認知度低，缺乏安全感，認為操作很複雜。四是網上銀行和手機銀行缺乏互動，客戶使用熱情不高。互動性是銀行行銷的根本。由於手機銀行和網上銀行程序化界面既缺乏親切感又難以完整表達客戶個性化的需求，銀行因此失去了許多獲取高利潤的機會。五是各渠道比較注重交易功能，行銷功能比較薄弱。比如新興的虛擬渠道本身具有很多行銷的優越性（與客戶 24 小時對接、更容易獲得高層次客戶的青睞等），但由於功能開發和整合不夠深入，虛擬渠道仍然以複製櫃臺簡單的流程化交易功能為主，針對客戶的具有行銷功能的個性化產品和服務還很少。六是渠道間缺乏橫向業務邏輯的復用，信息不能實現跨渠道共享。國內商業銀行目前各渠道系統大都是在不同時間，採用獨立的、無統一標準的方式陸續建成的，各渠道業務系統有著相互獨立的交易處理流程、各自的數據信息、各不相同的業務架構和操作流程，信息不能實現跨渠道共享。七是缺乏內部轉移價格，渠道利益衝突明顯。各渠道各自為政，客戶信息不能實現共享，渠道之間競爭無序，不能實現合作共贏。比如，在一些商業銀行的績效考核和產品計價機制下，由於考核數據提取以及績效分成等因素，員工在銷售產品時不願意介紹客戶向低成本渠道轉移。

因此，商業銀行必須加快渠道整合，充分發揮渠道整合的效應，實現業務數據和客戶信息的統一處理，實現渠道之間相互的支持和配合。第一，把握整體戰略，制訂渠道發展戰略規劃。在充分研究和有效把握各種渠道對各種產品、各類客戶、各類服務的不同作用，以及各類客戶對不同渠道需求的基礎上，積極穩妥地推動各類渠道與各類客戶及產品和服務之間的整合，讓客戶、產品和服務與渠道合理適配，讓各類渠道互為補充，充分發揮多渠道、立體化的效率與效應，以提升整體銷售服務能力與競爭能力。第二，明確渠道地位，優化升級現有渠道。營業網點渠道方面，不斷升級網點功能定位，實現網點由交易型向銷售型轉型。雖然虛擬渠道在銀行交易規模中占比越來越大，但網點依然是商業銀行最重要的渠道。從美國的情況看，儘管 20 世紀 90 年代以來，金融機構數量下降了 29%，但銀行網點的數量卻增加了 15%。這些新增的網點主要是針對富裕人群的高端客戶的財富管理中心。未來營業網點的定位是：高附加值產品的銷售場所，差異化服務場所，客戶關係管理中心，高端客戶理財中心，私人銀行等。網上銀行渠道方面，主要定位於非現金交易的低成本客戶，進一步加強與

现金管理、财富管理平台整合，锁定集团型企业客户和高端个人客户；充分发挥网上银行整合交易和信息的门户作用和网上银行零距离客户体验优势，增强个性化行销能力；同时以网上支付为基础，建设多功能的电子商务平台。手机银行渠道方面，主要定位于快捷支付领域的「资金池」，将是商业银行宣传信息、产品信息发布的主要渠道。第三，建立渠道整合平台，实现信息共享。在优化和升级各渠道基础上，商业银行应集中统一各渠道的运行维护管理功能，实现运行监控、权限管理、产品发布、统计分析、绩效考核、收费和优惠等业务管理功能，提供管理信息的统一视图。加强对渠道分析决策功能的研究和开发，制定统一的分析数据提取规范，为各渠道行销和经营管理提供科学有效的管理手段。建设多渠道间的产品知识、行销信息、客户资源和管理信息共享视图，丰富和完善客户信息系统对渠道的应用主题，完善客户信息内容，提高客户信息的准确度和综合利用率。通过提供统计分析等技术手段，为各渠道行销服务提供信息支持，使客户在任何渠道都能获得一致的服务。第四，优化流程，提高渠道运作效率。渠道整合的关键之一是流程优化，包括单一渠道内部的流程优化和渠道间协作流程优化。比如香港银行在整个架构中实行前、中、后台的分工，前台直接为客户提供「一站式」、全方位的服务，中台为前台提供宏观性、专业性的管理和指导，后台为全行提供后勤支持和中央化操作服务。近年来国内一些商业银行推广运用智能化的客户识别（人脸识别系统）、触摸技术、视频传输等技术的「智能柜台」等渠道创新，将网点中后台操作进行整合，有效地提高了流程效率。第五，建立技术架构，为渠道整合提供 IT 支持。坚实的技术架构是银行渠道整合和渠道发展的基础。商业银行首先要建立统一的数据资源平台和数据挖掘系统，进一步加强客户信息系统建设。在此基础上，加快知识库建设。实现对产品设计、产品行销、产品服务、销售管理、绩效考核等方面的支持，满足所服务客户对相关知识的查询、分析、挖掘和利用。实现产品应用由业务主导型向市场主导型转变，市场行销由产品中心型向客户中心型转变、经营管理由经验型向知识型转变。其次要进一步加强多渠道的客户管理系统（CRM）建设。根据客户需求变化，将柜台、网路、电话和自助银行设备等各种渠道与服务手段进行充分、深层次的整合，将各类系统中的客户签约资料、开户资料、贷款资料、代发工资记录和使用各种渠道的接触历史记录，载入客户信息数据库，让各渠道都能充分掌握客户的资料，以便更好地销售和经营产品。如图 3-2 所示。

综上所述，商业银行渠道战略不是简单地进行渠道的取舍，而是实行渠道整合，将各种独立渠道利用信息技术通过统一的通信标准和应用体系整合起来，实现所有虚拟渠道之间以及虚拟渠道与物理渠道之间的互联互通和信息共享，从而完整、即时地收集所有渠道的客户信息和业务数据、并根据客户需求和行为的分析来设计产品和服务，最终通过适当的渠道把适当的产品和服务提供给适当的客户。

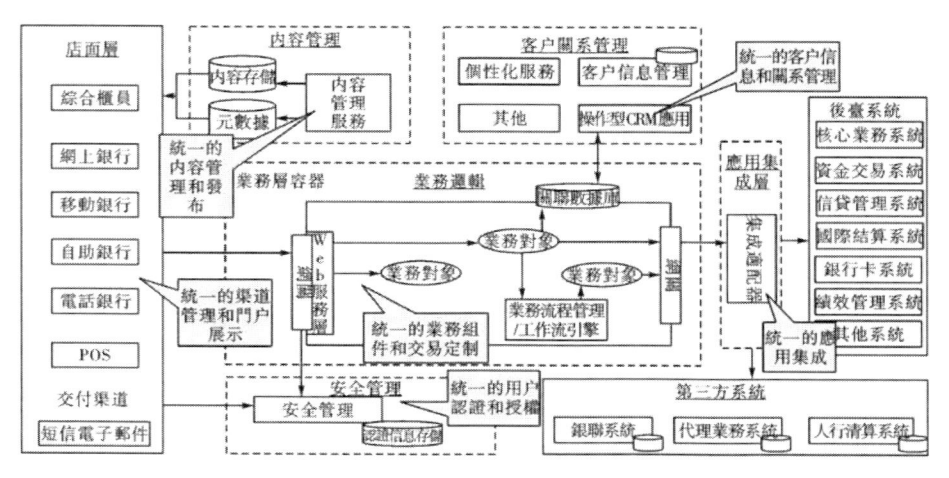

圖 3-2　商業銀行渠道整合邏輯框架圖

（四）職能戰略

職能戰略是指企業為實現企業願景、戰略目標和業務戰略，在企業職能方面的重大規劃與策略。職能戰略的主要目的是解決企業發展所需要的核心能力問題。商業銀行職能戰略包括行銷戰略、金融創新戰略、人力資源戰略、財務營運戰略、科技戰略、風險管理戰略、品牌戰略、企業文化戰略等。職能戰略是為戰略目標和業務戰略服務的，所以必須與戰略目標和業務戰略配合。

職能戰略描述了商業銀行在執行戰略目標和業務戰略的過程中，銀行職能部門所採取的方法和手段。職能戰略與業務戰略有著本質上的不同：首先，業務戰略是職能戰略制定的基本依據，為職能戰略提供基本方向，職能戰略是業務戰略的支持，服從業務戰略的需要。其次，業務戰略是解決銀行發展的戰略增長點問題，而職能戰略為銀行發展的戰略增長點提供核心能力支持。以招商銀行為例：

（1）金融創新戰略

招商銀行於 2004 年啟動零售銀行戰略轉型，目前已成為國內零售銀行的標杆。近年來，受市場環境影響，商業銀行過去依靠風險資產擴張的發展模式已難以為繼，轉型迫在眉睫，加上互聯網金融的衝擊，銀行業不得不開啟新的金融創新。在經營轉型上，招商銀行在 2014 年把「輕型銀行」明確為二次轉型的方向，並確立以零售金融為主體，公司金融、同業金融協調發展的「一體兩翼」戰略轉型。在其「一體兩翼」戰略定位中，零售金融的重點業務突破口是財富管理、消費金融、小微金融三大領域，公司金融業務聚焦於交易銀行、投資銀行兩大業務體系，同業金融的重點則是資產管理和金融市場雙輪驅動。在零售金融創新上，招商銀行推出「網上轉帳全免費」和「刷臉取款」新舉措。在互聯網金融創新上，招商銀行以「流量、平臺、數據」為結構佈局，在互聯網金融領域陸續小範圍、實　　地進行探索。比如，「小企業 e 家」、

「招贏通」、智慧供應鏈金融系統，依託遠程銀行營運中心打造的財富管理O2O模式，利用移動互聯網輕渠道和大數據技術搭建了大眾客戶移動互聯輕平臺等。

（2）科技領先戰略

面對互聯網的發展和普及，招商銀行管理者確立了以科技創新促進業務發展的戰略，致力於網路創新，大力發展網上銀行，奠定了國內技術領先型銀行的地位，是其核心競爭力的構成要素之一。2003年6月，招商銀行「一網通」作為中國電子商務和網上銀行的代表，登上了被譽為「國際信息技術應用領域奧斯卡」的CHP大獎的領獎臺。這是中國企業首次獲此殊榮。

（3）品牌行銷戰略

「產品可以被競爭者仿造，而品牌是獨一無二的」。招商銀行打造的「一卡通」「一網通」品牌，定位於文化人、對現代網路等新知識接受能力強的白領，通過網路延伸銀行服務的觸角，達到了節約銀行服務成本、方便客戶的雙重效果。

（4）以人為本戰略

一是實行「六能機制」。招商銀行借鑑西方商業銀行的管理體制，在國內商業銀行中率先推出「六能機制」：人事管理上實行全員合同聘任制，員工和銀行之間實行雙向選擇，能進能出；沒有終身制和鐵交椅，幹部職能上能下；收入能多能少，依工作績效上下浮動。二是注重培訓激勵。招商銀行對業績優秀的員工，給予不同獎勵，不斷激勵和挖掘員工的工作熱情、智力潛能和創新意識，逐漸形成了一支素質高、業務精、敬業自強、朝氣蓬勃的員工隊伍，保證了招商銀行實現一次次的新跨越。三是堅持「專家治行」和「以人為本」，不斷完善人力資源管理和培訓機制。招商銀行每年進行1,000期培訓，培訓業務骨幹7萬多人次；此外，設有博士後科研工作站，與國內外科研究所建立了密切的研究合作關係。這些都對招商銀行研究能力的增強、管理素質的提升以及高級人才的培養和引進產生了積極影響。四是柔性開放的溝通渠道。管理者必須善於溝通，使全員對組織的未來發展方向達成共識。招商銀行擁有局域網NOTES，員工可以運用電子論壇等渠道自由地發表言論，這種開放式的柔性溝通加強了組織的執行力和決策力。

（5）企業文化戰略

企業文化是企業全體員工在創業和發展過程中形成的共同遵守的最高目標、價值標準、基本信念以及行為規範等的總和，能夠促進企業核心競爭力的形成。招商銀行在18年發展歷程中創造了以「拼搏、創新、奉獻」為核心，以「共同進取」為主要特徵的「招銀精神」和「招銀文化」。這種獨特的企業文化融入員工的行為、工作之中，成為招商銀行管理的重要手段，從精神層面推動了招商銀行的快速穩健成長。

招商銀行完全依靠其內部資源整合形成的核心競爭力，在銀行同業中脫穎而出。這種核心競爭力主要包括「力創股市藍籌、打造百年招銀」的戰略定位，領先的業務創新以及強大的持續創新能力，以品牌行銷為特色的市場行銷，以人為本、任人唯賢的柔性管理，以「因勢而變」「一三五理念」為代表的鮮明的企業文化等，還有其他

組成因素，如適宜的激勵約束機制、高素質的員工隊伍、成熟的風險控制理念、「因勢而變、因您而變」的服務能力等。

三、銀行戰略實施與績效管理

不少企業制訂了非常規範、詳細的戰略規劃，但大都被封存在保險櫃裡，只有上級領導到來時才成為「展示品」，企業實際的運行情況與戰略規劃相差甚遠。也有不少企業制訂了完整的戰略規劃，也試圖執行，但欠缺有效的方法和手段，無法使企業戰略與企業日常經營管理聯繫起來，最終戰略規劃的執行也只有不了了之，企業的戰略無法有效落地。

商業銀行在制定戰略以後，最重要、最緊迫的一項任務就是努力實施戰略，使之有效地落地。這是商業銀行管理者面臨的一個重要課題。

由於企業戰略只是一個框架性的規劃，時間跨度一般3~5年，所以執行起來往往比較困難。只有把戰略轉化為時間更短、企業各層級責任更加明確的具體目標，戰略才能更加容易落地。一般來說，商業銀行戰略目標要逐步轉化成年度目標、部門目標、經營單位目標以及個人目標，從而形成一個自上而下、自長而短的銀行各層級的經營目標體系。

銀行經營目標體系是自上而下層層分解的，即上級行經營目標通過分解落實到下級行的經營目標，而下級行的經營目標又需要通過分解落實，直至形成每一個員工個人的計劃目標。

目標是商業銀行各層級人員開展工作的主要依據，而銀行各層級目標的達成就會自然地實現企業戰略目標。商業銀行各層級的目標達成，需要績效管理體系來保障，因而，銀行各層級的目標又對應形成銀行各層級的績效目標。與經營目標相反，理想的績效目標體系是：個人績效支撐組織績效，下級行績效支撐上級行績效。因此，理想的績效管理體系是自下而上、自短而長層層支撐的。商業銀行各層級目標體系、商業銀行各層級經營目標與關鍵績效指標分別如圖3-3、圖3-4所示。

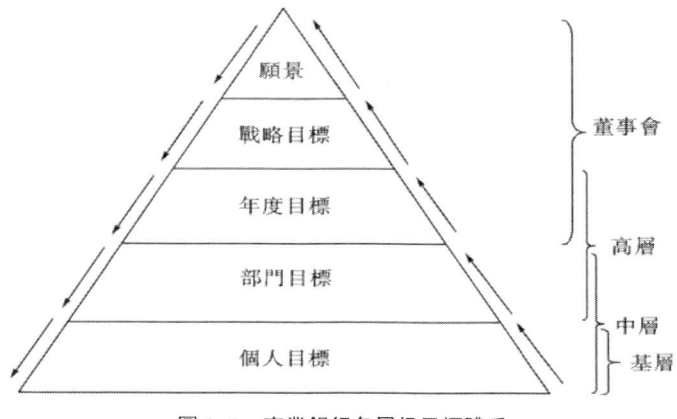

圖3-3　商業銀行各層級目標體系

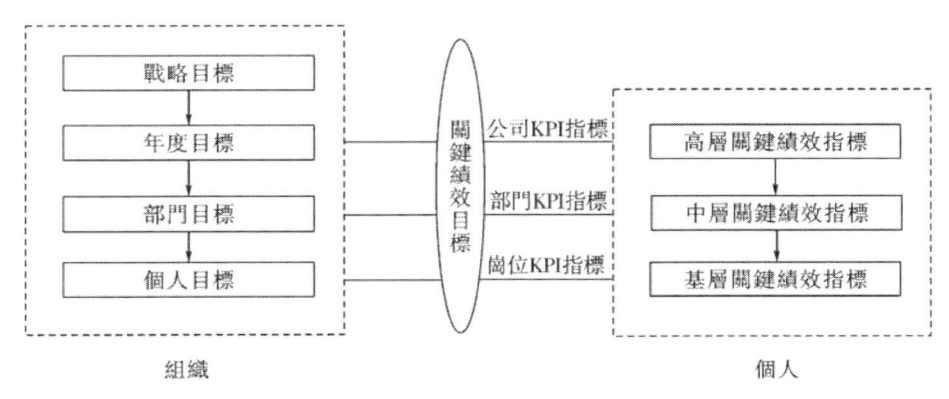

圖 3-4　商業銀行各層級目標與關鍵績效指標

那麼，如何把績效管理與企業戰略結合起來，使績效管理能有效幫助企業戰略落地，保證企業戰略有效實現呢？

1992 年初，哈佛商學院教授羅伯特・卡普蘭（Robert S. Kaplan）和戴維・諾頓（David P. Norton）先後發表與出版了一系列關於平衡計分卡與戰略地圖的文章和書籍，詳細闡述了平衡計分卡和戰略地圖方法論體系。平衡計分卡和戰略地圖從財務、客戶、內部流程、學習與成長四個角度來闡述績效管理，它是一種面向戰略的績效管理體系。平衡計分卡與戰略地圖使企業績效管理與企業戰略落地有效地結合起來，被《哈佛商業評論》評為 21 世紀最具影響力的管理工具之一。

四、平衡計分卡與戰略地圖

平衡計分卡（The Balanced Score Card，簡稱 BSC），是 20 世紀 90 年代初由哈佛商學院教授羅伯特・卡普蘭和諾朗諾頓研究所所長、美國復興全球戰略集團創始人兼總裁戴維・諾頓創立的一種全新的績效管理方法。

平衡計分卡自被創立以來，在國際上，特別是在美國和歐洲，很快引起了理論界和企業界的濃厚興趣與巨大反響。它打破了傳統單一使用財務衡量業績的方法，在財務指標的基礎上加入了未來驅動因素，即客戶因素、內部流程因素和學習與成長因素。

(一) 平衡計分卡理論的創立

1992 年初，哈佛商學院教授羅伯特・卡普蘭和諾朗諾頓研究所所長、美國復興全球戰略集團創始人兼總裁戴維・諾頓在《哈佛商業評論》上發表了《平衡計分卡——驅動業績提高的測評體系》一文。在論文中，卡普蘭和諾頓正式提出了平衡計分卡的概念和理論框架，第一次將財務指標與非財務指標結合起來，從財務、客戶、內部流程、學習與成長四個層面衡量組織績效，並詳細地闡述了 1990 年初參加本研究項目採用平衡計分卡進行公司績效考核所獲得的成果。該論文發表後，卡普蘭和諾頓很快就

受到了幾家公司的邀請，平衡計分卡開始受到企業界關注。

平衡計分卡是一種全新的績效管理方法，能使高層管理人員快速而全面地考察企業的測評指標。平衡計分卡就如同飛機座艙中的刻度盤和指示器。為了操作和駕駛飛機，飛行員需要掌握關於飛行的眾多方面的詳細信息，諸如天氣、燃料、飛行高度、速度、方向、目的地，以及其他能說明當期和未來環境的指標。如果只依賴一種指標，可能是致命的。同樣的道理，在今天，組織的複雜性要求企業經理們能同時從幾個方面來考察績效。平衡計分卡一般從四個重要方面來考察企業，如圖3-5所示。

（1）客戶維度：客戶如何看待我們？
（2）內部流程維度：我們必須擅長什麼？
（3）學習與成長維度：我們能否不斷創新並創造價值？
（4）財務維度：我們在股東眼裡表現如何？

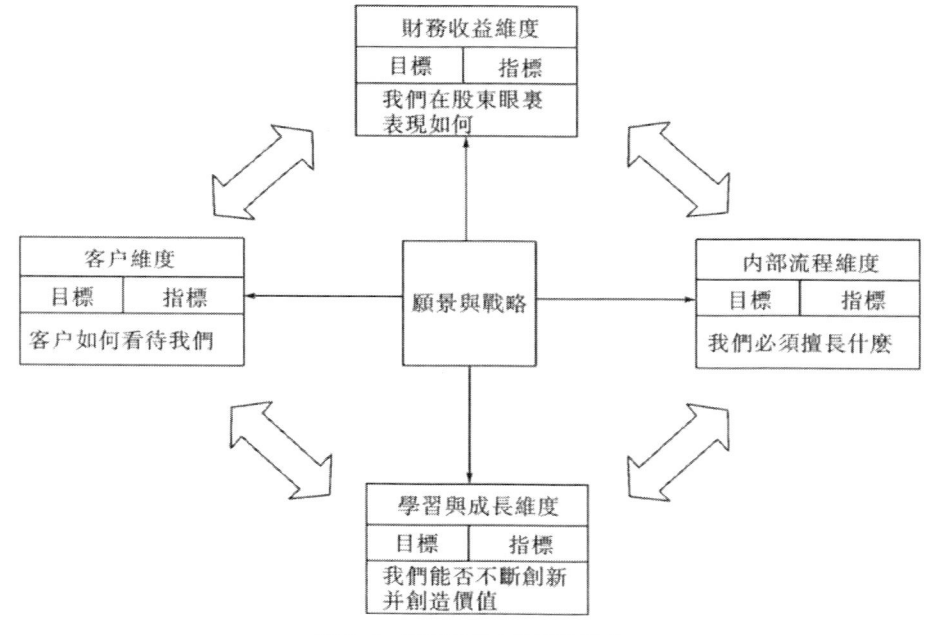

圖3-5　平衡計分卡的四個維度

第一，從客戶維度看。許多銀行都認識到客戶的重要性，客戶是商業銀行利潤的來源，客戶資源是現代市場經濟中最稀缺的資源，因此，銀行要取得效益就必須考慮客戶的需要，為客戶創造價值。商業銀行如何測評客戶的需求呢？平衡計分卡要求把客戶的需求轉化為具體的考核指標，通過這些指標反應為客戶帶來價值的程度。

第二，從內部流程維度看。客戶指標非常重要，但銀行必須做什麼才能實現客戶預期的需求呢？客戶的滿意來自銀行組織內部的程序、決策和行為，當具備這些核心能力時，為客戶創造價值的問題自然迎刃而解。因此，商業銀行管理者需要關注銀行內部業務活動、確定和測量自己的核心能力。

第三，從學習與成長維度看。內部流程決定了商業銀行為客戶創造價值的能力，體現了銀行的競爭優勢。但是，銀行經營的環境是不斷變化的，激烈的競爭需要商業銀行不斷改進產品和流程，開闢新的業務。因此，商業銀行需要測評自身的學習與創新能力，以保證商業銀行穩健和可持續發展。

第四，從財務維度看。財務指標如利潤、資產收益率等，是企業過去一段時期業績的直接體現，是股東最為關注的指標。

(二) 平衡計分卡理論的發展

自 1992 年羅伯特·卡普蘭和戴維·諾頓在《哈佛商業評論》上合作發表了里程碑式的文章《平衡計分卡——驅動業績提高的測評體系》一文，正式提出了平衡計分卡的概念和理論框架後，平衡計分卡在企業和其他許多組織得到了廣泛的運用，許多知名的大企業、非營利性機構紛紛採用平衡計分卡體系來改善組織績效。

1993 年，卡普蘭和諾頓發表了關於平衡計分卡的第二篇文章《在實踐中運用平衡計分卡》，回顧了在實踐中將平衡計分卡與公司戰略銜接的經驗，將平衡考核理論延伸至組織戰略領域，特別提出依據對戰略成功實施的重要性來選擇績效指標的觀點。

1996 年，羅伯特·卡普蘭和戴維·諾頓在《哈佛商業評論》發表了他們的第三篇論文《運用平衡計分卡作為戰略管理系統》。文中指出，平衡計分卡已成為重要的管理框架，涵蓋了包括目標設定、營運計劃、薪酬規定、學習與發展在內的眾多企業營運環節，將平衡計分卡的應用提升至戰略管理的高度。

1996 年，羅伯特·卡普蘭和戴維·諾頓關於平衡計分卡的第一本專著《平衡計分卡——化戰略為行動》正式出版，書中詳細闡述了平衡計分卡如何在四個維度分解企業戰略，並將平衡計分卡考核指標與企業戰略連結，以及在平衡計分卡的指標框架下，如何通過目標、行動計劃、預算、反饋、學習和實施來貫徹企業戰略。

(三) 戰略地圖：從平衡計分卡到戰略計分卡

早期平衡計分卡理論強調從四個維度衡量績效，但未能明確四個維度之間以及每個維度內從上至下的邏輯，在實施過程中操作難度較大，因此在實踐中，它作為管理理念的重要性遠超過其作為具體的績效管理方法。1995 年，卡普蘭和諾頓在其 BSC 管理諮詢實踐中逐漸開發出這一有效的溝通方式，即依據一系列戰略分解與執行的邏輯關係，應用平衡計分卡基本框架建立因果關係的指標體系，使平衡計分卡變得便於操作和易於理解。2000 年，卡普蘭和諾頓的文章《自上而下打造戰略地圖》，系統地介紹了戰略地圖的思想，並提出了通用戰略地圖模板。管理人員可以依據通用戰略地圖模板設計他們自己的戰略地圖。

2001 年，隨著平衡計分卡在全球的風靡，卡普蘭和諾頓在總結眾多企業實踐成功經驗的基礎上，又出版了他們的第二部關於平衡計分卡的專著《戰略中心型組織：平衡計分卡的制勝方略》。在該著作中，卡普蘭和諾頓指出企業可以通過平衡計分卡，依

據公司的戰略來建立企業內部的組織管理模式，要讓企業的核心流程聚焦於企業的戰略實踐。該著作的出版標誌著平衡計分卡開始成為組織管理的重要工具。

2004年1月，卡普蘭和諾頓的第三部著作《戰略地圖——化無形資產為有形成果》出版。戰略地圖是在平衡計分卡的基礎上發展起來的，與平衡計分卡相比，它增加了兩個層次的內容：一是顆粒層，每一個層次下都可以分解為很多要素；二是增加了動態的層面，也就是說戰略地圖是動態的，可以結合戰略規劃過程來繪製。戰略地圖建立了全面的組織營運戰略框架，對組織戰略進行了具體而系統、全面的描述。戰略地圖以平衡計分卡的四個層面目標（財務層面、客戶層面、內部流程層面、學習與成長層面）為核心，通過分析這四個層面目標的相互關係而繪製出企業戰略因果關係圖。戰略地圖理論體系使平衡計分卡過渡到戰略計分卡，成為指導組織戰略的工具。戰略地圖使管理者之間及管理者與員工之間建立了正式的溝通橋樑，便於對組織戰略達成共識。

2006年，卡普蘭和諾頓又通過《組織協同：營運平衡計分卡創造企業合力》一書，集中闡述了集團公司總部如何通過戰略地圖和平衡計分卡促進組織協同，創造企業價值的問題。卡普蘭和諾頓認為，企業的價值定位闡述了企業如何創造合力的策略，而它可以通過平衡計分卡的四個層面來演繹。在財務合力層面，企業的價值來源於有效的內部資金管理和企業品牌管理。在客戶合力層面，企業的價值來源於交叉銷售和統一的客戶價值定位。在內部流程合力層面，企業的價值來源於共享服務和合理有效的價值鏈整合。而在學習與成長合力層面，企業的價值來源於無形資產的有效利用。企業通過協同多個業務單元和共享服務單位，就可以創造合力從而實現企業價值創造。

五、戰略執行：績效管理五部曲

「對於一艘沒有航向的船來說，任何方向都可能是逆風。」一個企業要在商戰中乘風破浪，開疆拓土，首先就得保證它持續行進在正確的航線上。那麼，有什麼可以保證做到這一點呢？答案是：戰略！執行！企業的戰略與執行已經成為決定現代企業競爭成敗的關鍵性因素。戰略是企業的靈魂，在整個企業管理中居於核心地位。一個企業若沒有戰略，就好像一個人沒有思想、沒有奮鬥目標，終將無法長久。而相對於戰略本身的優劣，企業是否具備執行戰略的能力顯得更為重要，也是成功的關鍵。據《財富》雜誌所做的一項調查，70%左右公司的失敗，其問題出在執行力方面，而非戰略本身的優劣。從某種意義上說，執行力就是競爭力。

執行是一套系統化的流程，它包括對目標和方法的討論與制定、堅持不懈地跟進、責任的具體落實、績效產出的評估，以及隨著環境變化而不斷變革的前提假設和提高執行能力以適應戰略挑戰的實際流程和機制等。商業銀行戰略績效管理執行流程包括戰略地圖構建、績效計劃制訂、績效監控、績效評價和績效反饋五個步驟。

(一) 戰略地圖的構建

「戰略地圖」這個概念是卡普蘭和諾頓（1996）在哈佛商學院出版社出版的《平衡計分卡報告》中聯合提出的，它是平衡計分卡概念的發展和昇華。戰略地圖就好像軍事地圖一樣把組織願景、組織戰略、關鍵成功因素和行動方案按因果關係描繪在一張圖上。戰略地圖不僅使組織戰略變得一目了然，組織戰略橫向、縱向溝通變得可能，也使得企業預算、資源配置更加科學合理。構建戰略地圖首先要從制訂一個明確的企業戰略和年度目標計劃開始。它是戰略地圖構建的基礎。戰略績效管理流程如圖 3-6 所示。

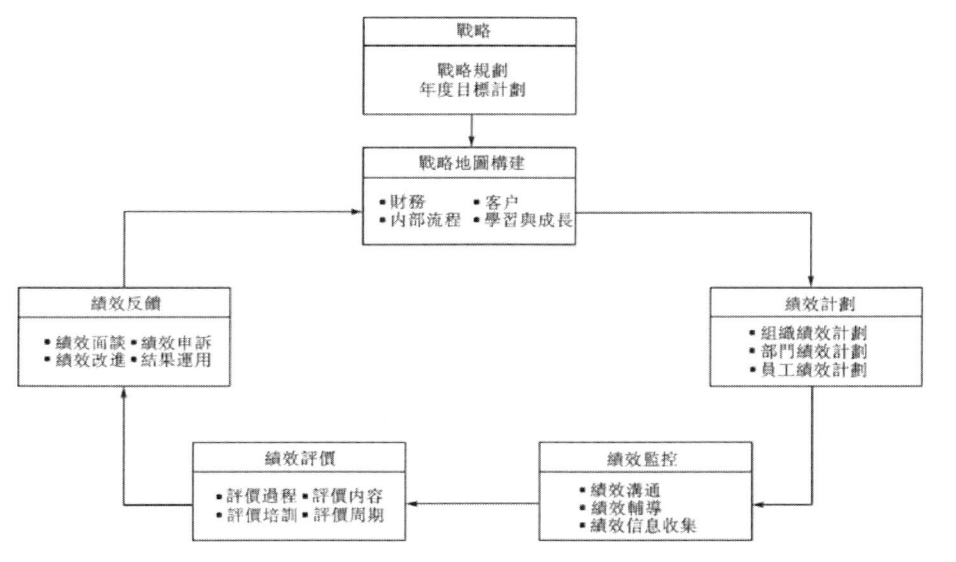

圖 3-6 戰略績效管理流程

戰略地圖從財務、客戶、內部流程及學習與成長四個維度制定戰略主題，來保證企業戰略和年度目標計劃的實現。戰略主題是實現戰略目標的關鍵領域和主要推動力，它的作用是界定戰略活動的範圍和主要任務。戰略主題通常需依據企業戰略和年度目標計劃，同時結合分析企業面臨的外部環境與威脅、優勢與劣勢來確定。戰略主題確定後，需要把它轉化為組織實施的步驟和舉措，即所謂績效計劃和行動方案，使每一項戰略主題具有實實在在的內容。

(二) 績效計劃的制訂

績效計劃分為組織、部門和個人三個層面的績效計劃。績效計劃最主要的內容包括績效指標設計、指標權重設計、績效標準設定和行動方案制定等。

績效指標（Performance Indicator）是用來衡量績效目標是否達成的標尺，即通過對績效指標的具體評價來衡量目標的實現程度。各層級關鍵績效指標的設計，其實質

是戰略地圖的分解過程，即把組織戰略主題轉化成各層級關鍵績效指標的過程。績效指標設計是績效計劃中一項具有較高技術含量的工作。因此，在績效管理過程中，績效指標扮演著雙重角色，既是「晴雨表」又是「指揮棒」：既用於衡量實際績效狀況，又對管理決策和員工行為產生指引作用。

績效指標權重在衡量績效目標是否達成的過程中，表達了各項指標的相對重要性。不同的指標權重對員工行為具有指引作用，確定指標權重是一項非常重要的工作，也是一項具有較高技術要求的工作。

績效標準描述的是績效指標需要完成到什麼程度，反應組織對該績效指標的績效期望水平。在設計績效指標時，需要為每個指標確定相應的績效標準，便於管理者在績效監控和績效評價中判斷績效指標的完成情況。

行動方案是達成績效目標的途徑，是有時間限制的自主決定的項目或計劃的集合，區別於組織的日常營運活動，旨在幫助組織實現績效目標。

（三）績效監控

績效監控（Performance Monitoring）是連接績效計劃和績效評價的中間環節，也是耗時最長的一個環節。績效監控的過程，就是上級管理者與下級員工進行定期或不定期的溝通，瞭解績效計劃執行的進度。上級管理者在必要時對下級員工給予輔導，幫助員工制訂績效計劃，並跟蹤績效計劃的實施情況，及時幫助員工排除制訂和實施績效計劃過程中遇到的障礙，必要時幫助員工修訂績效計劃。通過溝通與輔導，幫助部門和員工不斷改進工作方法和技能，隨時糾正部門和員工與績效目標的偏離，從而能夠達成績效目標，實現企業的戰略目標。溝通與輔導貫穿於績效管理的整個過程，它可以通過如月度會、周例會、晨夕會以及其他非正式的如工作中經常性的肯定和鼓勵、工作之餘的各種交流等多種形式進行。

（四）績效評價

績效評價（Performance Appraisal，PA）是績效管理的核心環節，涉及「評價什麼」「誰來評價」「多長時間評價一次」和「如何評價」等重要問題，在實踐中受到管理者和員工的廣泛關注。

績效評價根據部門和員工的績效合同或績效計劃書，通過各種方法和手段收集信息和數據，並按績效的衡量標準對部門和員工的實際績效及表現進行評價。績效評價的信息和數據來自於兩個方面：一是相關部門提供數據，如存款淨增、客戶增長、產品銷售、不良貸款等。二是績效管理週期中收集和記錄的部門或員工的關鍵事件或數據，如服務質量檢查考核、員工崗位履職考核等檢查記錄。評價的科學性與準確性是成功實施績效管理的關鍵。

（五）績效反饋

績效反饋是對被評價對象整個績效週期內的工作表現及績效目標完成情況進行的

全面回顧。有效的績效反饋對績效管理起著至關重要的作用。績效反饋包括績效面談、績效申訴、績效改進和績效結果運用。

績效評價結束後，管理者與下屬通過績效反饋面談，將評價結果反饋給下屬，並共同分析績效不佳的原因，制訂績效改進計劃。一般來說，影響績效的因素主要有：一是員工自身的因素，包括員工的態度、技能、知識、人際關係等。二是工作本身，包括工作的難度、工作目標、工作資料準備等。三是工作方法，包括工作工具、工作流程、工作協調、工作組織等。四是工作環境，包括工作信息、工作條件、工作場地等。五是管理機制，包括激勵、檢查、監督、領導等。通過對這些績效因素的分析，找出產生差距的原因，然後針對這些因素有計劃地進行改進。對於影響員工績效的外部障礙，應設法幫助員工排除；對於員工自身原因造成的差距，需要與員工進行有效溝通，指出其不足，幫助其制訂績效改進計劃，並監督其執行改進計劃，最終達到績效提升的目的。

績效結果運用是績效管理中的一個重要內容。如果沒有這個內容，那麼績效管理將不會對員工產生任何影響，甚至會使得績效管理不但不能成為激勵員工、提升員工的工具，反而會成為影響組織績效的一個累贅。績效結果運用包括薪酬分配、晉升晉級、崗位調整、員工培訓、職業發展等方面。通過對績效優秀者的獎勵和績效較差者的懲罰，可以鼓勵員工的正確行為，激勵員工為達到企業目標而共同努力。績效結果雖然運用於對過去績效的獎懲，但更強調實現將來績效的提升。這一次阻礙績效達成的因素，將會成為下一個績效管理週期的績效目標，這時績效管理又來到了下一個起點。

六、戰略績效管理的目的

從績效考核理論來看，績效考核的目的是薪酬分配、職位升降、崗位調整和員工培訓等，但這些只是績效管理的一個環節，並不是績效管理的核心目的。績效管理的核心目的包括執行戰略、員工管理、員工激勵、績效診斷和培訓開發五個方面。

1. 執行戰略

為了實現企業戰略，績效管理應當通過制訂績效計劃而將員工的工作活動與組織的目標聯繫起來。執行組織戰略的主要方法之一是：首先界定為了實現某種戰略所必需的結果、行為以及（在某種程度上還包括）員工的個人特徵是什麼，然後再設計相應的績效衡量系統和反饋系統，從而確保員工能夠最大限度地展現出這樣一些特徵、從事這樣一些行為以及製造出這樣一些結果。為了達到這樣一種戰略目的，績效管理系統本身必須是具有一定靈活性的，這是因為當企業目標和戰略發生變化的時候，組織所期望的結果、行為以及員工的個人特徵需要隨之而發生相應的變化。然而，實際中的績效管理系統常常無法達成這一目的。在企業績效評估體系中，很少有企業會有意識地運用它們的績效評價體系來向員工傳達企業的戰略與目標。

103

2. 員工管理

通過績效管理可以促使員工履行自己的職責，保證企業的經營管理得以順利實現，保證企業各項規章制度、工作流程能夠得到貫徹執行和良好運行。企業通過績效管理，鼓勵員工表現出企業所期望的工作行為和工作結果，反對和限制員工不好行為的出現。

3. 員工激勵

通過績效管理，使績效結果與員工薪酬、晉升、獎罰等有效地聯繫起來，實現獎優罰劣、獎勤罰懶，充分調動員工的積極性、責任心和使命感。良好的績效管理體系能給員工提供最多和最大的成長機會，也能給優秀的員工提供最大的回報，對促成取得良好的個人績效、部門績效和企業總體績效起到至關重要的作用。

4. 績效診斷

績效管理也可以說是自身績效健康的檢驗過程，通過診斷分析，找出癥結，尋找解決辦法，排除阻礙因素。在影響績效的因素中，有的是員工自身的因素，有的是企業管理機制、工作環境以及企業外部因素。績效管理的目的就是要尋找到這些因素。當企業管理機制、工作環境以及企業外部因素等影響員工的績效時，如果企業通過績效管理找到了這些因素並加以排除，那麼績效管理的診斷目的就實現了。

5. 培訓開發

績效管理系統並不僅僅是要指出員工績效不佳的方面，以及找出導致這種績效不佳出現的原因所在——比如，存在技能不足、知識缺陷或其他抑制因素，更重要的是，要採取針對性的措施，對員工進行知識和技能的開發，提升員工達成績效目標的能力和素質。

七、戰略績效管理系統

一個良好的績效管理系統包括績效指標體系、績效架構體系、績效方法體系和績效環境四個方面。

(一) 績效指標體系

績效指標體系由關鍵業績指標、關鍵行為指標構成。

1. 關鍵業績指標

關鍵業績指標（Key Performance Indicator，KPI）主要來源於戰略，是戰略的量化表現形式。商業銀行關鍵業績指標從總行整體的 KPI 開始，通過層層分解，形成經營單位、部門以及崗位等各層級的 KPI。基於銀行總體戰略下的關鍵業績指標並不意味著「一刀切」，經營單位在將上級行戰略目標層層分解的同時，也需要根據環境變化對銀行自身績效的影響做出充分分析和識別，制定出面向市場的適合自身特色的獨有的業績指標。此外，職責是業績指標的補充來源。

2. 關鍵行為指標

關鍵行為指標（Key Conduct Indicator，KCI）是關鍵業績指標的補充，是考察員工在一定時間、一定空間和一定職責範圍內關鍵工作行為履行狀況的量化指標。關鍵行為指標的具體標準可分為頻率標準（即行為表現發生的頻率）、類別標準（即行為表現所屬的類別）、次序標準（即行為表現在整體中所處的次序）、差距標準（即行為表現與標杆的差距）、比率標準（即行為表現與標杆的比率）五種形式。例如，「資產規模 100 萬元（含）以上的貴賓客戶，管戶人員每週至少發送一次金融或產品資訊以及市場研究報告，每月至少電話聯繫問候一次，每季至少面訪一次。支行行長或主管行長每半年至少上門拜訪一次」就是符合 SMART 要求的 KCI，「至少一次」就是該指標的具體標準（頻率標準）。「年度培訓合格率不低於 95%」就是一種比率標準。

KCI 可設置一般標準和優異標準，一般標準用於對工作行為基本要求的管理方面，優異標準用於評估、確認 KCI 執行優異者方面。

無論是關鍵業績指標還是關鍵行為指標的制定都要符合 SMART 原則，即員工的績效指標及其標準必須是具體的（Specific）、可測量的（Measurable）、可達到的（Attainable）、現實的（Realistic）、有時間要求的（Timebased）。

(二) 績效架構體系

績效架構是承擔績效指標的框架，清晰的績效架構有利於績效指標的分解和傳導。單一業務型企業一般是三層績效框架，包括公司級、部門級和員工級。如果公司是多元化業務公司，公司績效架構一般有四個層級。如大型商業銀行，其績效層級包括總行級、分支行級（事業部級）、部門級和員工級。

從系統的角度看，績效架構體系涉及兩個層次，上層是組織績效，下層是員工績效。員工績效是績效管理體系的基礎，也是績效管理體系最重要的部分。組織績效的實現是建立在個人績效實現的基礎上的，但是個人績效的實現不一定能保證組織是有績效的。如果組織的績效按一定的邏輯關係被層層分解到每一個工作崗位以及每一個人，那麼只要每個人都達到了組織的要求，組織的績效也就實現了。

(三) 績效方法體系

績效方法體系包括了績效理念、績效流程、績效制度、績效表單等，它可以保證績效管理在一個正確理念的指導下，實現績效管理的良好運行。

(四) 績效環境

績效環境主要由企業戰略與目標計劃體系、組織職責體系、激勵機制和績效文化體系構成。績效環境影響績效管理系統的效果，清晰的發展戰略和目標計劃、明確的組織職責、良好的激勵機制和健康的績效文化有助於績效系統作用的充分發揮。

1. 清晰的發展戰略和目標計劃

清晰的發展戰略和目標，可以使員工都能知曉企業的共同目標，進而可以增強企

業的凝聚力和向心力；可以使組織結構設計和資源整合更具有目的性和原則性，進而可以保持組織機構與發展戰略規劃的匹配性，可以更好地優化資源，有利於實現資源價值的最大化；可以使各部門和個人都能夠清楚地瞭解自己該做什麼，進而可以激勵員工積極主動地完成目標；可以使企業清楚地瞭解利益相關者、競爭者和自身的優勢、劣勢、機會和威脅，從而使企業可以從容地應對市場變化，改進決策方法，提升持久競爭能力。

2. 明確的組織職責

有效明確的職責分工、合理清晰的崗位設置，對於一個企業的發展來說至關重要。對於一個企業來講，若沒有明確的部門和崗位職責，則人力資源配置就會出現問題；崗位職責沒有規範清晰，則員工擔當的責任和權力也不清晰，即使企業擁有卓越的管理理念，戰略規劃仍然無法得到有效執行。

3. 良好的激勵機制

績效結果需要與薪酬、晉升、培訓等激勵手段掛勾。如果沒有良好的激勵機制，員工對績效的關注度會大幅下降，從而影響績效管理的效果。相反，績效結果單一運用於薪酬和晉升時，會使員工過分關注績效考評，而忽視績效管理的戰略、診斷、改進等功能，也會使績效管理的效果大打折扣。因此，良好的激勵機制是績效管理有效發揮作用的保障。

4. 高績效的企業文化

企業文化的內核首先是企業價值觀，它決定和影響著企業存在的意義和目的，為企業的生存與發展提供基本的方向和行動指南，決定了企業全體員工的行為取向。但是價值觀要落實下去，從倡導的員工行為取向變為真正的行為，則需要通過績效管理實現。企業文化與績效管理之間是一種相輔相成的關係。一方面，企業文化對績效管理體系的實施運行起著一種無形的指導、影響作用；另一方面，企業文化最終要通過績效管理體系、價值分配體系的建立與完善來發揮其功能，通過績效管理讓員工逐步確立起企業所倡導的共同價值觀。

績效管理之所以能夠發揮「指揮棒」和「牽引機」的作用，就在於它傳遞了企業對於一個人行為和產出的認可或者不認可的標準，就是在倡導一種價值觀。假如一個企業在積極倡導「集體主義」「團隊精神」和「奉獻精神」時，績效評價結果排位靠前的都是自私自利、持有本位主義觀念的員工，當獲得高激勵以及更多資源調配權的也是這些員工時，企業內其他員工一定不會認為企業真的是在推行其所倡導的價值觀，並且會選擇讓自己的行為更加趨近於那些受到獎勵的員工。

【案例分析】

富國銀行的啟示

2013年7月24日，是值得全球資本市場記住的一天，國際金融危機前一直「默默無聞」的富國銀行的市值超過了中國工商銀行，坐上了「全球市值第一銀行」的寶

座。要知道，在此之前，中國工商銀行已經穩坐第一把交椅達六年之久。那麼在「市值第一」這樣的虛名更迭背後，究竟發生了怎樣的故事呢？

富國銀行原本是一家社區銀行，20世紀80年代才開始跨州經營，到21世紀初才真正成為一家全國性銀行。在富國銀行發展壯大的過程中，始終堅持以社區銀行、批發銀行、財富管理三大核心業務板塊為戰略重點，摩根大通、花旗銀行等大銀行紛紛將投資銀行業務列為發展重點，而富國銀行仍毅然堅守著傳統商業銀行的戰略方向和業務陣地。不僅如此，富國銀行的併購對象主要來自美國本土，以至於業界將其稱為「或許是當今世界最枯燥乏味的銀行」。但正是基於對傳統商業銀行這一戰略方向的堅守，幾乎未涉足高風險貸款和「有毒」證券，使富國銀行得以在金融危機期間成功避險，並在危機過後穩步拾級而上。

反觀花旗銀行——一家曾經君臨天下、獨步世界的銀行，長期堅持全球化和全能型發展戰略，將分支機構遍設全球幾乎所有國家和地區，業務拓展至所有金融領域，並深度介入高槓桿投資銀行業務。金融危機期間，面對市場形勢發生逆轉，資產價格大幅下跌，資產品質下降，違約率大幅攀升，花旗銀行遭受了前所未有的重創，並深陷次貸危機漩渦。統計資料顯示，在2007—2008年，全球100多家大型商業銀行和證券公司所遭受的5,000億美元資產減記和信貸損失中，僅花旗集團的減記和損失額就超過550億美元，花旗銀行股票在危機期間遭遇連續下挫，到2008年年末，其股票總市值大致僅為危機前的2006年年底的1/10。

如果仔細分析，可以發現很多國際知名商業銀行的風險管理能力其實並沒有太大的差距，但在金融危機中的表現卻判若雲泥，其中重要的原因就在於其發展戰略與策略選擇的不同。這裡不便評判上述兩家銀行發展戰略的對與錯，但從比較中不難看出，戰略管理能力是一家銀行最具價值創造力的核心能力，正確的戰略方向帶來的價值是巨大的、長遠的，任何一家銀行尤其是大型銀行必須具備這樣的核心競爭力。富國銀行之所以成功，就是因為其一直堅持植根於本土的戰略定位，只做熟悉的客戶、熟悉的市場和有優勢的業務，持續深耕於個人和小企業客戶，輔之以成功的交叉銷售策略，在美國本土零售領域形成了難以複製、無可比擬的核心競爭力，並成為同時獲得穆迪和標準普爾最高評級的銀行。

戰略管理至關重要，但如何加強戰略管理呢？首先，要準確把握大勢，正確制定戰略。恰當地把握外部經營形勢和同業特別是國際領先銀行轉型方向是提升戰略管理能力的基礎。當前，國際國內經濟發展和經濟結構正面臨深刻調整，國際領先銀行戰略轉型風起雲湧，國內銀行業經營環境面臨前所未有的變革。如何順勢而為，科學制定區域、客戶、產品和渠道等發展戰略和策略，積極有效應對同業及跨界競爭新挑戰，是商業銀行首先面臨的重要課題。其次，要有所為有所不為。戰略的方向性決定了必須有所取捨，簡單地說就是選擇向左走還是向右走的問題。戰略選擇不僅要高度契合外部經營環境的發展變化，更要緊密結合自身實際，孕育形成長期、可持續、不易被競爭對手複製的競爭優勢。明晰自身優勢，包括原有的優勢是什麼、這些優勢目前是

否還存在，近年有沒有出現新的優勢，優勢變化的原因是什麼，當前亟待鞏固和培育什麼樣的競爭優勢，等等，是商業銀行制定戰略、明確戰略方向和戰略重點的前提。商業銀行要充分結合自身實際，突出並做專做強那些應做而未做的業務和領域、應守而未守的業務和特色，果斷退出那些不應堅持的業務和區域。最後，要提升戰略執行力。戰略決定成敗，細節層面上的戰略執行較之戰略制定的重要性，有過之而無不及。如果執行力缺失，再完美的戰略也會隨時崩潰。正如哈佛大學教授羅伯特·卡普蘭所說，好的戰略加上差的執行，幾無勝算；差的戰略加上好的執行，或可成功。

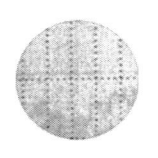

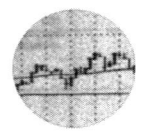

第四章　銀行戰略地圖構建

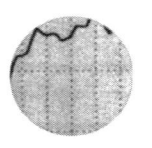

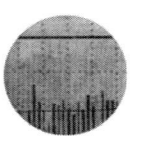

一、戰略地圖：讓戰略可視化

戰略地圖是企業需要的交流戰略和執行戰略的過程和系統，它不僅使企業的關鍵關係可視化，而且明晰了創造預期結果的因果聯繫，包括企業如何將人員積極性和資源（包括無形資產）轉變成有形產出，更重要的是，戰略地圖可以讓員工明了其工作和企業戰略間的聯繫，使員工在企業目標下的協同工作成為可能。

(一) 瞭解戰略的最佳方式

「戰略地圖」這個概念是卡普蘭和諾頓（1996）在哈佛商學院出版社出版的《平衡計分卡報告》中聯合提出的，它是平衡計分卡概念的發展和昇華。戰略地圖就好像軍事地圖一樣把組織願景、組織戰略、關鍵成功因素和行動方案按因果關係描繪在一張圖上。戰略地圖無疑是企業管理者用來陳述並管理戰略的工具。應用平衡計分卡的四大層面，戰略地圖可以協助企業清晰地界定它們要創造的戰略成果，以及促成該成果的績效驅動因素，並把這些因素在一連串具有邏輯性的因果關係上完整地呈現。據此，戰略地圖不但明確地揭示了企業的戰略假設，清晰地描繪出執行過程，並解釋了企業應選擇何種方式將其無形資產轉化為創造客戶及財務層面的有形資產，更重要的是它還能與平衡計分卡的衡量指標結合作為戰略目標達成與否的監測工具。

如圖 4-1 所示，它是一家商業銀行的戰略地圖。在該地圖中，因果的邏輯關聯構成了戰略假設。從圖中我們可以看出，其財務層面涵蓋了兩項主題——增加營業收入與提升生產力——以增進股東價值。在客戶層面上，價值主張明確地強調差異化的產品、優質服務以及良好的品牌形象，以促進營業收入增加。內部流程層面則包含四項戰略主題：開創行銷優勢（金融產品創新）、增加客戶價值（客戶管理流程）、建立作業優勢（營運管理流程）、加強風險控制（風險管理流程），它們主要是通過落實對客戶的價值主張來實現財務上的生產力主題。

圖 4-2 是圖 4-1 在局部的放大，它描繪出內部流程的戰略主題之一，也就是增加客戶價值的詳細內容，以及平衡計分卡中相對應的關鍵成功領域及行動方案。從此圖中我們可以看出，增加客戶價值這一主題，影響著客戶層面產品品質、客戶滿意度和品牌形象等關鍵成功領域，並對新客戶增加、存量客戶挖潛以及收入增加有所貢獻。該內部流程主題之下也有三項關鍵成功領域：①客戶識別，即識別市場機會、搶奪先機、尋找新的利潤增長點的關鍵。②客戶保留，即深度挖掘存量客戶的盈利能力，實現存量客戶重複購買，留住客戶就是留住企業的競爭力。③客戶增長，即拓展新的收入來源，保持企業增長動力。此外，學習與成長層面的員工技能、機制和信息系統，支持著內部流程層面所涵蓋的戰略主題及關鍵成功領域。

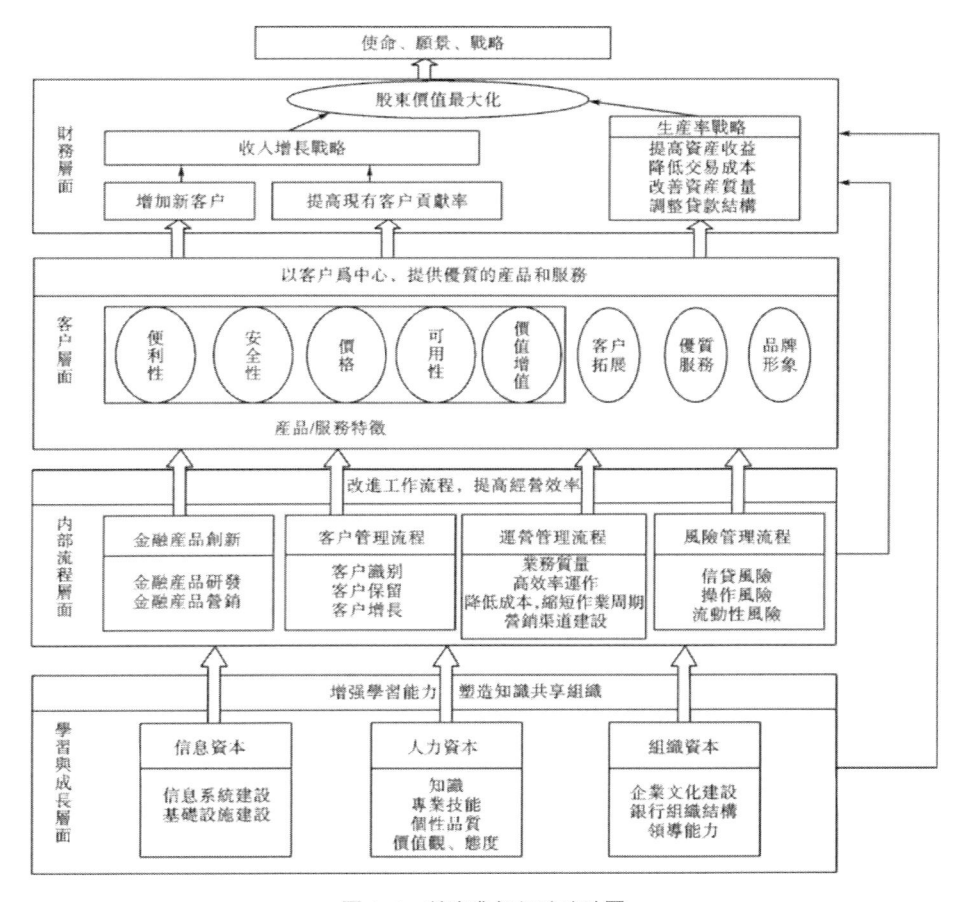

圖 4-1　某商業銀行戰略地圖

　　圖 4-2 的戰略地圖和平衡計分卡界定了「增加客戶價值」主題的邏輯內容，顯示了如何憑藉具有因果關係的關鍵成功領域的達成來實現客戶的保留和增長。由此可見，戰略地圖中的因果關係以及關鍵成功領域和行動方案，能完整地描述和展現這項主題的戰略內涵。

　　正如我們在第二章所述的，平衡計分卡突破了傳統的純粹財務衡量系統的局限。它協助企業勾勒出創造價值的流程，以及無形資產在這其中扮演的關鍵性角色。這些所謂的無形資產，正是當今以知識為基礎的戰略中最主要的戰略驅動因素。

　　而戰略地圖中的各項戰略主題，就像一道神奇的食譜或配方，描述如何將無形的原料成分（如員工技能、信息技術、組織文化）與特定的內部流程（如增加客戶價值）結合，以創造出有形的成果（客戶滿意度、營業收入和利潤）。總之，戰略地圖能協助企業以一套系統化且具整合性和一致性的架構來發展並描述其戰略內涵，實現戰略的可視化。

111

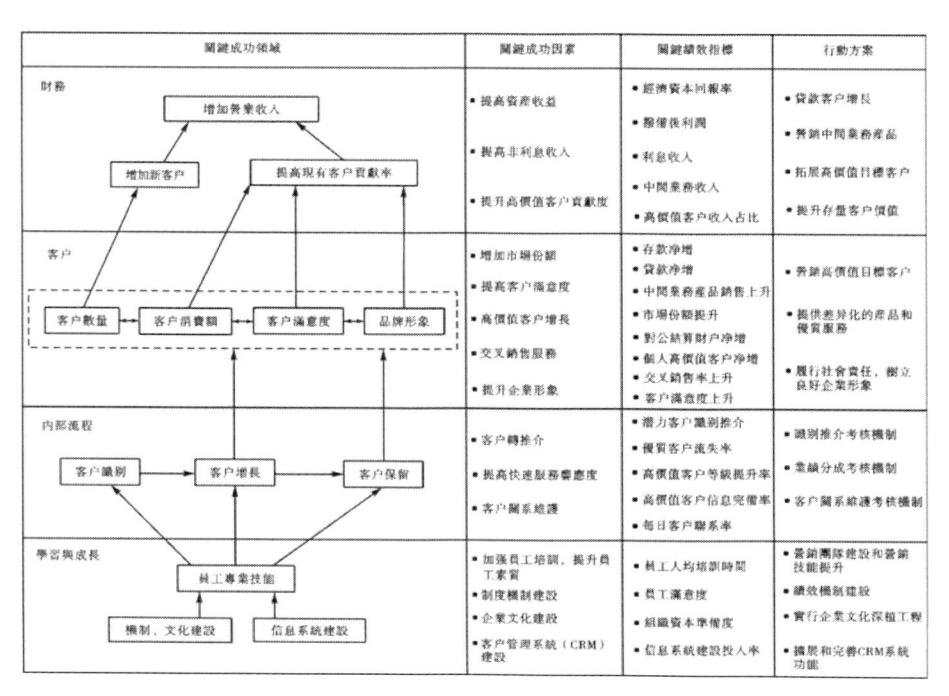

關鍵成功領域	關鍵成功因素	關鍵績效指標	行動方案
財務 增加營業收入 ↑　　↑ 增加新客戶　提高現有客戶貢獻率	・提高資產收益 ・提高非利息收入 ・提升高價值客戶貢獻度	・經濟資本回報率 ・整體凈利潤 ・利息收入 ・中間業務收入 ・高價值客戶收入占比	・貸款客戶增長 ・營銷中間業務產品 ・拓展高價值目標客戶 ・提升存量客戶價值
客戶 客戶數量　客戶消費額　客戶滿意度　品牌形象	・增加市場份額 ・提高客戶滿意度 ・高價值客戶增長 ・交叉銷售服務 ・提升企業形象	・存款凈增 ・貸款凈增 ・中間業務產品銷售上升 ・市場份額提升 ・對公結算財戶凈增 ・個人高價值客戶凈增 ・交叉銷售率上升 ・客戶滿意度上升	・營銷高價值目標客戶 ・提供差異化的產品和優質服務 ・履行社會責任，樹立良好企業形象
內部流程 客戶識別→客戶增長→客戶保留	・客戶轉介 ・優化客戶流失率 ・提高快速服務響應度 ・客戶關係維護	・潛力客戶識別推介 ・高價值客戶等級提升率 ・高價值客戶信息完備率 ・每日客戶聯繫率	・識別推介考核機制 ・業績分成考核機制 ・客戶關係維護考核機制
學習與成長 員工專業技能 ↑　　　↑ 機制、文化建設　信息系統建設	・加強員工培訓，提升員工素質 ・制度機制建設 ・企業文化建設 ・客戶管理系統（CRM）建設	・員工人均培訓時間 ・員工滿意度 ・組織資本準備度 ・信息系統投入率	・營銷團隊建設和營銷技能提升 ・績效機制建設 ・實行企業文化深植工程 ・擴展和完善CRM系統功能

圖 4-2　增加客戶價值戰略主題

（二）戰略地圖的構成

企業戰略確定後，在財務、客戶、內部流程、學習與成長四個層面提出各自的戰略主題，這個是構成戰略地圖的基礎。有了戰略地圖，每個層面則要進一步圍繞戰略地圖展開，提出關鍵成功領域，找到關鍵成功因素，並形成衡量驅動因素的關鍵績效指標。換言之，戰略地圖要清晰地揭示企業的使命願景和戰略目標，並向每個員工指明完成該戰略目標的一系列方法。

1. 戰略脫胎於企業使命

戰略並非（也不應該是）單獨的一項管理步驟，而是一個連貫的管理體系當中的一環。這個管理體系的起點始於最宏觀的企業使命，而該使命必須通過有效的管理體系，逐層展開為組織內每一分子的行動，並使這些行動能一致整合，以促進企業使命的達成。

如果我們想要發展一致性的架構來描述戰略，則首先必須將戰略在這個連貫的管理體系中的定位標示清楚。如圖 4-3 所示，它呈現了一個非常切合實際的戰略定位，從最上層的組織使命開始，企業必須先界定自身存在的理由，以及組織內的各個業務單位在宏觀的企業架構下扮演的角色。

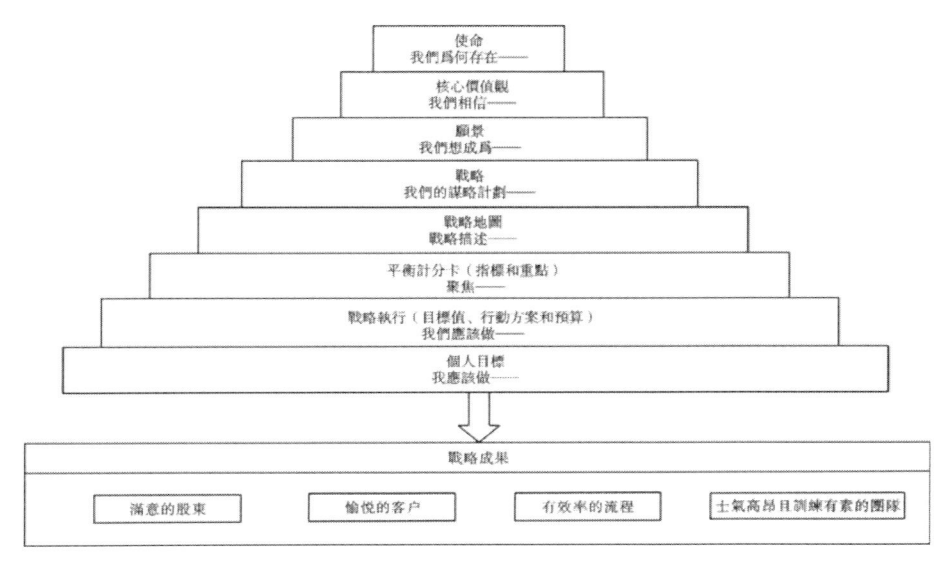

```
                使命
             我們為何存在
            核心價值觀
            我們相信
           願景
          我們想成為
         戰略
       我們的謀略計劃
       戰略地圖
       戰略描述
     平衡計分卡（指標和重點）
     聚焦
    戰略執行（目標值、行動方案和預算）
    我們應該做
   個人目標
   我應該做
```

戰略成果

| 滿意的股東 | 愉悅的客戶 | 有效率的流程 | 士氣高昂且訓練有素的團隊 |

圖 4-3　將使命轉化為所希望的成果

　　伴隨著企業使命的核心價值觀，和使命一樣具有長期而不變的一慣性與穩定特質。企業的願景則描繪出未來的藍圖和發展方向，使組織內的成員瞭解他們為什麼以及應如何貢獻自己的力量，以促進企業願景的實現。在穩定的使命與價值以及動態的戰略之間，願景扮演著重要的銜接角色，而戰略則必須不斷地隨著時間演變，以適應現實世界的各種變化。

2.「行軍路線」是一系列因果假設

　　競爭戰略大師波特（Michael Porter）將戰略的本質描述為企業所選擇的、可以使其成為卓越組織的特定活動。他說：「畢竟，企業在成本和價格上的差異，來自其創造、生產、銷售和配送產品及服務所必須從事的數百項活動……差異在於所選擇的活動內容和從事這些活動的方式。」換句話說，戰略的本質在於使企業選擇與競爭者不同的方式來從事經營活動，以創造獨特的價值。從波特的觀點來看，持續的戰略優勢源於一套活動的系統，其中每一項活動之間具有彼此強化的功能。

　　雖然平衡計分卡發展過程與波特的戰略理論架構是兩項各自獨立的事件，然而平衡計分卡———一個描述而非規定性的架構——對於戰略的觀點却和波特的看法非常近似。平衡計分卡的設計過程也是建立在一項前提即「戰略是一種假設」上的。戰略暗示了組織如何從現在所在的位置，朝向一個新的、希望中的但還不確定的未來定位發展的過程。正是因為組織從來沒有到過那個特定的未來新定位，所以這中間預期的過程自然涉及一連串相關的假設。而平衡計分卡下的戰略地圖却使得有關戰略的假設，可以用一套因果關係來加以明確描述並測試。此外，平衡計分卡要求戰略的假設必須辨識哪些活動是促成期望成果（落後指標）的驅動因素（領先指標）。執行戰略的關鍵步驟就在於，使組織內所有成員瞭解這些基本的假設，並依循戰略的假設來整合組

織的資源，然後持續地測試戰略的假設，並且及時做出必要的修正與調整。

平衡計分卡可以協助企業制定一套完整的近期目標和活動即驅動因素，使得企業可以與其競爭者有所差異，並創造長期的客戶與股東價值也就是戰略成果。這個流程是自上而下的過程，起始於股東和客戶的角度來定義成果。它首先問道：「增加收入和提升生產力的財務目標是什麼？增加的來源與方式是什麼？」當財務層面的目標被明確地界定後，接著問：「誰是我們的目標客戶，這些客戶可以為我們帶來營業收入的增長，並且提高產品與服務組合的利潤嗎？哪些是客戶層面的目標？我們怎樣衡量是否在這些目標上獲得成功？」另外，客戶層面還必須涵蓋明確的客戶價值主張，顯示企業如何有別於競爭者，以吸引、留住並深耕與目標客戶的長遠關係。我們可以說財務層面和客戶層面的目標才是企業渴望得到的成果，然而它們兩者都無法解釋自身的目標如何達成。為此，企業的內部流程——如何設計產品、品牌、市場開發、銷售、服務、作業和後勤——界定了必要的活動，以創造預期的客戶價值主張、差異化與財務成果。

第四個層面則基於對一項事實的認知，那就是企業是否有能力以創新且差異化的方式來執行內部流程層面的活動，取決於組織架構、員工技能、能力與知識、所應用的信息技術以及工作環境（包括企業文化）等學習與成長層面。

綜上所述，平衡計分卡的架構具有上述自上而下的邏輯關係，由企業所渴望達成的財務與客戶層面成果開始，逐層界定其價值主張、營運流程、信息基礎架構等，能驅動變革並帶來差異化競爭優勢的相關因素。這些驅動因素與企業所渴望的戰略成果之間的因果關係，便構成了所謂界定企業戰略時的假設。

3. 戰略主題：開闢多條行軍路線

戰略主題是比較宏大的舉措，相對而言是不具體的、比較寬泛的，它描述了戰略目標之間的因果關係，說明了戰略的目的和成功的關鍵在哪裡。根據經驗，企業的領導者常將戰略分割成幾個重要的主題。例如，商業銀行常常圍繞著以下四項戰略主題來界定戰略：①提升工作流程效率；②增加高價值目標客戶；③加強風險控制；④創新金融產品。

以上這些主題能協助銀行處理長期與短期目標及優先順序間的衝突，以及成長與獲利之間的權衡。一般而言，戰略主題的內涵反應了管理團隊所認定的必須做好什麼事情來使企業獲得成功，而非反應財務層面或客戶層面的成果（如「增加股東價值」或「提高客戶保持率」等）。因此，上述這些主題通常與企業內部流程密切相關。根據戰略主題的形式，我們往往可以將商業銀行戰略的內容區分為以下幾種基本的類別：

（1）開創行銷優勢。開發新的產品和服務，並且拓展新的市場和目標客戶。

（2）增加客戶價值。通過多重的銷售循環來擴展，並且深化或重新界定與現有客戶間的關係（例如，實現客戶交叉銷售、成為可信賴的顧問角色、提升現有客戶利潤貢獻度等）。

（3）建立作業優勢。通過內部的流程梳理、創新和完善，使組織能提供高效率、零缺點並滿足客戶需要的產品與服務。此外還包含無形資產運用管理和資源的管理。

（4）加強風險控制。建立和完善度量、監測和控制風險所必需的所有技術和管理工具，有效應對所面臨的信貸風險、流動性風險和操作風險。

上述四項管理主題都有各自的支持性活動，在內容上也各自涵蓋了不同的戰略假設，即各關鍵成功領域之間的因果關係鏈。由於這些主題的架構明確而透明化，商業銀行可以指定不同的高層主管專門負責個別主題的執行。如圖4-4所示。

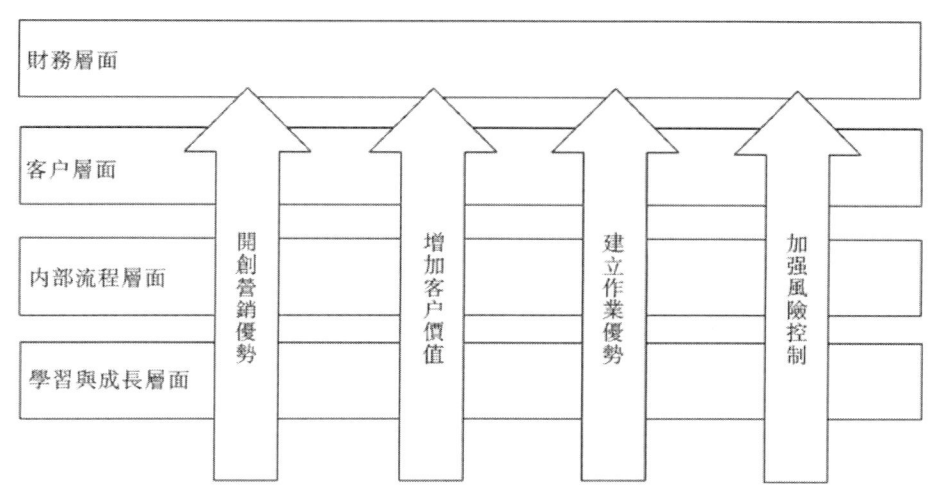

圖4-4　戰略主題：多條行軍路線

二、戰略地圖的繪製

繪製一份有價值的戰略地圖猶如繪製戰爭中的行軍圖——在對環境有一個基本的判斷之後，我們需要詳細且清晰地列出商業銀行當前的市場定位，並對競爭者的優勢和不足進行分析。更關鍵的是，我們繪製的戰略地圖應明確指出銀行的前進方向。換言之，戰略地圖要清晰地揭示銀行的使命願景和戰略目標，並向每個員工指明完成該戰略目標的一系列方法。

其實，戰略地圖的構建就是從戰略目標開始找出能夠達到目標的路線的過程。在開始構建戰略地圖之前，企業首先必須清楚自己的戰略目標和核心價值定位，即企業存在的理由，並在這些信息下發展戰略願景，即企業將變成什麼樣，以形成對企業總體目標的清晰描述。

根據前面的分析，我們可以發現戰略地圖的標準模板和平衡計分卡的四方面相對應，也包括財務、客戶、內部流程、學習與成長四方面。就像財務報表提供了一個大眾普遍接受的描述財務狀況的結構一樣，這一模板可用於描述任何戰略的普遍框架和語言。四個不同方面的因果關係鏈，將預期結果和產生這些結果的驅動因素相聯繫，構成了戰略地圖的框架。

(一) 確定戰略所追逐的財務成果

戰略地圖的發展過程是依循自上而下的順序，從最上面的財務戰略——增加收入、提升生產力和創造股東價值開始。創造股東價值是所有戰略所追逐的成果，而企業通常會選擇一個最主要的目標作為長期成功的象徵。過去，投資回報率（ROI）或資本回報率（ROCE）常常被當成此種財務目標。近年來，許多企業開始採用其他以價值為基礎的管理衡量作為目標，例如經濟增加值（EVA）、現金流量投資回報率（Cash-flow ROI）或其他不同形態的折現現金流量（Discounted Cashflow），等等。

簡言之，經濟增加值相當於會計上的淨收入減去資本成本。如果企業的收益高於其資金成本（經考慮風險而調整後），則被視為創造了股東價值；反之，則會被看成損害了股東利益。另外，與投資回報率不同，經濟增加值可以避免阻礙企業投資於那些回報率高於資金成本却低於平均資金成本（淨收入除以所運用的資產）的活動。此外，經濟增加值也避免了純粹的會計淨收入算法的缺點，因為後者忽略了資產運用的成本。

無論是選擇資產投資回報率、資本回報率、經濟增加值，還是其他以價值為基礎的量度指標作為最高的財務目標，企業都必須憑藉兩項基本的戰略來實現財務績效，那就是增加營業收入和提升生產力戰略。商業銀行財務層面戰略地圖構建如圖 4-5 所示。

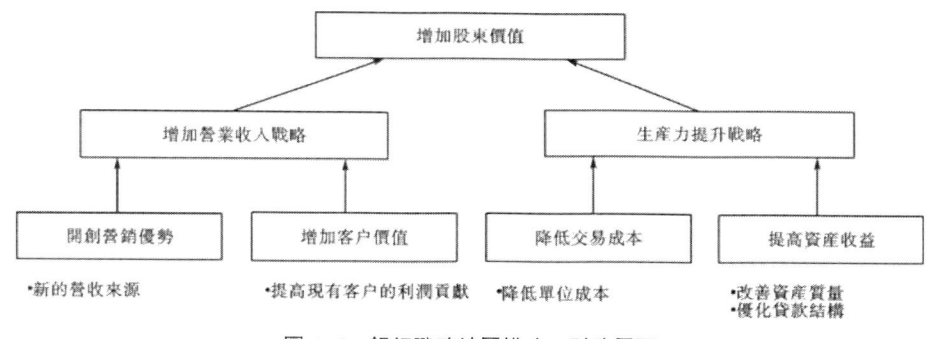

圖 4-5　銀行戰略地圖構建：財務層面

首先，增加營業收入的戰略必須著重於新收入來源的開發與活動的創造，它通常涵蓋兩大主要項目：

（1）開創行銷優勢：從新的市場、產品、客戶來開創新的營業收入來源。這個維度的戰略涉及最大程度的變革，也需要最長的時間投入來執行。

（2）增加客戶價值：拓展現有客戶與企業間的關係。這一維度的戰略著重於客戶交叉銷售率的提升以及客戶關係深化和價值挖掘。

其次，生產力戰略著重於加強為現有客戶提供服務的作業活動的效率，這包括成本的降低和效率的提升。

（3）降低交易成本：降低產品和服務的直接成本，減少間接成本，業務單位之間

共享一般性的資源。

（4）提高資產收益：改善資產質量、優化貸款結構。

一般而言，生產力提升戰略較收入增加戰略更容易獲得財務上的成果。然而，平衡計分卡的主要貢獻之一，就是強調通過收入增長來強化企業長期的財務績效表現，而不是只偏重成本降低和資產利用。此外，平衡計分卡還可以協助企業確保其生產力提升戰略不會妨礙未來成長的機會。事實上，如果一個企業只採用單一的生產力提升戰略，那麼其實施平衡計分卡的收益就會較為有限。

當企業必須選擇在槓桿的兩端──收入增加或生產力提升──之間取得平衡時，財務層面的目標與戰略的結合就顯得十分重要。對於那些處於早期的業務開創階段，或在業務面看到極端快速成長機會的企業而言，與增加營業收入戰略相關的目標和衡量指標是特別關鍵的部分。當這些企業投入相當大的費用開發新的產品及服務，並拓展到新的市場領域時，成本和生產力提升可以作為輔助性的目標。然而，當企業進入其生命週期中的成熟階段時，成本降低及資產利用便成為其戰略重點，因為相對而言，開發新客戶和拓展新市場的機會已經降低。對於商業銀行而言，仍是處於生命週期的中間階段，因此必須選擇「獲利成長戰略」，也就是在增加收入和成本降低、生產力提升之間取得平衡。

我們應特別注意先前提到的戰略主題與這兩項財務戰略之間的關聯性。很明顯，「開創行銷優勢」和「增加客戶價值」這兩項主題能夠推動財務上的成長戰略，而「建立作業優勢」則能保證生產力提升戰略的實現。然而，這並非一對一的關係，有時拓展客戶人數也能有助於單位成本的降低，而作業優勢也有助於企業改善客戶服務體驗。

（二）設定價值主張及界定目標客戶

其實，商業銀行戰略的核心──將企業的內部流程連接到客戶層面的成果──就是銀行提供給客戶的「價值主張」。該價值主張不但描述了銀行提供給客戶的獨特的產品組合、價格、服務、體驗、關係和形象，並且界定了戰略所選擇的目標客戶，以及銀行如何在該目標客戶上體現其與競爭者的區別。明確的價值主張能為銀行的關鍵性內部流程提供最終的目標，並使其戰略能集中致力於實現這些目標。然而調查結果顯示，大約70%的領導團隊對其客戶價值主張缺乏清楚的共識。但戰略地圖上的客戶層面正是平衡計分卡設計流程中最有價值的部分。具體來說，這一過程有兩項關鍵性的工作，即設計價值主張和界定目標客戶。

1. 差異化的價值主張

研究發現，成功實施平衡計分卡的企業，其價值主張與人們經常在市場上採取的三類創造差異化競爭優勢的方式非常吻合，它們是由管理專家崔西與威瑟瑪（Michael Treacy & Fred Wiersema）最先提出的。

（1）產品優勢。「具有產品優勢的企業，總是第一個將其產品投入到未知的、任何其他競爭者都沒有嘗試過的嶄新領域。」

（2）客戶關係。「具有客戶關係優勢的企業能夠與客戶建立牢不可破的密切關係；它認識購買它的產品和服務的『人們』，並且真正知道這群人的需要。」

（3）作業優勢。「具有作業優勢的企業的產品質量、價格與購買便利性等優勢無人能及。」

作業優勢戰略

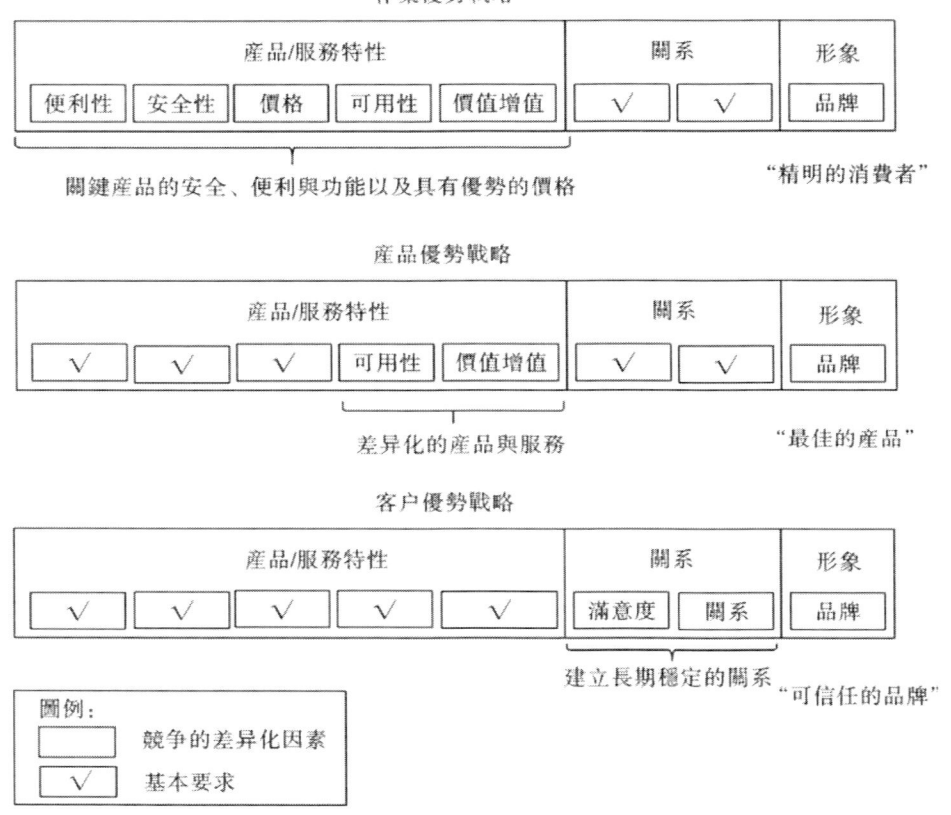

產品/服務特性					關系		形象
便利性	安全性	價格	可用性	價值增值	√	√	品牌

關鍵產品的安全、便利與功能以及具有優勢的價格　　"精明的消費者"

產品優勢戰略

產品/服務特性					關系		形象
√	√	√	可用性	價值增值	√	√	品牌

差異化的產品與服務　　"最佳的產品"

客戶優勢戰略

產品/服務特性					關系		形象
√	√	√	√	√	滿意度	關系	品牌

建立長期穩定的關系　　"可信任的品牌"

圖例：
□ 競爭的差異化因素
√ 基本要求

圖 4-6　構建戰略地圖：客戶價值定位

如圖 4-6 所示，該設計模式顯示了商業銀行平衡計分卡如何將上述三類戰略轉化為戰略地圖的內涵。通常而言，銀行要在市場上實現其差異化戰略，關鍵是界定所特有的客戶價值主張。也就是說，如果銀行選擇作業優勢作為差異化戰略，那麼它就必須在服務的便利性、資產的安全性和服務價格水平上超越同業競爭者的績效表現。如果銀行選擇產品優勢，那麼執行的關鍵就在於其產品的功用、特性和性能。對於選擇客戶關係戰略的銀行而言，它們要做的就是不斷強化與客戶間的關係，並提供完全的解決方案與服務以滿足客戶的需要。

此外，圖 4-6 還可以作為一項診斷的檢測表，來檢查銀行平衡計分卡內的衡量指標是否與其差異化戰略吻合。如果採取產品優勢或客戶關係戰略時，屬於內部流程的

員工操作失誤、等候時間等指標權重不宜過重。

2. 界定目標客戶

商業銀行目標市場是由異質性客戶混合組成的，有些客戶注重結算服務，有些客戶注重理財增值，也有的客戶在意價格、質量的一致性以及購買的便利性等。「戰略本身是一種抉擇」。商業銀行應該在一個或幾個細分市場的基礎上明確適合自身特點的目標客戶。一旦銀行選擇了要在哪些價值主張上表現卓越，也就等於選擇了其目標市場——也就是那些認同該銀行的價值主張，並且願意與銀行產生商業關係的客戶群體。

毋庸置疑，明確地界定目標客戶對商業銀行而言十分重要。在銀行的平衡計分卡上，目標客戶是銀行衡量其客戶層面績效表現的焦點，因為無論是哪一項客戶層面的衡量——滿意度、保持率、市場佔有率及盈利性——都必須針對目標客戶來測評。

通過界定特定的價值主張以及衡量對目標客戶的行銷成果，平衡計分卡的客戶層面可以明確地反應和呈現銀行的戰略。而且在戰略地圖當中，銀行的價值主張向上可以連接到客戶層面的成果以及最上層財務層面的目標，向下則銜接銀行關鍵的內部流程，使銀行得以提供其目標客戶重視的價值主張。

(三) 整合內部流程以實現價值主張

雖然商業銀行的客戶價值主張以及如何將其轉化為股東價值與盈利的成果是戰略的重要內涵，但這兩者僅是企業想要實現的目標而已。除了界定成果目標，戰略還必須同時描述如何實現該成果。波特認為：「戰略的根本在於企業的活動——也就是選擇與競爭者不同的方法來從事這些活動，或者選擇從事與競爭者不同的活動。」「活動就是競爭優勢的基本單位」。發展可以成功執行的戰略，就在於確保組織內部的活動與其客戶價值主張之間的一致性。

銀行的創造性活動就體現在構成其價值鏈的內部流程當中。如圖 4-7 所示，我們可以將此價值鏈區分為四組業務流程，各自對應我們在本章所介紹的四個戰略主題。儘管這四項流程都十分重要，但是在的不同時期，銀行必須在對其客戶價值主張影響最大的一項或者兩項流程上表現卓越。相對而言，其他的一項至兩項流程則可以作為輔助，而不是主角。

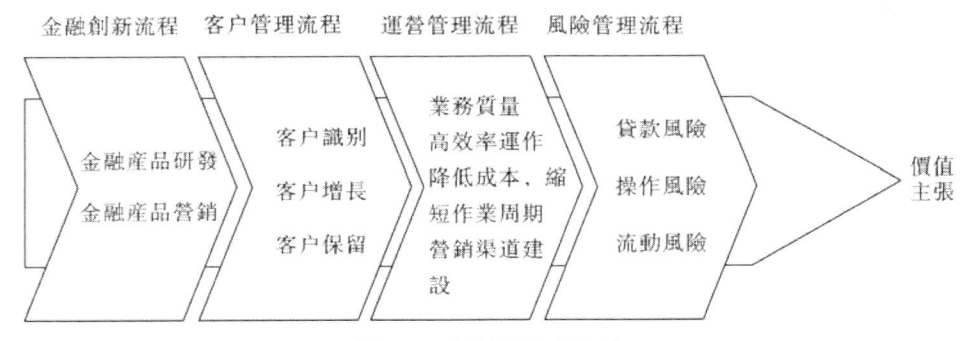

圖 4-7　共性的銀行價值鏈

如果銀行採取產品優勢戰略，通常銀行必須具備領先的創新流程，才能設計出具有最佳功能的新產品，並且快速地向目標客戶行銷，以搶占市場先機。

如果銀行採取客戶關係戰略，則銀行必須具有優異的客戶管理流程，例如先進的客戶關係管理系統、優秀的解決方案的制訂與執行。當然，為了滿足目標客戶的需求，銀行也可能完善和創新流程，然而其著眼點是為了增進客戶的滿意度。

如果銀行採取作業優勢戰略，則銀行會強調營運流程的速度、效率、成本和質量。

如果銀行採取加強風險控制戰略，則銀行會注重貸款風險、操作風險和流動性風險的管理。

除了以上四項流程外，銀行的內部流程還有兩個重要的利害關係對象——政府和社會大眾，他們也對銀行的戰略執行有重要的影響。作為現代經濟的核心樞紐，商業銀行的經營、風險、服務、價格等經常受到政府主管部門的監管。因此，銀行應該處理好與政府部門的關係，除了嚴格遵循所在地有關政府部門的監管要求外，作為大型的企業，還要積極成為履行社會責任的典範，樹立起良好的社會形象。因此，如果政府部門和社會大眾對商業銀行的戰略有重大的影響，那麼應該將此維度的相關戰略主題納入銀行的內部流程層面。

（四）學習與成長層面：無形資產有形化

商業銀行為了創造最佳的績效表現，還必須注重對學習與成長層面的無形資產進行開發和利用，以支持銀行所選擇的活動，從而創造高價值的客戶關係。學習與成長層面通常涵蓋以下三個戰略主題，如圖 4-8 所示。

（1）戰略性能力（人力資本）：團隊和員工為成功執行戰略規劃所必須具備的戰略性能力和知識。

（2）戰略性技術（信息資本）：為實現戰略而必需的信息系統、數據庫、工具、網路和設備。

（3）組織氣候（組織資本）：在戰略執行的前提下所需要的企業文化轉變，包括價值觀、人際關係狀況、態度、制度構成、領導水平等，是組織內部的小環境、軟環境。

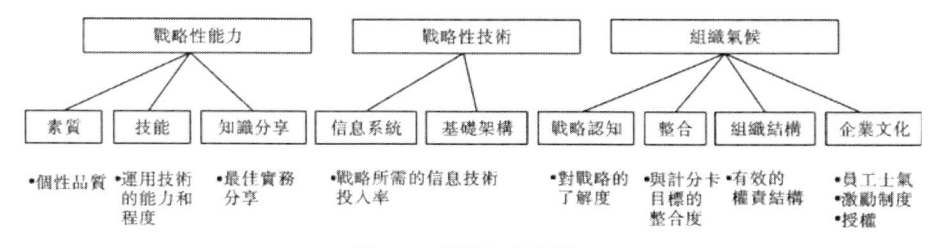

圖 4-8　學習與成長層面

事實上，企業要成就長期而持續的競爭力提升，創新和學習層面才是戰略執行的真正起始點。然而，目前商業銀行大部分員工還缺乏對戰略目標和實現方法的瞭解和

認識。因此，商業銀行需要在界定客戶價值差異化內涵及相對應的關鍵業務流程下，思考人力資源、信息系統建設以及組織氣候等關鍵成功領域和目標。

雖然學習與成長層面處於平衡計分卡四大層面的最底層，但這並不意味著其重要性低。相反，平衡計分卡如此設計的原因，恰恰是向企業管理者點明了學習與成長正是企業其他一切活動的根本，就如同樹根一般，是樹木所有養分、支撐和成長的本源，正是它們造就了枝繁葉茂（財務奇跡）——也就是那些平衡計分卡上層的一切。總之，企業的無形資產——學習與成長層面的創新和行動才是企業戰略成果最主要的動力。

總而言之，平衡計分卡戰略地圖提供了合乎邏輯且容易理解的結構來解說戰略，不但清楚地描述了企業所渴望的成果，而且還說明了應如何實現這些成果。通過戰略地圖，組織的各單位和員工能因此而認識戰略，並進一步思考他們的活動如何在戰略之下進行整合，從而對戰略執行做出最大的貢獻。

三、網點轉型：需要合力驅動

從 2000 年年初工商銀行的核心競爭力項目開始的網點戰略轉型，到建設銀行的「藍色風暴」、一代二代轉型以及目前推行的三代綜合轉型，中國銀行的服務銷售流程標準化，農業銀行的網點軟轉型項目，各股份制商業銀行相繼推出的零售網點轉型——各家商業銀行都在積極推進網點的功能轉型。雖然每家商業銀行的方法和側重點不太一樣，但是目的是一樣的，就是希望將傳統交易型的網點轉型成為服務銷售型網點，提升網點價值創造能力。經過 10 餘年的轉型，我們開始感覺到「銀行要賺錢」的觀念已經被廣大員工接受，服務行銷的理念意識在強大的指標壓力下，並不像想像中那麼難以植入。但最難的是員工意識的內化、行為的固化，於是轉型之中上下矛盾叢生，效果表現起伏不定。上層擔心對基層逼得緊一點，會導致變革失控，影響隊伍穩定，於是不敢逼得太緊，轉型進展緩慢。基層不乏想有一番作為的人，卻苦於無配套支持體系，或缺乏執行力的配套體系，要麼扛起超凡責任累得精疲力竭，要麼回到起點維持原狀，要麼陷入僵局選擇放棄。如果這類基層人員信心受到打擊，那麼基層中的觀望者、變革抵觸者不作為或行為難以固化也是自然發生的事情……

對於轉型難以固化的問題，上層管理者的第一直覺反應是認為網點轉型欠佳的原因，是網點人員的意識不夠、認識不足，於是考慮在執行上採用何種宣傳攻勢以強化意識、達成共識，怎麼通過檢查、監督、考核等行政手段來使行為固化。然而，網點轉型效果仍然反覆不定——轉型遇到瓶頸。

如果我們從戰略地圖內在的因果關係鏈的角度來分析，出現這種情況不足為奇。正如前面章節所述，戰略地圖的財務、客戶、內部流程、學習與成長四個層面體現了動因和結果的關係，在每個層面內部，關鍵成功因素和關鍵策略圍繞著戰略主題，發揮著績效驅動的作用，從而構成了相互支撐的因果關係鏈。這些關係鏈之間必須足夠

緊密,否則無法發揮有效支撐,最終不能達成戰略所要求的績效輸出。此外,企業要成就長期而持續的競爭力提升,創新和學習層面才是戰略執行的真正起始點。雖然學習與成長層面處於平衡計分卡四大層面的最底層,但並不意味著其重要性低。相反,學習與成長正是企業其他一切活動的根本,正是它們造就了那些平衡計分卡上層的一切。學習與成長層面的創新和行動才是企業戰略成果最主要的動力。

如圖4-9所示,以某商業銀行為例,該行先後開展了以提升網點文明標準服務和以提升行銷技能為主要內容的兩次網點轉型。儘管轉型工作卓有成效,但通過戰略地圖的分析可看出,無論是服務提升導入還是行銷技能提升導入,其所涉及的僅為內部流程層面的客戶管理和業務營運兩個戰略主題,且關鍵策略手段有限,尤其在戰略目標的內驅力——學習與成長層面的企業文化、績效管理、員工發展、團隊建設、領導能力,以及信息系統開發和支持等關鍵轉型策略上明顯存在缺位。因而,這種補漏式、碎片化的轉型措施,明顯表現出支撐力度不足、因果關係不緊密、驅動力不夠。同時,轉型重心僅局限於零售業務、網點基層等局部業務和對象,加之結構性的體制掣肘,網點轉型效果反覆不定不足為奇。

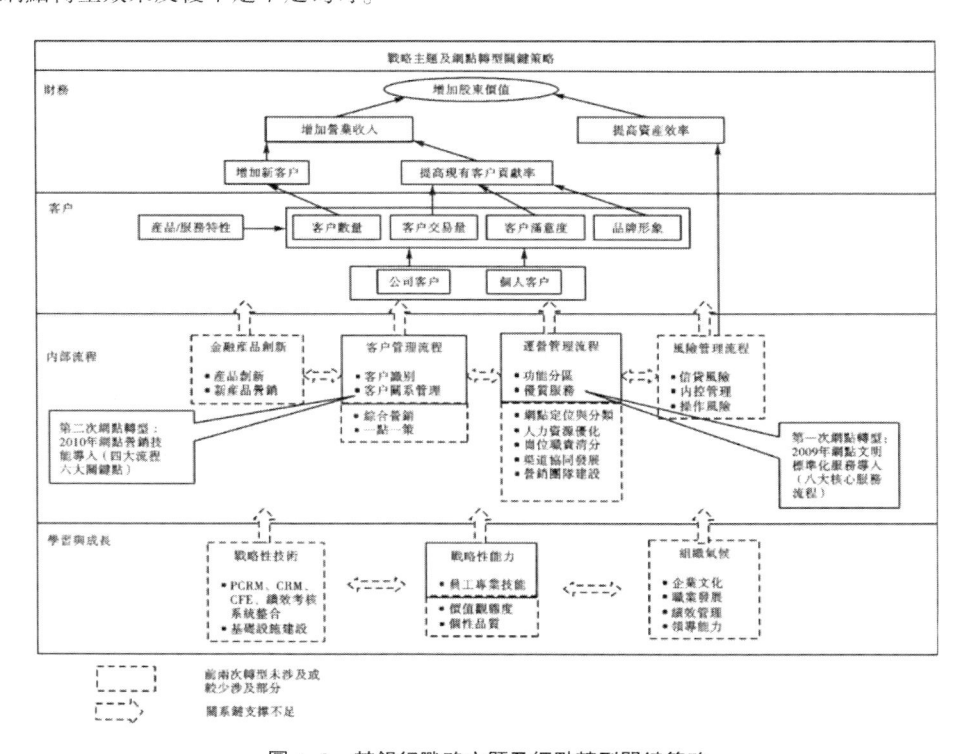

圖 4-9　某銀行戰略主題及網點轉型關鍵策略

儘管網點轉型面臨種種問題,但銀行的改變還是在持續發生。在這種漸進的改變持續發生的同時,金融新時代的競爭格局也在發生劇烈的變化。如果說,加入 WTO 沒

有給商業銀行帶來大的外部衝擊的話，那麼，互聯網金融則會從內部倒逼商業銀行改革。正如馬雲所言，「如果銀行不改變，我們就改變銀行」。金融脫媒、互聯網金融、利率市場化——越來越多的銀行已經聽到這種競爭威脅逼近的腳步聲了。隨著互聯網金融對傳統金融業務的不斷滲透，以支付寶公司的「餘額寶」為代表的互聯網基金短期內吸納了巨量活期資金，對傳統銀行造成了明顯的衝擊，倒逼國內銀行必須因勢圖變，用創新和改變來迎接未來競爭。作為重要的應變之策——網點戰略轉型，必須改變原來那種漸進式、補漏式和碎片式的轉型方式，從整體規劃的角度設計和實施全方位、結構性、系統化的網點轉型。

首先，實施主題全覆蓋。從戰略地圖角度看，網點轉型不僅要覆蓋內部流程層面的金融創新、客戶管理、營運管理和風險管理四大流程主題以及學習與成長層面的戰略性技術、戰略性能力和組織氣候三大戰略主題，而且還要覆蓋基於上述戰略主題的關鍵成功領域和關鍵成功因素，具體包括網點定位、網點文化、功能分區優化、勞動組合優化、渠道配置優化、崗位聯動行銷、公私聯動行銷、客戶關係管理、一點一策、網點日常管理和績效管理等關鍵策略的實施，實現從局部轉型向整體轉型轉變。

其次，明晰因果關係，強化支撐力度。戰略地圖方法論、平衡計分卡四個層面以及基於各層面戰略主題和關鍵成功領域，是一種結果和驅動的因果關係，其相互支撐力度如何，將最終影響企業戰略目標的實現。特別是具有驅動性因素的內部流程層面和學習成長層面，其各戰略流程管理與各職能部門職責是一一對應的關係，網點轉型相關的關鍵策略也由這些部門制定和推動。因此，要加強因果關係鏈支撐力度，形成網點轉型合力，轉型對象不能只局限於基層網點，商業銀行各相關職能部門必須參與到網點轉型中來。

最後，加強資源整合。網點轉型最初發起於零售業務條線，也由零售條線牽頭。隨著網點轉型的深入推進，過去單條線的轉型開始變成多條線轉型。由於各職能條線都推出了出於自身考慮的轉型行動方案，涉及各自的轉型資源預算和使用的問題，因此，有必要打破部門壁壘，對基於網點轉型的各部門資源進行整合，提高網點資源的利用率，以整體推進網點戰略轉型。

【案例分析】

「攪局者」「餘額寶」帶來的啟示

2013年6月13日，「餘額寶」橫空出世。作為一種互聯網金融產品，憑藉其高收益、低門檻、操作簡便、流動性強等特點，短期內吸納了巨量活期資金，對傳統銀行造成了明顯的衝擊。截至2014年3月31日，「餘額寶」規模達到5,413億元。「餘額寶」的出現，是中國互聯網金融真正成為影響傳統金融體系的新興力量的標誌性事件。「餘額寶」為什麼能夠成功「攪局」？它又能給商業銀行帶來怎樣的啟示？

第一，「餘額寶」的成功是平臺戰略的勝利。「餘額寶」本質上是用戶通過「支付寶」這一媒介購買貨幣基金。支付寶的誕生，源於交易資金託管這一創新，彌補了中

國電子商務發展初期誠信缺失的缺陷，也成了淘寶崛起的重要因素。淘寶乃至支付寶這一平臺的發展過程是一個自我強化、不斷排他的過程。商家會因為淘寶客戶眾多而將其作為開店的首選渠道，客戶則因為淘寶上備選產品眾多、價格低廉等優勢而首選淘寶，這樣的反饋渠道會不斷強化，最終得到的結果就是淘寶在電子商務平臺的絕對優勢與領先地位。引申而來的，就是支付寶在網購支付中占據絕對領先優勢。

而在滿足客戶網購的支付需求之後，支付寶繼續推出信用卡還款、水電煤氣繳費等其他多重功能，並推出支付寶聯名帳戶，使得客戶在其他網路支付平臺中，無須重新註冊即可完成支付。支付寶從滿足客戶的網購支付需求開始，通過橫向、縱向的功能擴張，使得客戶在線支付的需求得到了一站式的滿足，這樣就提高了客戶的黏性與遷移成本。也就是說，如果客戶使用其他支付手段，不僅需要重新註冊，還會面臨應用場景較少、使用功能單一的窘境，客戶的遷移成本十分高昂。在這樣的情況下，支付寶實際上已經成了個人普通客戶在線支付領域的絕對王者，它通過平臺戰略，以極低的成本獲取了大量的客戶。

第二，「余額寶」的成功是長尾理論的最佳實踐。「長尾理論」由美國連線雜誌前主編克里斯·安德森提出。傳統商業理論認為企業界80%的業績來自20%的產品。但長尾理論認為，只要產品的存儲和流通的渠道足夠大，需求不旺的產品的市場份額可以和少數熱銷產品的市場份額匹敵甚至更大，即眾多小市場匯聚成可與主流匹敵的市場。互聯網的崛起則打破了「二八」鐵律。

「余額寶」的成功都得益於長尾理論，它以極低的成本獲得了大量普通客戶。這些客戶大多消費額度很小，但數量很多，眾多小企業、貿易公司以及個人用戶給公司提供巨大的收入。傳統基金理財戶均7萬元的投資額，而「余額寶」用戶的人均投資額僅為1,912.67元。雖然每個用戶僅有幾十元或幾百元，但8億用戶的「長尾」讓這筆錢變成了巨款，幾天時間，數以億計的客戶讓天弘基金「野雞變鳳凰」。

第三，「余額寶」的成功還在於用戶體驗、產品形式的創新。相對於銀行渠道繁瑣的開戶手續、高昂的學習成本，身為互聯網企業的阿里與天弘基金合作，重新開發出全新的網上交易系統和註冊登記系統，大大方便了客戶上手使用。而相較於傳統的貨幣基金，「余額寶」採用了創新的每日結轉收益方式，並通過圖形化的表現形式，自媒體曬收益、談攻略等宣傳方式，讓客戶以輕鬆的方式真切地體驗到投資回報。同時，依靠創新結算方式，借助「支付寶」這一平臺實現購物、信用卡還款、水電煤氣繳費等多種功能，進一步提升了客戶體驗。

互聯網的前10年，新浪、搜狐等網站改變了信息流通行業；互聯網的近10年，阿里巴巴和京東改變了零售行業；互聯網未來的10年將會改變金融業。

作為傳統的商業銀行，該如何應對金融脫媒、互聯網金融、利率市場化帶來的巨大挑戰呢？

首先，商業銀行應當以開放的心態，著力挖掘客戶的細分需求，打造多層次的平臺，既在線上與不同商家打通連結，也在線下與不同商圈形成聯繫，還可以與其他銀

行、券商等其他金融機構展開合作，爭取成為交易流的樞紐。「余額寶」的成功是建立在淘寶、支付寶成功的基礎上的，平臺商足夠開放之後，就會形成對對手的競爭性排他。商業銀行在累積大量的客戶基數、交易流量之後，還應當進一步利用大數據方法，精準識別客戶需求，實現量身定制行銷。

其次，商業銀行應當改進客戶開發與維護體系，形成分層服務模式。商業銀行傳統的客戶開發維護體系以為大客戶提供個性化的專家型服務為主要模式，對普通客戶則缺少成體系的服務和維護。「余額寶」的成功，則是利用互聯網渠道，實現了對普通客戶的全功能、普惠式的覆蓋。對於大型商業銀行來說，則要充分利用自己的渠道優勢，即實體網點的廣泛覆蓋，進一步賦予一線員工客戶維護的職能，並利用自身產品服務廣泛的優勢，為不同層級的客戶提供分層次的服務。

最後，商業銀行應當梳理互聯網思維，提升用戶友好度。互聯網思維通常指的是開放、平等、界面友好易學、所見即所得等。商業銀行在電子銀行、IT體系方面投入大量的資源，但所產生的產品特點雖然功能齊全，但頁面繁雜，客戶的學習成本很高。商業銀行應當認真學習互聯網企業貼近客戶需求、順應人性特點方面的獨到之處，改進網路銀行、手機銀行的表現形式。在終端推廣方面，則不只是要讓客戶開通此項功能，而且要讓客戶使用它們直至成為習慣。

四、一行（點）一策：差異化造就競爭力

支行和網點是商業銀行最基本的經營單元，集中體現了銀行經營能力和競爭實力。商業銀行各基層支行和網點所處的周邊市場環境、網點規模、客戶結構和內部人員情況均不相同，需要實施差異化的微觀戰略和戰術——「一行（點）一策」，才能形成有特色的核心競爭能力。

實施「一行（點）一策」，一是有助於明確支行和網點的定位，進而針對目標市場制定個性化和具體化的經營策略和行動方案。二是有助於從關注結果到過程與結果並重。實施「一行（點）一策」，不僅可以指導支行和網點如何完成經營指標或短期任務，更重要的是可以促使支行和網點更加關注其中長期目標以及由此產生的一系列過程指標和行動路徑。由於注重過程管理，從而使銀行經營結果更加可控。例如，「潛力客戶轉推介」指標，對於目標市場定位於中小企業的網點而言，可以具體設置為帶有經營策略性質的「中小企業客戶轉推介」指標。三是有助於建立完善的輔導與管控機制。從某種程度上講，「一行（點）一策」提高了支行和網點的戰略經營決策自主權，因而，上級行有必要建立相關的如定期經營分析會或檢視會的輔導和管控機制，以推進「一行（點）一策」工作的落實。四是有助於提升基層行特別是網點的經營管理水平。例如，網點實行「一點一策」，能夠促使網點負責人和客戶經理帶著經營的思維去管理網點或客戶，思考如何制定過程指標以體現戰略經營思路，以及如何制定戰略性的經營策略以促進網點的長效發展。因而，從某種意義上講，差異化的「一行

(點)一策」體現了銀行的微觀戰略管理，是銀行戰略轉型的進一步深化和發展，既是對支行和網點經營管理的精細化，也是對客戶價值的進一步深耕。

(一)「一行（點）一策」通用結構模式（見圖4-10）

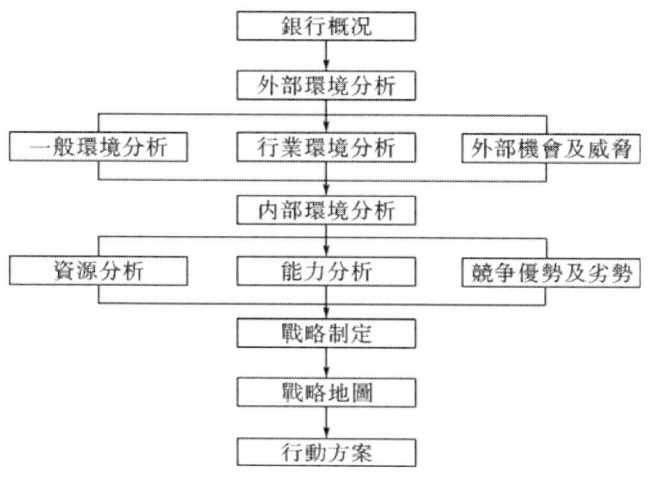

圖4-10 「一行（點）一策」通用結構模式

(二) 分析工具

1. SWOT分析模型

SWOT分析模型是戰略管理最重要也最常用的分析模型，SWOT實際上是四個英文單詞的首個字母，這四個英文單詞翻譯成中文分別為「優勢」「劣勢」「機會」「威脅」。SWOT分析工具幾乎已經眾所周知，應用也極為廣泛，SWOT分析實際上是將企業內外部條件各方面內容進行綜合和概括，進而分析組織的優劣勢、面對的機會和威脅的一種方法。其主要有四種戰略模型：優勢—機會（SO）組合、劣勢—機會（WO）組合、優勢—威脅（ST）組合和劣勢—威脅（WT）組合。

優勢—機會（SO）戰略是一種理想的戰略模式。因為企業既有內部優勢又有可利用的外部機會，當企業具有特定方面的優勢，而外部環境又為發揮這種優勢提供有利機會時，可以採取該戰略。

劣勢—機會（WO）戰略是利用外部機會來彌補內部自身劣勢，使得企業的優勢凸顯出來，而劣勢得以消逝的戰略。當企業存在外部機會，却又存在著內部劣勢妨礙對機會的利用時，則可使用此戰略，即用外部的機會來克服自身的劣勢。

優勢—威脅（ST）戰略是指企業利用自身優勢，迴避或減輕外部威脅所造成的影響。如競爭對手通過增設網點搶占市場，給本行造成很大的存款分流壓力。如果本行有較好的客戶資源基礎，便可以利用這些優勢進一步挖掘高端客戶價值，守住高價值客戶這塊優勢陣地。另外，通過開發新的產品和提升服務水平，例如創新電子銀行服

務功能，增強客戶線上體驗，可以有效迴避外部威脅的影響。

劣勢—威脅（WT）戰略是一種防禦性戰略。這種狀態即為企業既存在內憂外患，又時刻面臨著生存危機。在這種情況下，企業要想改變其經營困境，必須通過目標聚集戰略或差異化戰略，以迴避威脅、克服劣勢。

2. 勞動組合優化模型

人力資源是第一生產力。隨著銀行信息技術運用和業務處理自動化水平的不斷提高，如何將大量的櫃臺人員解放出來，充實前臺行銷，或者對區域內各網點櫃臺人員進行合理有效的配置，是基層銀行優化人力資源管理，提高生產力水平時首先要解決的一個問題。銀行網點的人力資源優化配置首先從櫃臺和櫃員的合理配置開始，然後再根據網點客戶資源的情況，按照一定的管戶要求和標準合理配備行銷人員。對於基層支行來講，運用一個科學的模型按照一定的標準測算出每一個網點的櫃臺和櫃員的最優配置標準，不僅可以實現全行人力資源的優化——向客戶資源優勢網點和業務傾斜，而且可以釋放出更多的生產力來充實行銷隊伍——這正是網點轉型的重要內容之一。櫃員配置測算模型為：

高櫃櫃員配置＝［（現金業務量–可分流未分流現金業務量）+（非現金業務量–可分流未分流非現金業務量）］/標準業務量

低櫃櫃員配置＝（非現金業務量–可分流未分流非現金業務量）/標準業務量

其中：

現金業務量包括按不同面額匯總收付現金折算總量+現金業務量折算總數。

可分流未分流現金業務量按自助設備限額內的卡存取款業務量折算。

可分流未分流非現金業務量包括智能櫃臺、ATM、自助終端、自助發卡機以及其他機具可分流的業務。

3. 信息收集工具

（1）外部信息收集工具

■目標市場（見表4–1）

表4–1　　　　　　　　　　　主要目標市場情況

目的：找到目標市場、清晰市場需求，清晰網點經營定位及側重方向，找到切入點或突破口。					
周邊社區	社區/樓盤名稱	A	B	……	分析
	社區類型				
	均價				
	戶數				
	主要業主類型				
	與網點距離				
	理財產品滲透率（與同業對比）				
	主要金融需求				

表4-1(續)

專業市場	市場/商圈名稱				
	從業人員				
	規模或排名情況				
	主要貿易商品				
	近三年日均客流量				
	近三年銷售額				
	POS機具滲透率				
	經營類個貸滲透率				
	金融需求				
	與網點距離				
	市場規劃				
……	……				
	診斷結論				

■同業分析（見表4-2和表4-3）

表4-2　　　　　　　　　同業經營情況表

目的：瞭解經營對手，清晰競爭動態					
項目		本行	A銀行	……	分析
存款	市場份額				
	各項存款總額				
	其中：對公				
	個人				
貸款	市場份額				
	各項貸款餘額				
	其中：對公貸款				
	個人住房貸款				
	個人非住房貸款				
……	……				
診斷結論					

表 4-3　　　　　　　　　　　同業分區情況表

目的：瞭解經營對手，清晰競爭動態					
項目		本行	A 銀行	……	分析
櫃臺設置	網點分區				
	其中：普客區				
	個人貴賓區				
	公司貴賓區				
	電子銀行體驗區				
	智能櫃臺				
	櫃臺總數				
	其中：貴賓區高櫃				
	貴賓區低櫃				
	普客區高櫃				
	普客區低櫃				
	特色專櫃（快速通道）				
……	……				
	診斷結論				

■網點區位（見表 4-4）

表 4-4　　　　　　　　　　　網點區位情況

目的：對比同一區域同業位置，考慮是否搬遷（近期或遠期）				
項目		本行	A 銀行	……	分析
地理位置	網點名稱				
	網點地址				
	區位優勢				
	網點周邊人流量				
	離行式自助機具分佈				
	臺日均交易情況				
……	……				
	診斷結論				

■經營狀況（見表 4-5）

表 4-5　　　　　　　　本行（網點）近三年經營情況表

目的：瞭解網點業務經營情況，分析網點增長是否乏力。		
業務指標		……	分析
各項存款餘額			
其中：	對公存款餘額		
	個人存款餘額		

表4-5(續)

各項貸款餘額		
其中： 公司貸款餘額		
個人貸款餘額		
……		
診斷結論		

外部信息收集是「一行（點）一策」分析的關鍵，也是一個銀行戰略思考的過程，相關部門均需參與。要善於利用網路信息、工商信息、稅務信息、客戶渠道、仲介機構、現場收集和同業交換等方式，變不可能為可能。信息診斷要盡可能客觀，每一項信息都對應一個分析和判斷，有的信息用於宏觀環境判斷，有的用於制定具體措施。

（2）內部信息收集工具

■客戶到訪（見表4-6）

表4-6　　　　　　　　　　　網點客戶到訪情況表

目的：瞭解網點客流高峰期及客戶層次						
服務區域	客戶類別	業務類型	取號時間	叫號時間	等待時間	
診斷結論						

■客戶問卷（見表4-7）

表4-7　　　　　　　　　　　客戶調查問卷分析表

櫃臺偏好	有效問卷	開放式櫃臺		封閉式櫃臺		自助設備		無所謂	
		數量	占比	數量	占比	數量	占比	數量	占比
同業對比	份	專業能力		服務效率		產品吸引力		物理環境	
		數量	占比	數量	占比	數量	占比	數量	占比

■業務量（見表4-8）

表4-8　　　　　　　　　　　網點業務量匯總情況表

目的：瞭解網點日均業務量情況及業務構成種類、可分流未分流情況						
服務區域	櫃臺種類	日均業務總量	現金業務筆數	其中：可分流未分流業務筆數	非現金業務	其中：可分流未分流業務筆數
普客區	高櫃1					
	……					
……	……					
合計						

■廳堂自助（見表 4-9）

表 4-9　　　　　　　　　　廳堂自助渠道情況

目的：統計分流渠道和業務（√）				
業務分類	業務種類	業務名稱	智能櫃臺	自助服務終端
個人業務	帳戶查詢	餘額/明細/客戶信息		
		理財產品/基金產品		
	帳戶服務	口頭掛失		
		書面掛失		
		銀行卡改密		
	……	……		

(三) 一行（點）一策分析法

「一行（點）一策」分析法是運用一定的方法和工具，對商業銀行內部和外部經營環境進行深入分析，明晰自身競爭優勢和劣勢，從而制定相應的經營策略和行動方案，以提升競爭能力的一種分析方法。以 CSX 支行為例。

1. 經營概況

截至 2014 年年底，CSX 支行各項存款 109.4 億元，其中個人存款 52 億元，公司存款 57.4 億元。各項貸款 79.6 億元，其中公司貸款 64.8 億元，個人貸款 13.8 億元。實現中間業務收入 1.15 億元，實現撥備前利潤 2.6 億元。CSX 支行網點 15 個，主要分佈在城區和城郊結合區域。目前在崗人數 250 人，其中客戶經理 43 人。

2. 外部環境分析

CSX 支行所面臨的環境主要包括一般環境、金融業行業環境以及同業競爭環境。

(1) 一般環境分析

根據 PEST 分析法，具體細分為政治法律環境、經濟環境、社會文化環境和技術環境四個方面。

■政治法律環境

中國於 1995 年先後出台了《中國人民銀行法》、《中華人民共和國商業銀行法》、《保險法》和《票據法》四大金融法律。目前中國金融法從內容上可分為銀行法、信貸法、貨幣法、證券法、票據法、融資租賃法、信託法、保險法、期貨交易法、涉外金融法。2004 年銀監會頒布了《商業銀行資產充足率管理辦法》，2007 年銀監會頒布了《中國銀行業實施新資本協議指導意見》，中國銀行業從 2010 年年底開始實施新資本協議，要求商業銀行資本充足率大於 8%、核心資本充足率大於 4%。此外，在流動性比率、存貸比率、存款人集中度、拆借資金比率、撥備覆蓋率等其他方面，必須達到銀監會有關監管要求。

當前，保持經濟平穩較快發展仍是經濟工作的首要任務，中央繼續實施積極的財

政政策和適度寬鬆的貨幣政策。但是2011年上半年寬鬆的貨幣政策帶來的大量信貸投放給風險管理帶來了嚴峻考驗。

總之，CSX支行存在著有利政策支持的發展機會，同時也存在著風險管理難度加大的潛在威脅。

■經濟環境

一方面，良好的經濟環境為CSX支行的發展創造了機會。至2014年年底，中國國內生產總值636,463億元，比上年增長7.4%。至2014年年末，CSX市生產總值1,058.4億元，比上年增加10.1%，其中服務業增加值占45.2%。財政收入149.8億元，工業總產值2,852.1億元。以經濟總量衡量，CSX市約占整個CS地區的三成以上，在CS地區獨占鰲頭。另一方面，經濟和金融的全球化為CSX支行的發展帶來了機遇與挑戰。面臨的主要機遇有：外資的引入，發達國家金融運作的先進經驗。面臨的主要挑戰有：利率市場化加快給國內金融業帶來了巨大衝擊和生存壓力，給金融監管和調控帶來了嚴重挑戰。

■社會文化環境

儘管近幾年來中國資本市場直接融資制度不斷完善，但受中國特有的社會文化環境影響，通過銀行進行間接融資的融資方式在未來一段時間內仍將占據主要地位；由於傳統計劃經濟體制下的思維慣性影響，存款仍是居民特別是農村居民主要的理財方式；目前中國社會信用體系不健全，誠信意識較差，也阻礙了直接融資的發展，客觀上為銀行持續獲得低成本資金和穩定的資金來源提供了保證。截至2014年年底，CSX城鎮居民人均可支配收入38,881.3元，同比增長4,004元，增長15.7%；農民人均純收入19,602元，同比增加1,980元，增長15.3%，收入結構逐漸優化；年末城鄉居民儲蓄存款餘額460.5億元，增長11%。

■技術環境

互聯網技術給銀行帶來了巨大挑戰。一是對支付業務、金融理財和信貸業務帶來衝擊；二是互聯網金融的去仲介化，隔絕了銀行與客戶的聯繫，對銀行的客戶基礎帶來很大衝擊；三是互聯網金融提供廣泛的在線服務，成本較低，並擁有更好的客戶體驗，對銀行傳統渠道優勢帶來巨大衝擊。同時互聯網技術也為銀行帶來了機遇：互聯網技術可以為改善客戶服務提供新的解決方案，為信用風險管理提供新的工具，同時大數據的運用也為銀行降低成本提供了可能。

（2）行業環境分析

按照邁克爾·波特的觀點，一個行業的競爭中，存在著五種基本的競爭力量，即潛在進入者的威脅、現有競爭者之間的競爭、替代品的威脅、買方討價還價的能力以及供方討價還價的能力。

■現有競爭者之間的競爭

盈利能力方面。2014年CSX支行營業淨收入和撥備前利潤取得了較快增長，增速

分別達到了 18.1% 和 22.3%，但與當地同業相比，收入和利潤總量均排名靠後。其中，工行營業淨收入總量接近 CSX 支行的兩倍，農合行、建行和中行營業收入和撥備前利潤均略高於 CSX 支行。資產回報率（2.29%）與同業比，僅略高於中行，與工行差距明顯。成本收入比（22.1%）僅稍好於農合行，位居第四，是工行的近 3 倍，與建行（16.2%）相比有較大差距。

存款業務方面。截至 2014 年年底，CSX 支行各項存款 109.4 億元，較上年增長 23.2%，高於 CSX 市存款平均增速，市場份額也稍增 0.18 個百分點。但與同業比，CSX 支行市場份額偏低，存款結構有待優化。CSX 支行存款市場份額（13.55%）略高於工行（11.2%），排名第四，與中行（21.94%）和農合行（19.14%）有較大差距。CSX 支行個人存款占比 48%，高於工行（39.2%）和建行（37.1%），位居同業第三。資金成本處於劣勢，CSX 支行定期存款占比高達 61%，分別高於工行（42.2%）、中行（53.5%）、建行（56.2%），但低於農合行（75.2%）。

貸款業務方面。2014 年，CSX 支行貸款同比新增 20.5 億元，位列同業首位，市場份額有較大提升，但與同業比，CSX 支行貸款規模偏小，小企業授信占比偏低。貸款市場份額上，CSX 支行為 13.01%，與農合行（19.98%）和工行（18.4%）差距較大。貸款結構上，個人貸款市場份額位居同業第三，公司貸款市場份額僅為 10.3%，公司貸款占貸款總額的 81.4%，均處於同業末位水平，直接影響了支行的資產收益率。

客戶結構方面。CSX 支行中小企業貸款額在全部貸款中的占比持續上升，但整體水平依然偏低。2014 年，CSX 支行中小企業授信餘額 51.8 億元，與工行和農行授信20 多總量相差 億元，占全部貸款比重為 29.92%，與工行和農合行相差 10 多個百分點，直接影響了支行的利差收入水平。

中間業務方面。2014 年，CSX 支行中間業務淨收入實現了較快增長，對二級分行的貢獻度有所上升，但同業市場份額卻下滑，市場份額從上年的同業第二滑落至四大行末位。對公中間業務收入實現了 20% 的快速增長，在全部中間業務收入中占比 66%，但與工行和建行相比，對公中間業務收入明顯偏低。個人中間業務收入與工行和建行相比，優勢明顯。

■潛在競爭者的威脅

就中國銀行業而言，政府是進入壁壘的主要製造者，銀行的設立需要滿足最低的資本金要求和特批經營許可證。目前，國有五大銀行在 CSX 都有分支機構，招商銀行、浦發銀行、郵政儲蓄銀行、農合行、城市合作銀行等均設有分支機構。

■替代品的威脅

隨著資產市場的發展，客戶的融資和投資渠道越來越多樣化。證券、不動產、保險、基金、信託等個人資本投資方式，均使銀行業受到日益嚴重的威脅。隨著資本市場「滬港通」「深港通」的相繼開通，國內居民境外投資渠道進一步拓寬。2014 年，共有 103 家擬上市公司境內首發融資 588.5 億元，上市公司境內再融資額超過同期

IPO 10 倍左右。債券市場共發行各類債券 12.28 萬億元，同比增長 41.07%。2014 年原保險保費收入 20,234.8 億元，同比增長 17.49%。信託規模 14 萬億元，同比增長 28.14%。另外、黃金、古董等也逐步受到投資者的青睞。2014 年，國內民間融資規模超過 5 萬億元，民間融資風險開始進入暴露期。

■買方討價還價能力

2013 年起中央銀行全面放開貸款利率管制。競爭性的大客戶在需要資金時是購買者，在提供資金的時候是賣方。為了留住大客戶，銀行貸款議價的能力會有所減弱，態度不再那麼強硬。對於中間業務和理財產品，隨著金融監管和金融創新的發展，以及網上銀行、互聯網金融的發展，買方的討價還價能力會越來越強，客戶隨時可能會轉向服務更好的銀行。像 CSX 支行這類以中小企業、市場客戶和社區居民為主要客戶的銀行會面臨客戶流失的風險。

■供應方討價還價的能力

銀行的供應商可以理解為監管當局（包括政府、央行、銀監局）和存款者。一方面，監管當局加大了對銀行業的監管力度，相繼出抬了一系列監管政策（如對資產充足率的嚴格規定），加大了對銀行發展的約束力度。另一方面，2014 年 11 月，國家提出「加快利率市場化改革」的要求，11 月 21 日，央行決定存款利率浮動區間上限由基準利率的 1.1 倍擴大至 1.2 倍。隨著時間的推移，浮動區間仍有進一步擴大的可能，存款者的討價還價能力進一步增強。

（3）面臨的機會與威脅

■面臨的機會

各種外部環境給 CSX 支行的發展帶來了較多機遇，主要表現有：

一是政治穩定，有 CSX 政府支持。

二是國家產業調整和升級使得銀行有了獲得更多的優質客戶的機會。

三是業務發展空間大。國內金融發展得到進一步改善，人民幣債券市場日益活躍，為銀行業務提供了多層次的發展機遇。風險管理能力的提升帶來了更多機會。

四是經濟和金融全球化，為銀行業提供了更多的學習機會和機遇。

五是銀行進入新一輪金融創新期，有利於開闢新的利潤增長點。

六是居民消費觀念開始轉變，分期、按揭等金融行為日益活躍，資產配置從單一的儲蓄向理財、保險、投資等多資產並重。

七是信息技術的發展加快了金融電子化的進程。

■面臨的威脅

各種外部環境給 CSX 支行的發展帶來了嚴重挑戰，主要表現有：

一是中國經濟從高速發展進入中高速發展，銀行發展的壓力進一步加大。

二是盈利能力的挑戰。與同業相比，CSX 支行的收入和利潤排名靠後，客戶基礎和管理基礎相對薄弱。

三是金融法律的修正使得銀行業競爭更加激烈。

四是其他商業銀行及非銀行金融機構帶來的競爭壓力加大。

五是互聯網技術在銀行的運用使得銀行業競爭更加激烈。

3. 內部環境分析

企業的內部環境分析包括企業資源分析和企業能力分析。

（1）資源分析

■主要業務

2014年，CSX支行各項業務發展都取得了穩步增長，總體增長水平超出二級分行的平均增速。其中，各項存款較上年增長23.2%，高出分行平均增長水平8.5個百分點，對分行的貢獻度也由上年的22.7%提升至24.4%。公司存款迅猛增長41%，顯著高於個人存款6.9%的增速。貸款較上年增長31.2%，明顯超出分行6.3%的增長水平，對分行的貢獻度由上年的17.9%提升至22.7%，這主要得益於公司貸款的快速增長。此外，支行當年國際結算、信用卡、網銀等戰略性業務也得到了有效拓展。

■財務狀況

2014年支行營業淨收入、撥備前利潤、總資產回報率和經濟資本回報率等財務指標均較上年有大幅提升。其中，撥備前利潤對分行貢獻度同比增加3.8個百分點；中間業務淨收入對分行貢獻度同比增加2.6個百分點；成本收入比（22.1%）顯著下降，低於二級分行（29.8%）水平。總資產回報率為1.66%，略高於分行1.17%的平均水平。

■資產質量

截至2014年年底，CSX支行不良貸款餘額為1.23億元，較上年減少1,968萬元，資產質量有所改善。不良率同比下降0.36個百分點，但仍高於全行0.58個百分點。

■人力資源

CSX支行在崗人數250人，公司客戶經理25人，占比10%，網均配置1.6人，與同業中行（4人）、工行（2人）比，配置明顯不足。個人客戶經理（18人）與同業相比，人員配置也處於劣勢。因此，需要通過優化勞動組合，實行內部挖潛，充實行銷人員。

（2）能力分析

■業務發展能力

與二級分行轄屬各支行比較。CSX市在CS地區各縣市中擁有無出其右的經濟地位，使CSX支行的經濟效益在分行所屬支行中處於比較領先的地位。2014年該行淨利息收入、中間業務收入、營業淨收入、撥備前利潤和經濟增加值對分行的貢獻度明顯高於其他支行。但同時該行不良貸款率高於全行平均水平，總資產回報率在全行排名第三。CSX支行風險管控能力和資產獲利能力尚需提升。

與全省系統內重點支行比較。在考核排名方面，2014年CSX支行在省轄44家重

點支行考核中得分104.7分,低於全省平均得分107.8分,總排名位居第20位。主要是該行負債業務和戰略產品發展、銷售能力不強,加之受資產質量和內控管理水平的拖累,影響了CSX支行的競爭能力。在負債業務方面,CSX支行本外幣日均存款省內系統貢獻度排名靠後,並且同比略有下降,主要原因是本外幣存款占當地市場份額較低。此外,該行定期存款占全部存款的比例較高,在一定程度上制約了支行的盈利能力。在客戶拓展和產品銷售方面,CSX支行當年加權有效公司客戶增長率為37.2%,略高於全省35.1%的平均水平,公司業務拓展和戰略產品銷售表現一般。加權有效貴賓客戶增長率為8.5%,信用卡增長率為21.3%,遠低於全省20.8%和32.3%的平均增長水平,個人貴賓客戶拓展和戰略產品銷售能力明顯落後。

■產品創新能力

CSX支行市場客戶主體多是新興成長的中小企業,是國家政策和當地地方政府給予積極扶持的客戶群,也是CSX支行未來業務拓展的重點。中小企業資金需求具有「短、平、快」的特點,但常常缺少抵押或抵押不足。由於授權管理和擔保條件要求相對嚴格,在一定程度上制約了CSX支行資產業務的發展。因此,該行要積極參考同業經驗,通過開辦設備、訂單、存單質押,以及小企業聯戶擔保、行業協會擔保等方式,不斷創新和改進小企業金融產品。

■支行班子管理能力

CSX支行領導班子整體素質較高,有較強的團隊精神,班子成員分工明確;工作思路清晰,戰略發展方向明確;改革創新意識比較強,能夠正確面對經濟金融形勢,大膽探索,推出了一系列管理措施,較好地推動了支行各項業務的發展。

(3) 發展優勢與劣勢

■競爭優勢

一是形成了多個具有相對競爭優勢的品牌,如汽車分期付款、個人住房按揭、現金管理系統等;二是市場定位明確;三是中小企業和個人客戶資源豐富;四是支行內部管理規範,在當地具有良好的社會信譽。

■競爭劣勢

一是客戶基礎薄弱;二是人才數量和質量比較欠缺;三是產品有待創新;四是發展質量不高,主要表現在經營效率不高、經營結構不合理、市場拓展力度欠缺等方面;五是風險控制有待加強。

4. 戰略制定

根據上述分析,得出CSX支行的SWOT矩陣分析表,如表4-10所示。

表 4-10　　　　　　　　　　　　CSX 支行 SWOT 矩陣

競爭優劣勢＼戰略＼外部機會與威脅	優勢—S （1）形成了多個具有相對競爭優勢的品牌，如汽車分期付款、個人住房按揭、現金管理系統等； （2）市場定位明確； （3）中小企業和個人客戶資源豐富； （4）支行內部管理規範，在當地具有良好的社會信譽。	劣勢—W （1）客戶基礎薄弱； （2）人才數量和質量比較欠缺； （3）產品有待創新； （4）發展質量不高，主要表現在經營效率不高、經營結構不合理、市場拓展力度欠缺等方面； （5）風險控制有待加強。
機會—O （1）政治穩定； （2）國家產業調整和升級； （3）業務發展空間大； （4）經濟和金融全球化； （5）銀行進入新一輪金融創新期； （6）居民消費轉型； （7）信息技術的發展。	SO 戰略——增長型戰略 （1）抓機遇，加強與 CSX 政府合作； （2）立足於地方經濟，擴大自身對金融資源的支配範圍； （3）鞏固原有市場，在保持優質客戶的基礎上，積極擴戶提質。	WO 戰略——扭轉型戰略 （1）加強人力資源管理； （2）調整經營結構，提高經營效率； （3）立足地方經濟，理清發展思路； （4）明確市場定位，明確中小企業和個人高端客戶為市場拓展重點。
威脅—T （1）中國經濟從高速發展進入中高速發展； （2）盈利能力提升的挑戰； （3）金融法律的修訂使得銀行業競爭更加激烈； （4）其他商業銀行及非銀行金融機構的競爭； （5）互聯網技術在銀行業的運用使得銀行業競爭更加激烈。	ST 戰略——進攻型戰略 （1）提供差異化服務，增加本行金融產品層次，滿足不同的客戶需求； （2）加強內部控制，增強盈利能力。	WT 戰略——防禦型戰略 （1）削減開支，降低成本； （2）調整管理人員； （3）取消非盈利性產品等。

基於上述 SWOT 分析，CSX 支行可選擇實施的發展戰略有：
（1）SO 戰略——增長型戰略：通過利用自身競爭優勢來把握外部機會的戰略。
（2）WO 戰略——扭轉型戰略：借助外部機會來彌補內部劣勢。
（3）ST 戰略——進攻型戰略：利用自身優勢減少外部威脅的衝擊。
（4）WT 戰略——防禦型戰略：努力彌補劣勢並規避外部威脅。

目前，CSX 支行正處於快速成長階段，資產規模、負債總量、利潤總額等大幅增長。國內政治穩定、國內產業結構調整和升級以及居民消費轉型等因素，都為 CSX 支行發展提供了難得的機會。但和當地同業及系統內支行相比，SCX 支行由於受到資產規模小、資產質量不高、員工素質不高等影響，在競爭中處於相對劣勢，面臨著巨大的生存危機和競爭壓力。總體而言，CSX 支行面臨的外部環境是機會大於威脅，內部劣勢大於優勢，這要求 CSX 支行必須實行 WO 戰略——借助外部機會來彌補內部劣勢。

在對 CSX 支行的內外部環境進行分析的基礎上，根據總行、省分行的戰略規劃，結合當地經濟金融環境，CSX 支行未來 5 年發展戰略應該是：

(1) 願景

成為區域內最好的銀行

(2) 戰略目標

根據總行、省分行發展目標，參考 CSX 市 GDP 增速目標、區域內排名靠前的國有銀行市場份額增速、轄內重點先進支行增速，CSX 支行未來 5 年具體發展目標為：存款 265 億元，貸款 200 億元，中間業務收入 3 億元，利潤 4.2 億元。

(3) 業務戰略

■客戶戰略

公司業務主要目標客戶：對公純存款客戶（包括各區縣政府財政、社保等部門機構客戶）；重點招商引資項目、上市公司、擬上市公司和省內百強企業；重點園區、重點市場中小微企業信貸客戶；低風險信貸客戶。

零售業務主要目標客戶：公務員、企業高管、私營業主、市場商戶、拆遷戶等個人高端客戶。同時深度挖潛存量客戶，實現客戶價值提升。

■產品戰略

對公業務重點產品：具有對存款的引領、輻射作用的現金管理產品、企業網銀產品；具有鎖定低成本資金的推廣交易結算類產品；具有擴展中間業務收入來源的對公理財、債券承銷等產品；具有鞏固國際業務優勢的國際結算、內保外貸、國內信用證等產品；搶占發展制高點的小微企業貸款產品。

零售業務重點產品：個人經營性貸款、住房按揭、三方存管、對私理財等；民生代理項目、代發工資項目；信用卡、手機銀行、網上銀行等戰略性產品。

■區域戰略

將自身發展融入地方經濟發展當中，努力實現雙方共贏。搭建良好的銀政關係，爭取地方政府的大力支持；把握本地中小企業的金融需求，深耕本地經濟；立足區域擴大市場影響力，打造緊密型的區域經濟金融平臺。

■渠道戰略

明確網點定位。根據業務規模（旗艦型網點、全功能型網點、輕型網點和自助網點）和客戶結構（市場型、商務型、園區型、專屬服務型、社區型、鄉鎮型、商業綜合型等）兩個維度，尋找最佳結合點，同時結合新形勢下網點智能化、社區化和體驗化的發展方向，科學界定網點定位；實行「一點一策」，實施差異化經營、管理和考核。

優化網點服務分區，提升服務水平。

優化線上業務功能，完善自助設備佈局，升級客戶體驗。

（4）職能戰略

■創新戰略

公司業務要契合政府體制改革、利率市場化進程，創新和運用資產管理、供應鏈融資、高端投行、跨行服務以及新型結算工具等產品。契合針對園區和市場優質客戶需求，創新小微企業貸款。

零售業務要重點加強 IC 卡行業應用、互聯網金融、個人貸款等領域的產品創新，大力發展高端客戶群體私人定制產品。

按照「優化分區、分崗服務、一點一策、重在行銷」的實施路徑，推進網點綜合轉型，增強網點創效能力和競爭能力。

■行銷戰略

實施整體行銷。將一個市場、一個園區、一個區域產業集群、一條產業鏈整體行銷。

實施批發行銷。從省市工商局、發改委等源頭上掌握中小企業融資項目，從中篩選優質客戶，實施批量行銷。

實施聯動行銷。通過上下聯動、公私聯動，進行共同行銷、共同維護。

實施綜合行銷。針對網點所在區域客戶群體特點，實行公司業務、零售業務、國際業務、信用卡、電子銀行、結算、代發業務等的綜合行銷。

實施差異化行銷。實行「一點一策」「一戶一策」差異化行銷。

實施大堂行銷。形成「全員識別推薦、崗位協同行銷」的機制，建立崗位間規範化的協作行銷流程，提升網點行銷的專業化水平及行銷效果。

實施精準行銷。利用客戶關係管理系統，重點針對個人貴賓客戶、企業法人客戶的產品持有情況進行數據分析，梳理應持有未持有的客戶名單，有重點、有目標、有針對性地開展產品交叉銷售。

實施項目行銷。通過房地產項目、徵地拆遷項目、IC 行業應用項目、資產業務項目等批量行銷個人優質客戶。

實施新媒體行銷。利用網上銀行、手機銀行、微信銀行實行線上線下協同行銷。

■人力資源戰略

優化崗位設置，制定各類崗位職責及人員配置標準。

優化勞動組合，根據網點業務規模，合理配置人員，壓縮櫃臺人員，充實行銷隊伍。

打造行銷團隊，加強對公客戶經理和零售客戶經理隊伍建設。

重視領導能力建設，加強支行和網點領導班子建設，提升領導班子執行能力。

完善績效考核制度，建立科學的考核和薪酬分配機制，激發員工活力。

暢通職業發展渠道，根據員工崗位任職資格、工作能力和績效考核結果，實行崗位晉級晉升。

強化員工培訓，提升員工素質和技能。

■企業文化戰略

積極塑造網點文化，基於上級行的文化內涵，結合網點業務、客戶結構和員工特性，塑造獨特的網點文化。同時通過宣講、手冊、專項活動等多種形式，深植網點文化，使銀行價值觀「內化於心、外化於行」。

■風險管理

強化風險管控導向，加強貸後管理，組建專業化風險化解團隊，提高風險控制和不良資產化解能力。加強內控、案防體系建設，提升內控案防水平。加強監管力度，嚴防營運操作風險。

5. 戰略地圖制定及實施

（1）戰略地圖

根據 CSX 支行戰略規劃，構建戰略地圖，如圖 4-11 所示。

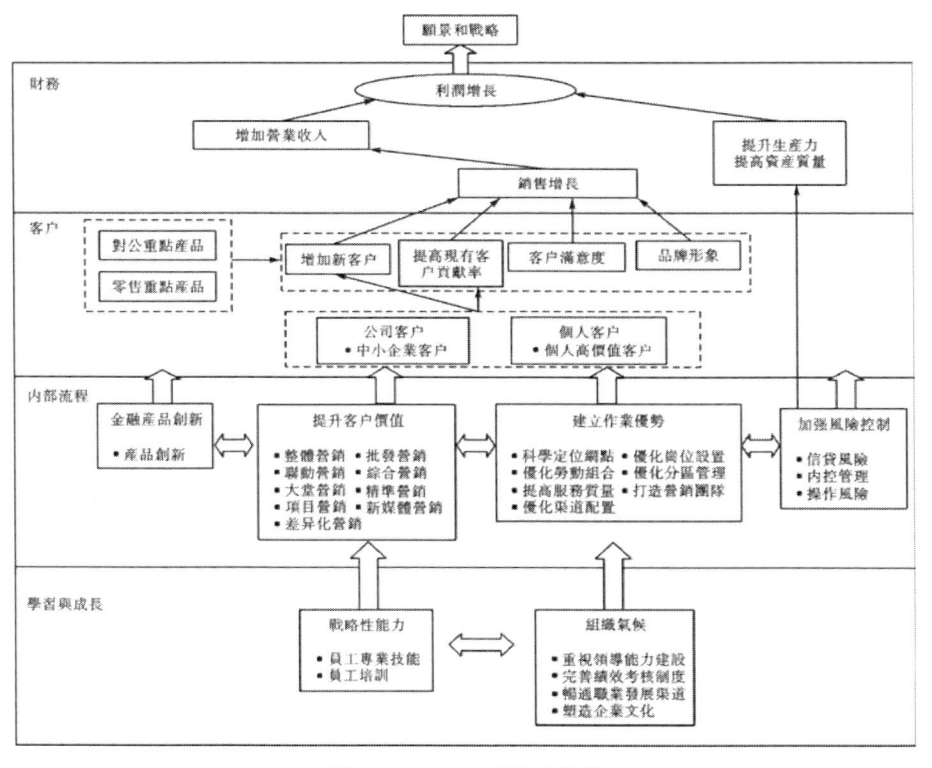

圖 4-11　CSX 支行戰略地圖

財務維度戰略主題：收入增長、銷售額增長、資產質量提升。

客戶維度戰略主題：對公重點產品、零售重點產品、對公客戶增長、中小企業客戶增長、個人高價值客戶增長、客戶滿意度提升、品牌形象提升。

內部流程維度戰略主題：產品創新、提升客戶價值（整體行銷、批發行銷、聯動行銷、綜合行銷、差異化行銷、大堂行銷、精準行銷、項目行銷、新媒體行銷）、建立

作業優勢（科學定位網點、優化功能分區、提升服務質量、優化崗位設置、優化勞動組合、打造行銷團隊、優化渠道配置）、加強風險控制（加強信貸風險管理、強化內控管理、加強操作風險管理）。

學習與成長維度戰略主題：提升員工能力（加強員工專業技能、加強員工培訓）、營造組織氣候（重視領導能力建設、完善績效考核制度、暢通職業發展渠道、塑造企業文化）。

（2）行動方案（略）

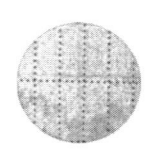

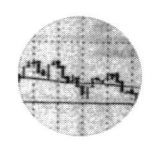

第五章　　銀行績效計劃

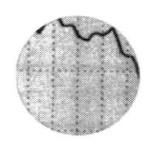

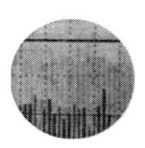

戰略目標制定出來以後，企業必須要自上而下地制定企業各層級的績效目標，並根據績效目標制訂相應的計劃，才能保證戰略主題有效落地。績效計劃的制訂通常包括績效指標設計、指標權重設計、目標值設定、行動方案制訂等幾個環節。

一、關鍵績效指標

(一) 關鍵績效指標設計原則

1. 戰略導向原則

商業銀行每個評價指標的選取必須要與銀行戰略緊密聯繫起來。在績效指標設計過程中，可以通過戰略地圖分析工具，將戰略目標分解為財務、客戶、內部流程、學習與成長四個維度的各層次戰略主題和關鍵成功策略，進而提煉關鍵績效指標，從而保證銀行戰略的貫徹和落地。

2. 科學性原則

商業銀行評價指標須依據科學的理論依據和方法進行設計，所選取的指標能夠科學地反應銀行的實際經營狀況，並且應具有較好的可靠性和代表性。

3. 實用性原則

評價指標必須精煉，所選取的指標不僅能評價戰略實施結果，而且指標數量不宜過於繁多，從而節約銀行的實施成本。

4. 可操作性原則

評價指標數據應該容易獲取、計算方法簡便。也就是說，一方面，商業銀行評價指標數據易於採集，有可靠的信息來源渠道，以免耗費大量財力和人力；另一方面，計算方法簡便實用，對於定量指標可以直接量化得到結果，對於定性指標需明確它們進行評價的方法，確保數據的準確性和可靠性。

5. 動態性原則

商業銀行績效評價指標的設計需要與時俱進，增強實用性。應該根據銀行的實際情況，針對包括戰略目標、客戶結構、同業競爭、內部管理等銀行內外部經營環境，調整相應的指標體系，而不是一成不變或者「一刀切」。

(二) 關鍵績效指標設計

要把戰略主題轉化為關鍵績效指標，我們通常採用魚骨圖分解法，如圖 5-1 所示。

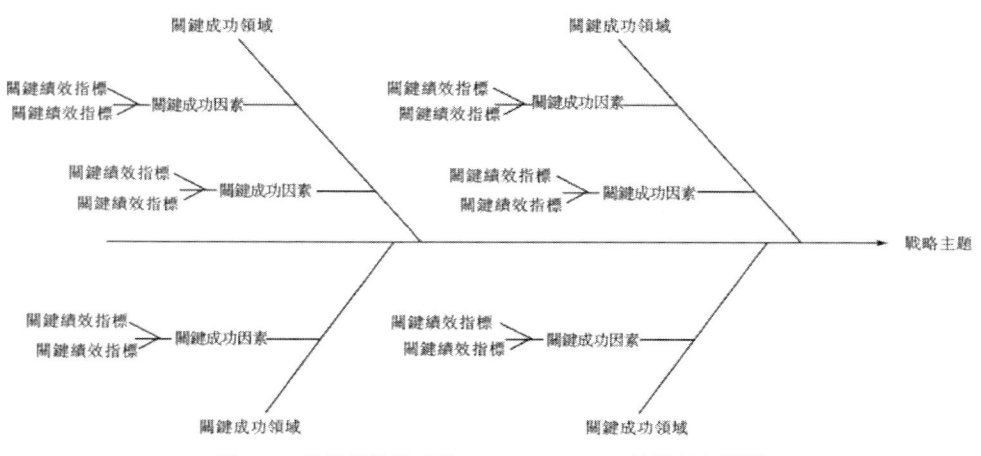

圖 5-1　基於組織戰略的 KPA、KPF、KPI 的關係魚骨圖

1. 財務層面指標

商業銀行的性質同任何企業的性質一樣，是以營利為目的即追求股東價值最大化。實現股東價值最大化，其最終落腳點還是「增加營業收入」和「提高生產力」兩大戰略主題。但是商業銀行由於經營業務的特殊性，在經營管理活動中不能一味地追求高利潤，要努力防範和降低經營風險，減少潛在的資金損失。此外，還要保持足夠的可變現資產，滿足日常資金的需求。「增加營業收入」主題體現了商業銀行的「盈利性」要求，「提高生產力」主題則涵蓋了商業銀行「流動性、安全性和效率性」的原則。因此，在設計指標時應充分考慮兩大主題、四項原則之間的平衡。運用魚骨圖分解法，商業銀行財務層面指標設計如表 5-1 所示。

表 5-1　　　　　　　　　　財務層面指標（示例）

戰略主題	關鍵成功領域	關鍵成功因素	關鍵績效指標
增加營業收入	增加新客戶收入 提升現有客戶價值	增加利息收入 增加非利息收入	淨利潤 經濟增加值 經濟資本回報率 總資產收益率 淨資產收益率 利息收入 淨利差率 中間業務收入比率
		提升高價值客戶貢獻度	高價值客戶收入占比

表5-1(續)

戰略主題	關鍵成功領域	關鍵成功因素	關鍵績效指標
提高生產力	提高盈利能力	提高財務效率	人均利潤 人均經濟增加值 成本費用利潤率
	良好的資產結構	加強流動性管理	資產負債率 存貸比率 資產流動性比率 資本充足率
		控制信貸風險	不良貸款率 撥備覆蓋率
	降低交易成本	降低營運和資金成本	成本收入比 存款平均成本率

2. 客戶層面指標

客戶是商業銀行的重要資產，是實現利潤的真正來源，是獲得持續競爭優勢的關鍵。銀行客戶層面以提供符合客戶價值主張的產品與服務、提高客戶滿意度、建立良好的社會關係和提升品牌形象為戰略主題。要不斷擴大銷售規模、增加市場份額、拓展和維護中高端客戶，實現銀行盈利能力的提升。運用魚骨圖分解法，商業銀行客戶層面指標設計如表5-2所示。

表5-2　　　　　　　　　　客戶層面指標（示例）

戰略主題	關鍵成功領域	關鍵成功因素	關鍵績效指標
產品/服務特性 客戶滿意度 良好社區關係 品牌形象	差異化的產品/服務 增長的市場份額 提升客戶滿意度 提升企業形象	保持規模增長	存款淨增 貸款淨增 中間業務產品銷售淨增 產品交叉銷售率提升
		提升市場份額 提高客戶滿意度	存款市場份額 貸款市場份額 中間業務收入市場份額 客戶滿意度
		優質客戶增長	對公結算帳戶淨增 現金管理客戶淨增 個人高價值客戶及金融資產淨增 企業網銀客戶淨增 個人網銀客戶淨增 有效信用卡客戶淨增

3. 內部流程層面指標

商業銀行內部流程指標應該反應金融產品創新、客戶管理、營運管理和風險控制

四大戰略主題的能力和效率。運用魚骨圖分解法，內部流程層面指標設計如表 5-3 所示。

表 5-3　　　　　　　　　內部流程層面指標（示例）

戰略主題	關鍵成功領域	關鍵成功因素	關鍵績效指標
金融創新	產品創新	提升產品效能	新產品投資利潤率
			新產品利潤貢獻度
		降低開發成本	研發成本控制率
		增強開發能力	研發項目階段成果達成率 項目開發完成準時率
客戶管理	客戶識別	加強客戶識別推介	潛力客戶轉推介
	客戶增長	完善客戶行銷流程	高價值客戶增長
	客戶保留	提高客戶重複購買率	優質客戶流失率
		加強客戶基礎管理	每日客戶聯繫率
			客戶信息完備率
			貴賓客戶發卡率
			CRM 系統登錄率
營運管理	服務水平 服務流程	提高服務質量 優化服務流程	櫃員業務量
			業務差錯率
			業務交易時間
			客戶平均等候時間
			客戶滿意度
			文明服務專項檢查
			網點轉型專項考核
	渠道建設	完善渠道建設	網點建設/裝修完成率
			自助銀行建設/改造完成率
			客戶經理占比
風險控制	風險管理	強化信貸風險管理	不良貸款清收
			到期貸款現金收回率
			潛在風險客戶退出
			評級偏離度
	內控管理	加強內控管理 強化操作風險管理	風險事件報告
			內控評價
			基礎管理
		加強安全保衛管理	案件事故

4. 學習與成長層面指標

學習與成長層面是商業銀行實現財務、客戶和內部流程三個層面目標的基礎，也是商業銀行獲得可持續發展的內在驅動力，包括信息資本、人力資本、組織資本三大戰略主題。運用魚骨圖分解法，該層面指標設計如表 5-4 所示。

表 5-4　　　　　　　　　　　學習與成長層面指標（示例）

戰略主題	關鍵成功領域	關鍵成功因素	關鍵績效指標
信息資本	信息有效傳遞	信息系統建設投入	信息系統建設投入率
	信息共享	信息設備管理	信息系統安全運行
			信息設備平均使用率
人力資本	業務能力	員工專業技能	員工專業資格認證通過率
		員工教育培訓	員工培訓覆蓋率 培訓投入率
	個性品質	提升員工素質	員工行為能力
	員工滿意度	個人職業發展	員工滿意度
組織資本	組織結構 制度規範	完善激勵機制	優秀員工流失率 組織資本準備度
	組織文化	塑造企業文化	
		強化團隊協作	
	領導力	提升領導能力	

二、關鍵績效指標權重

(一) 績效指標權重設計原則

建立績效指標權重的過程實際上是一個界定工作輕重緩急的過程。指標權重設計應該遵循以下原則：

（1）體現企業戰略導向，即由企業戰略目標分解而出以及對企業戰略實施重要性大的指標權重要大。

（2）突出部門或者員工的核心職責，凡是與這些核心職責相關聯的指標權重應加大。

（3）被評價人直接影響且影響顯著的指標權重要大。

（4）權重分配在同級別、同類型崗位之間應具有一致性，同時又要兼顧每個崗位的特性。

（5）所有指標權重之和為 100%，每個指標權重一般不高於 30%，一般不低於 5%，各指標權重比例應該呈現明顯的差異，避免出現平均分配。

(二) 常用設計方法

目前對於評價指標權重的確定方法比較多，常見的有「權值因子法」「德爾菲法」「層次分析法」等。

1. 權值因子分析法

權值因子分析法一般需要專業人員參與，其主要步驟如下：

（1）組成評價小組，包括人力資源管理專家、評估專家和其他相關人員，根據對象和目的的不同，可以確定不同的專家構成。

（2）經專家討論選取恰當的權值因子，制定權值因子判斷表和權值因子計算統計表。

（3）由專家填寫權值因子判斷表，填寫的方法是將行因子和列因子進行比較。

（4）對各位專家所填結果進行統計，填寫權值因子計算統計表。

（5）將統計結果折算為每個指標權重。權值因子判斷表和權值因子計算統計表樣表如表 5-5 和表 5-6 所示。

表 5-5　　　　　　　　　　權值因子判斷表（示例）

序號	評價指標	評價指標						評分值
		指標 1	指標 2	指標 3	指標 4	指標 5	指標 6	
1	指標 1	×	4	4	3	3	2	16
2	指標 2	0	×	3	2	4	3	12
3	指標 3	0	1	×	1	2	2	6
4	指標 4	1	2	3	×	3	3	12
5	指標 5	1	0	2	1	×	2	6
6	指標 6	2	1	2	1	2	×	8

表 5-6　　　　　　　　　　權值因子計算統計表（示例）

序號	評價指標	評價者								評分總計	平均評分	權值	調整後權值
		1	2	3	4	5	6	7	8				
1	指標 1	15	14	16	14	16	16	15	16	122	15.25	0.254	0.25
2	指標 2	16	8	10	12	12	12	11	8	89	11.25	0.185	0.2
3	指標 3	8	6	5	5	6	7	9	8	54	6.75	0.112	0.1
4	指標 4	8	10	10	12	12	11	12	8	83	10.37	0.173	0.2
5	指標 5	5	6	7	5	6	5	5	10	49	6.12	0.102	0.1
6	指標 6	8	16	12	10	8	9	8	12	83	10.37	0.172	0.15
合計		60	60	60	60	60	60	60	60	480	60	1	1

2. 德爾菲法

德爾菲法（Delphi Method）也稱專家調查法，是一種採用通信方式分別將所需解決的問題單獨發送到各個專家手中，經過多次意見徵詢和匯總，使各專家預測結果逐步趨向一致的決策方法。其具體實施步驟為：

（1）根據研究問題需要組成專家小組，專家人數一般不超過 20 人。

（2）向所有專家介紹銀行發展戰略，提供銀行的戰略地圖，並附上相應的戰略績效評價指標體系。然後，專家對指標體系的選取及指標權重提出意見，並說明得出結論的依據。

（3）將各位專家提出的意見匯總，再一次地分發，根據比較分析，調整權重，並再次給出相關的意見。

（4）將所有專家的修改意見進行匯總，經過三到四輪收集意見和信息反饋，直到各個專家對指標權重意見基本達成一致。在整個過程中，各個專家以匿名的方式進行意見反饋。

（5）對專家的意見進行綜合處理，計算各指標的權重。

3. 層次分析法

層次分析法（The Analytic Hierarchy Process，AHP）由美國匹茲堡大學教授薩泰（T. L. Saaty）於 20 世紀 70 年代提出，是結合定性和定量分析的一種層次權重決策方法。層次分析法的基本步驟是先將複雜決策問題分解成若干因素，分析系統中各因素之間的關係，建立系統的遞階層次結構，然後對同一層次各元素在上一層某個準則中的重要程度進行兩兩比較，構造兩兩比較矩陣，在此基礎上通過判斷矩陣計算各個比較元素的相對權重，最後計算出各層元素對系統目標的總體權重並進行排序。層次分析法的主要優點是分析思路清晰、計算簡便，能較好地處理多層次的複雜決策問題。層次分析法確定指標權重的基本思路如下：

（1）建立各目標之間的層次結構

通過對需要解決的複雜問題進行分析，按性質將其分解為若干組，形成不同層次。層次大體包括三類：最高層（目標層），它說明了需要解決的問題的目標（結果）。中間層即準則層，它反應了實現目標所需要考慮的準則。最底層也稱方案層或措施層，是指可以完成目標的各項措施及決策方案。

（2）構建各指標間的兩兩比較判斷矩陣

構建判斷矩陣是層次分析法的重要環節。判斷矩陣表示相對於目標或某個準則而言，被支配的準則或方案的相對重要性程度的比較。假設目標層 A 與準則層 B_1，B_2，B_3，…，B_n 之間有聯繫，則構造的兩兩判斷矩陣如表 5-7 所示。

表 5-7　　　　　　　　　　　　　　判斷矩陣

A	B_1	B_2	…	B_n
B_1	b_{11}	b_{12}	…	b_{1n}
B_2	b_{21}	b_{22}	…	b_{2n}
…	…	…	…	…
B_n	b_{n1}	b_{n2}	…	b_{nn}

在判斷矩陣中，b_{ij} 表示對於目標層 A 而言，B_i 與 B_j 相對重要性之比。目前，對相對重要性程度通常採用 1~9 比例標尺進行賦值，如表 5-8 所示。

表 5-8　　　　　　　　　　　　　　判斷矩陣標尺

b_{ij}	$B_i : B_j$
1	i 元素與 j 元素同等重要
3	i 元素比 j 稍微重要
5	i 元素比 j 明顯重要
7	i 元素比 j 強烈重要
9	i 元素比 j 極端重要
2, 4, 6, 8	i 元素與 j 元素之比介於以上相鄰兩者之間
以上各函數倒數	i 元素相對於 j 元素的不重要程度

（3）計算權重向量

根據 n 個元素 B_1，B_2，B_3，…，B_n，對於目標層的判斷矩陣 B，求出各元素對目標層的相對權重 W_1，W_2，…，W_n，即 $W = (W_1, W_2, …, W_n)^T$。權重的計算可歸結為求判斷矩陣的特徵根及特徵根向量問題，即對判斷矩陣 M，滿足：

$$Bw = \lambda_{max} W$$

其中 λ_{max} 是 B 的最大特徵根，W 為對應於 λ_{max} 的特徵向量。可採用求和法求特徵向量。具體步驟：

首先是 B 的元素按列歸一化：

$$C_{ij} = \frac{b_{ij}}{\sum_{i=1}^{n} b_{ij}}$$

然後將歸一化後的各行相加，再將相加後的向量進行歸一化即能得出權重向量，公式為：

$$W_i^T = \frac{\sum_{j=1}^{i} C_{ij}}{\sum_{i=1}^{n} \sum_{j=1}^{i} C_{ij}}$$

由此可求得矩陣的最大特徵根為：

$$\lambda_{max} = \sum_{i=1}^{i} \frac{Bwi^T}{nwi^T}$$

（4）一致性檢驗

一致性檢驗是對判斷矩陣的可接受性進行鑒定，當判斷矩陣滿足：

$B_{ij} \cdot b_{jk} = b_{ik}$，（i，j，k = 1，2，⋯，n）

即該判斷矩陣具有完全一致性，此時矩陣的最大特徵根 $\lambda_{max} = n$。當矩陣具有滿意的一致性時，最大特徵根趨近 n。為此，為了檢驗判斷矩陣的一致性，需要計算一致性指標：

$$C.I. = \frac{\lambda max - n}{n-1}$$

根據平均隨機一致性指標的值如表 5-9 所示，可以得出一致性比率：

$$C.R. = \frac{C.I.}{R.I.}$$

當 CR<0.1 時，可以認為判斷矩陣符合一致性檢驗。反之，則需適當修正直到通過一致性檢驗為止。

表 5-9　　　　　　　　平均隨機一致性指標 R.I. 值

階數 n	1	2	3	4	5	6	7	8	9
R.I.	0	0	0.58	0.90	1.12	1.24	1.32	1.41	1.45

下面以 CZ 銀行為例，運用層次分析法設計 CZ 總行層面的關鍵績效指標權重。CZ 銀行總行層面指標體系如表 5-10 所示。

表 5-10　　　　　　　　CZ 銀行關鍵績效指標

維度	戰略主題	關鍵績效指標
財務層面（P_1）	拓展中間業務，增加收入	總資產收益率（P_{11}）
		淨資產收益率（P_{12}）
	提高資產效率	流動性比率（P_{13}）
		存貸款比率（P_{14}）
	優化資產質量	資本充足率（P_{15}）
		不良貸款率（P_{16}）
客戶層面（P_2）	提高市場佔有率	市場佔有率（P_{21}）
	開發新客戶	新客戶開發率（P_{22}）
	提高客戶滿意度，維持客戶忠誠度	產品銷售增長率（P_{23}）
		客戶滿意度（P_{24}）

表5-10(續)

維度	戰略主題	關鍵績效指標
內部流程層面（P_3）	創新能力	新產品貢獻率（P_{31}）
	加強風險控制	員工違紀處罰率（P_{32}）
	提高營運管理能力	到期貸款現金收回率（P_{33}）
		服務質量（P_{34}）
學習與成長層面（P_4）	人力資本	員工保持率（P_{41}）
		員工滿意度（P_{42}）
		員工培訓覆蓋度（P_{43}）
	信息資本	信息系統建設投入率（P_{44}）
	組織資本	組織資本準備度（P_{45}）

具體設計步驟如下：

（1）建立層次結構圖

CZ銀行層次結構圖是一個三層結構圖，包括目標層——戰略績效，準則層——財務、客戶、內部流程、學習與成長四個層面，措施層——各層面具體指標。如圖5-2所示。

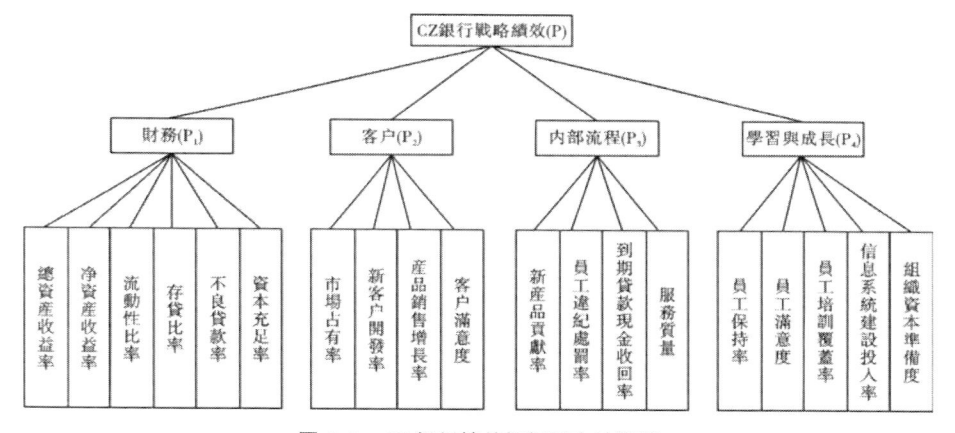

圖5-2 CZ銀行績效評價層次結構圖

（2）構造判斷矩陣

邀請7名CZ銀行中高級管理人員、3名學術專家進行問卷調查，對兩兩指標的重要性進行打分，經過專家組多次反饋，經意見匯總和修改，得出相關數據結果。

假設目標層CZ銀行戰略績效為P，平衡計分卡的四個維度為P_i（i＝1，2，3，4），第二層指標為P_{ij}（i＝1，2，3，4，j＝1，2，…，n），則準則層各因素P_i對目標層P的判斷矩陣如表5-11所示。

表 5-11　　　　　　　　CZ 銀行戰略績效（P）的各因素判斷矩陣

P	財務（P_1）	客戶（P_2）	內部流程（P_3）	學習與成長（P_4）
P_1	1	2	2	3
P_2	1/2	1	1/2	2
P_3	1/2	2	1	1
P_4	1/3	1/2	1	1

根據表 5-11，得出矩陣：

$$A = \begin{bmatrix} 1 & 2 & 2 & 3 \\ 1/2 & 1 & 1/2 & 2 \\ 1/2 & 2 & 1 & 1 \\ 1/3 & 1/2 & 1 & 1 \end{bmatrix}$$

對判斷矩陣按列歸一化：

$$B = \begin{bmatrix} 0.428,6 & 0.363,6 & 0.444,4 & 0.428,6 \\ 0.214,3 & 0.181,8 & 0.111,1 & 0.285,7 \\ 0.214,3 & 0.363,6 & 0.222,2 & 0.142,9 \\ 0.142,9 & 0.090,9 & 0.222,2 & 0.142,9 \end{bmatrix}$$

再對 B 每一行求和得矩陣 C：

$$C = \begin{bmatrix} 1.665,2 \\ 0.792,9 \\ 0.943,0 \\ 0.598,9 \end{bmatrix}$$

對 C 進行歸一化得特徵向量，得四個層面權重系數：

$$W = \begin{bmatrix} 0.416,3 \\ 0.198,2 \\ 0.235,8 \\ 0.149,7 \end{bmatrix}$$

（3）一致性檢驗

特徵矩陣 A 的最大特徵值 λ_{max}：

$$AW = \begin{bmatrix} 1 & 2 & 2 & 3 \\ 1/2 & 1 & 1/2 & 2 \\ 1/2 & 2 & 1 & 1 \\ 1/3 & 1/2 & 1 & 1 \end{bmatrix} \begin{bmatrix} 0.416,3 \\ 0.198,2 \\ 0.235,8 \\ 0.149,7 \end{bmatrix} = \begin{bmatrix} 1.731,3 \\ 0.823,7 \\ 0.989,6 \\ 0.623,4 \end{bmatrix}$$

$$\lambda_{max} = \frac{1}{n} \sum_{i=1}^{n} \frac{(AW)i}{wi} = \frac{1}{4} \left(\frac{1.731,3}{0.416,3} + \frac{0.823,7}{0.198,2} + \frac{0.989,6}{0.235,8} + \frac{0.623,4}{0.149,7} \right) = 4.168,9$$

根據 λ_{max}，計算一致性指標：

$$C.I. = \frac{\lambda_{max} - n}{n-1} = \frac{4.168,9 - 4}{4-1} = 0.058,3$$

查表可得四階矩陣的 R.I 為 0.9。

$$C.R. = \frac{C.I.}{R.I.} = 0.062, 6 < 0.1$$

通過一致性檢驗，P 即四個層面的權重向量為：

W = (0.416,3，0.198,2，0.235,8，0.149,7)

按照上述步驟，可以分別計算財務層面、客戶層面、內部流程層面、學習與成長層面內各個因素的指標權重，各個層面的判斷矩陣見表 5-12、表 5-13、表 5-14、表 5-15。

表 5-12　　　　　　　　　財務層面各因素指標的判斷矩陣

P_1	P_{11}	P_{12}	P_{13}	P_{14}	P_{15}	P_{16}
P_{11}	1	1/2	2	3	2	4
P_{12}	2	1	2	4	3	5
P_{13}	1/2	1/2	1	2	1	3
P_{14}	1/3	1/4	1/2	1	1/2	2
P_{15}	1/2	1/3	1	2	1	3
P_{16}	1/4	1/5	1/3	1/2	1/3	1

表 5-13　　　　　　　　　客戶層面各因素指標判斷矩陣

P_2	P_{21}	P_{21}	P_{23}	P_{24}
P_{21}	1	1/3	1/2	3
P_{22}	3	1	1	4
P_{23}	2	1	1	3
P_{24}	1/3	1/4	1/3	1

表 5-14　　　　　　　　　內部流程層面各因素指標判斷矩陣

P_3	P_{31}	P_{32}	P_{33}	P_{34}
P_{31}	1	3	2	1/2
P_{32}	1/3	1	1/3	1/4
P_{33}	1/2	3	1	1/2
P_{34}	2	4	2	1

表 5-15　　　　　　　　　學習與成長層面各因素指標判斷矩陣

P_4	P_{41}	P_{41}	P_{41}	P_{41}	P_{41}
P_{41}	1	1/3	3	1/3	1/2
P_{42}	3	1	4	1	3
P_{43}	1/3	1/4	1	1/3	1/2
P_{44}	3	1	3	1	3
P_{45}	2	1/3	2	1/3	1

根據各個層面的判斷矩陣，計算結果如下：

財務層面 P_1 的特徵向量：

$W_1 = (0.235,1, 0.345,0, 0.148,1, 0.081,5, 0.138,4, 0.051,9)^T$

$C.I. = \dfrac{\lambda_{max}-n}{n-1} = 0.015,1 \quad C.R. = \dfrac{C.I.}{R.I.} = 0.001,21 < 0.1$

通過一致性檢驗，P_1 各指標權重為：

$W_1^T = (0.235,1, 0.345,0, 0.148,1, 0.081,5, 0.138,4, 0.051,9)$

客戶層面 P_2 的特徵向量為：

$W_2 = (0.179,9, 0.398,1, 0.334,7, 0.087,3)^T$

$\lambda_{max} = 4.087,3 \quad C.I. = \dfrac{\lambda_{max}-n}{n-1} = 0.029,1 \quad C.R. = \dfrac{C.I.}{R.I.} = 0.032,33 < 0.1$

通過一致性檢驗，P_2 各指標權重為：

$W_2^T = (0.179,9, 0.398,1, 0.334,7, 0.087,3)$

內部流程層面 P_3 的特徵向量為：

$W_3 = (0.282,7, 0.087,7, 0.199,9, 0.429,7)^T$

$\lambda_{max} = 4.081,2 \quad C.I. = \dfrac{\lambda_{max}-n}{n-1} = 0.027,1 \quad C.R. = \dfrac{C.I.}{R.I.} = 0.030,1 < 0.1$

通過一致性檢驗，P_3 各指標權重為：

$W_3^T = (0.282,7, 0.087,7, 0.199,9, 0.429,7)$

學習與成長層面 P_4 的特徵向量為：

$W_4 = (0.117,3, 0.343,9, 0.071,4, 0.324,6, 0.142,8)^T$

$\lambda_{max} = 5.194,3 \quad C.I. = \dfrac{\lambda_{max}-n}{n-1} = 0.048,6 \quad C.R. = \dfrac{C.I.}{R.I.} = 0.043,4 < 0.1$

通過一致性檢驗，P_4 各指標權重為：

$W_4^T = (0.117,3, 0.343,9, 0.071,4, 0.324,6, 0.142,8)$

經整理，由此得到 CZ 銀行總行層面的關鍵績效指標體系，如表 5-16 所示。

表 5-16　　　　　　　　CZ 銀行整體關鍵績效指標體系表

維度	維度權重	關鍵績效指標	指標權重
財務層面	42%	總資產收益率	10%
		淨資產收益率	14%
		流動性比率	6%
		存貸款比率	3%
		資本充足率	6%
		不良貸款率	2%

表5-15(續)

維度	維度權重	關鍵績效指標	指標權重
客戶層面	20%	市場佔有率	4%
		新客戶開發率	8%
		產品銷售增長率	7%
		客戶滿意度	2%
內部流程層面	23%	新產品貢獻率	7%
		員工違紀處罰率	2%
		到期貸款現金收回率	5%
		服務質量	10%
學習與成長層面	15%	員工保持率	2%
		員工滿意度	5%
		員工培訓覆蓋度	1%
		信息系統建設投入率	5%
		組織資本準備度	2%

三、績效標準

績效標準，描述的是績效指標需要完成到什麼程度，反應組織對該績效指標的績效期望水平。在設計績效指標時，需要為每個指標確定相應的績效標準，便於管理者在績效監控和績效評價中判斷績效指標的完成情況。績效標準一般有兩種形式：一種是績效標準為一個區間值，例如不良貸款率控制在2%以內；另一種是績效標準為一個目標值，例如年日均對公存款淨增100億元。

在實際工作中，我們也經常將績效標準分為基本標準和卓越標準，基本標準是指績效指標合格的最低標準，卓越標準則是鼓勵挑戰極限，超越自我，樹立績效標杆，引導績效發展方向。例如，對於客戶經理，基本績效標準是：正確介紹產品或服務，達成承諾的行銷目標。而卓越標準是：對每位客戶的偏好和個性做出詳細的記錄和分析，根據客戶需求提供差異化的產品和服務，維持長期穩定的客戶群。

1. 目標值的設定

目標值是組織所預期的特定指標的未來績效狀態，其決定了組織為實現既定目標的資源投入程度和員工努力程度。目標值的高低水平在於挑戰性和可行性之間取得一種平衡，既能滿足組織績效改進的需求，又易於讓員工接受和信服。

目標值的設定可以分兩個步驟：一是將整體的價值差距分解到每個戰略主題；二是在每個戰略主題內，根據戰略地圖因果關係分別設置目標值。

2. 分解價值差距

目標值設定源於願景描述，即組織設定的最高層面的挑戰性目標，它是一個宏大

的目標——在現實和理想狀態之間必然產生價值差距，戰略的作用就是縮小這種價值差距。管理層可以把價值差距分解到不同的戰略主題當中，每個戰略主題都會以一種獨特的方式創造價值，並且它們所創造的價值累加起來應該能彌補整體的機制差距。

以美國消費者銀行為例。如圖 5-3 所示，美國消費者銀行就財務層面的統領性目

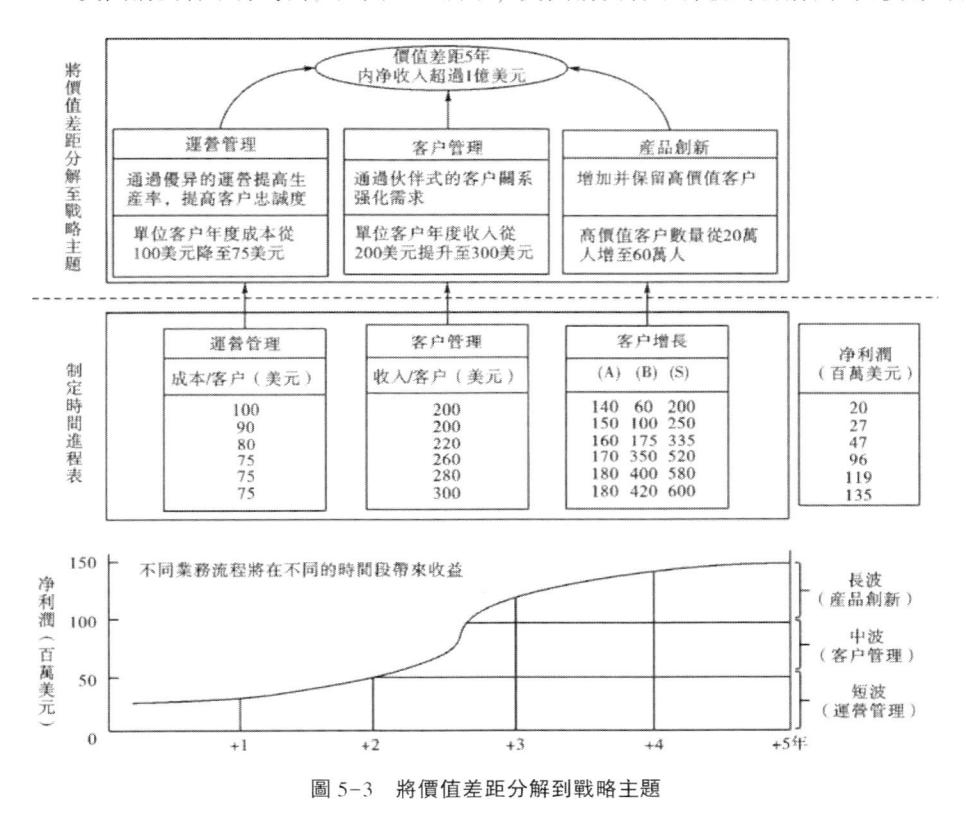

將價值差距分解至戰略主題

價值差距 5 年內淨收入超過 1 億美元

運營管理	客戶管理	產品創新
通過優異的運營提高生產率，提高客戶忠誠度	通過伙伴式的客戶關係強化需求	增加並保留高價值客戶
單位客戶年度成本從 100 美元降至 75 美元	單位客戶年度收入從 200 美元提升至 300 美元	高價值客戶數量從 20 萬人增至 60 萬人

制定時間進程表

運營管理 成本/客戶（美元）	客戶管理 收入/客戶（美元）	客戶增長 (A) (B) (S)	淨利潤（百萬美元）
100	200	140 60 200	20
90	200	150 100 250	27
80	220	160 175 335	47
75	260	170 350 520	96
75	280	180 400 580	119
75	300	180 420 600	135

淨利潤（百萬美元）
150
100
50
0
+1 +2 +3 +4 +5 年

不同業務流程將在不同的時間段帶來收益

長波（產品創新）
中波（客戶管理）
短波（運營管理）

圖 5-3　將價值差距分解到戰略主題

標設立了一個價值差距：「當前營運收入 2,000 萬美元，5 年內收入超過 1 億美元。」隨後，它將這一價值差距分解到「營運管理」「客戶增長」和「產品創新」三個戰略主題上。其中，為營運管理主題設定的目標值是，要求「降低 25% 的單位客戶的服務成本」，但仍然要提供始終如一的服務。為客戶管理主題設定的目標值是「單位客戶的收入提高 50%」，實現途徑是成為客戶可信賴的財務顧問，為客戶提供多種產品的交叉銷售。為產品創新主題設定的目標值是「吸引 40 萬名新客戶」。消費者銀行為這三個戰略主題制定了具體的時間進程表，預計高效營運主題可以相對較快地產生成本節約效益，其目標值的 80% 在一兩年內即可達成。加強現有客戶關係所帶來的收益增長則需要較長的時間，主要收益要在 3~4 年後才會實現。產品創新所產生的客戶增長則需要更長的時間。時間進程表顯示了實現願景所提出的挑戰性目標的可行性，並且為深入思考每個戰略主題內的目標、指標和目標值提供了框架。根據消費者銀行的時間進程表，到第 5 年年末，如果三個戰略主題都達到了目標值，那麼該銀行就可以實

現預定的財務目標——營業收入超過1億美元，遠遠超過當前的2,000萬美元的水平。

3. 營運因果邏輯關係設定目標值

這一步就是將每個戰略主題的目標值進一步分解到主題內的關鍵成功領域。主題內各關鍵成功領域的目標值的設定不是孤立的，而是與其他關鍵領域的目標值形成因果關係。

以收入增長戰略為例，如圖5-4所示。目標值設定流程開始於圖右邊所示的價值

戰略主題：收入增長

層面	目標	指標	目標值
財務	大幅增加淨收入	淨收入	+50%
財務	增加產品銷售	單位客戶收入	+20%
客戶	提高客戶保留率	客戶流失率	-25%
內部流程	提供優質的客戶服務	滿足客戶要求的時間	+30%
學習與成長	降低關鍵員工流失率	關鍵員工流失率	-20%

（因果關係模擬）

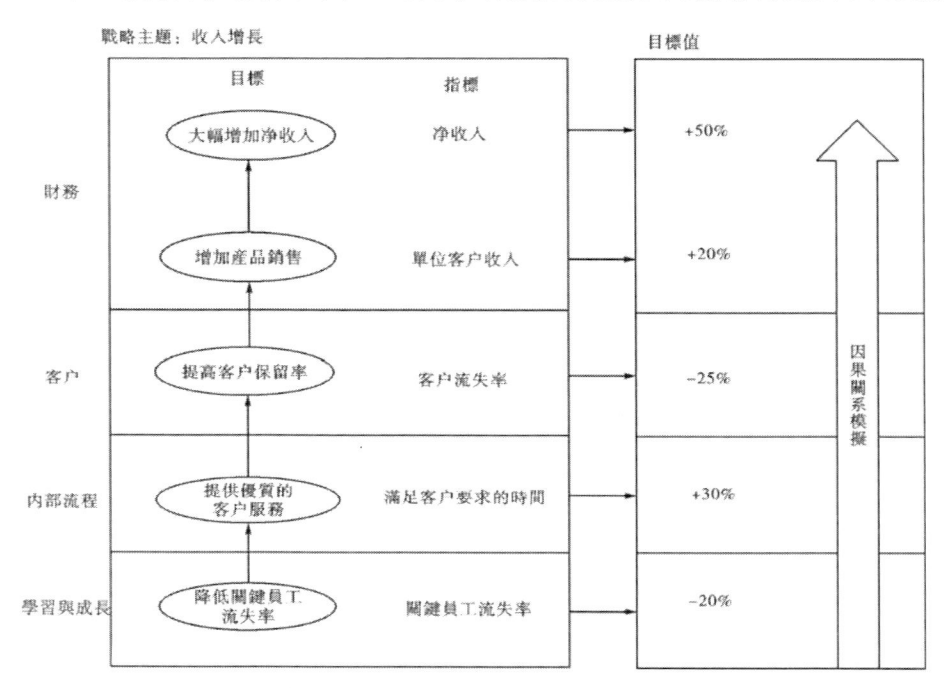

圖5-4　運用因果關係模擬設定目標值

差距——提高淨收入50%。該戰略主題的關鍵成功領域目標是提升單位客戶收入20%。這個增長將為實現戰略主題做出貢獻。在實現這一目標的眾多戰略中，該銀行最終決定通過提供更高水準、快速回應的個人服務來提高客戶保留率。而要提供優質的個人服務，優秀員工的保持率是一個重要的影響因素。因此，這其中相關假設的因果關係是：關鍵員工流失率降低20%，服務水平可以提高30%，這種服務改善將減少25%的客戶流失，同時會增加20%的單位客戶收入。這條因果關係鏈提供了清晰的自上而下的戰略可行性驗證。如果銀行發現戰略可行，就啟動因果關係模擬，制訂行動方案來降低關鍵員工流失率。這一舉措將取得減少客戶大幅波動、增加預期收入的效果。

我們在設定目標值時，通常採用外部標杆法。平衡計分卡四個層面的衡量指標都有可能有外部標杆，但需要認真分析外部標杆產生的條件及其與自身內部的實際情況是否具有可比性。如果自身與那些標杆企業具有相似性，那麼這些數據就可以成為自身目標值的參考值。

運用標杆法設置目標值就是一個對標的過程，即通過對比標杆找差距來設置目標值。企業的對標可以從財務層面指標開始考慮，如資本回報、收入增長、營業收入及生產力等。一些客戶層面的結果指標，如提高市場份額和增加客戶數量，也是對標的重點指標。當然，對於擁有大量分支機構的銀行而言，也可以通過內部標杆來設定內部流程和學習與成長層面的目標值。

四、行動方案

在制定完績效指標、指標權重和績效目標之後，還有一項很重要的工作——制訂行動方案。將長期戰略規劃與短期行動計劃連接起來，是提升組織執行力和協同性的根本途徑，也是確保戰略落地的必然要求。

但是，如何將兩者緊密聯繫起來才是管理者面臨的重大挑戰。需要採取什麼樣的行動才能實現組織的戰略目標？如何保證各種行動方案的戰略性、系統性和協同性？需要將有限的資金配置到哪些行動方案上更能夠促進組織持續、健康地發展？這些問題對於很多管理者來說都是很棘手的問題。戰略行動方案是達成目標的途徑，是有時間限制的自主決定的項目或計劃集合，區別於組織的日常營運活動，旨在幫助組織實現目標績效。

（一）如何確定和組合戰略行動方案

卡普蘭和諾頓認為應該基於戰略主題選取行動方案，每個非財務主題至少要有一個行動方案來支撐，並且跨部門和跨業務單元的行動方案需相互匹配，形成整體的行動方案組合。也就是說，每個戰略主題都需要一組完整的戰略行動方案組合來支撐績效目標的達成，而且同一個戰略主題內所有行動方案應該同步實施。

如圖5-5所示，以某商業銀行「收入增長」戰略主題為例，來確定和組合行動方案。這個「收入增長」戰略主題包括了5個非財務目標，對應9個行動方案。其中，提升員工技能需要兩個方案；其一是員工專業知識的教育培訓；其二是金融理財師的培養。如果實施了這兩個行動方案，則員工專業技能提升就能夠實現既定目標。同時，產品組合套餐、客戶信息管理、激勵機制等涉及其他戰略主題的行動方案也需要被有效執行，否則整個戰略主題的績效將會大打折扣。

（二）如何評估行動方案

行動方案評估一般包括三個方面的標準：戰略匹配度與收益（50%權重）、資源需求（30%權重）、組織能力和風險（20%權重）。其中，每個標準又劃分為三個等級，每個等級被賦予1、3、9三個不同的分值。根據每個標準的得分乘以相應權重，即得到方案總分。當然，不同的組織可以根據實際情況對上述標準和權重進行細分，或者開發出自己的標準和權重，通過評估每個行動方案對目標績效實現的影響程度來決定選擇或完善行動方案。如圖5-6所示。

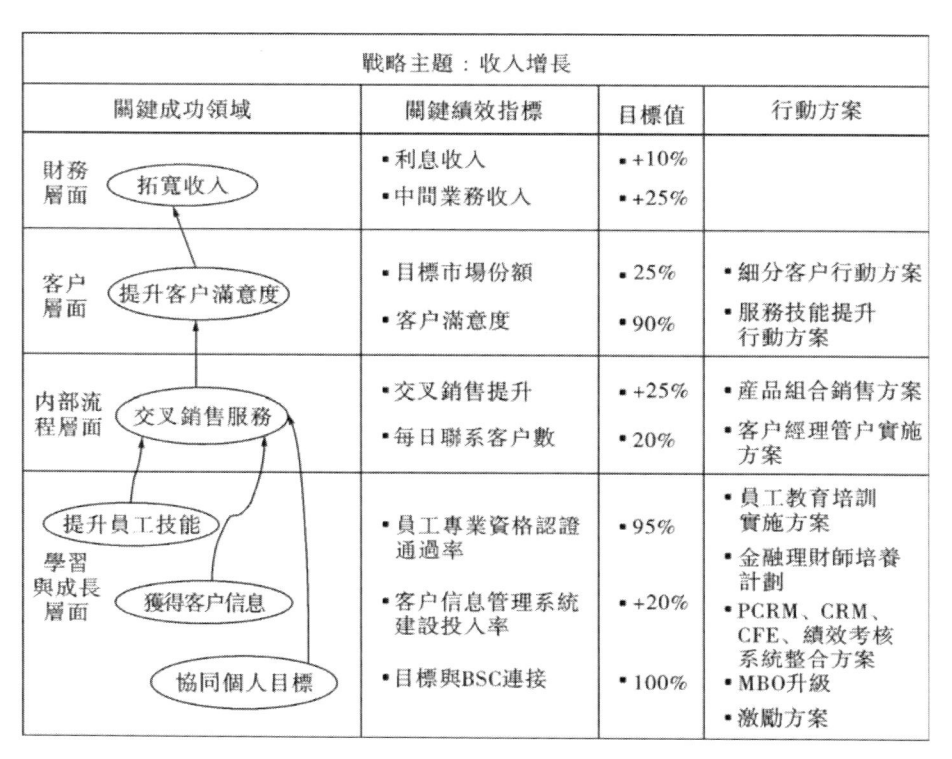

戰略主題：收入增長			
關鍵成功領域	關鍵績效指標	目標值	行動方案
財務層面 拓寬收入	▪利息收入 ▪中間業務收入	▪+10% ▪+25%	
客戶層面 提升客戶滿意度	▪目標市場份額 ▪客戶滿意度	▪25% ▪90%	▪細分客戶行動方案 ▪服務技能提升行動方案
內部流程層面 交叉銷售服務	▪交叉銷售提升 ▪每日聯繫客戶數	▪+25% ▪20%	▪產品組合銷售方案 ▪客戶經理管戶實施方案
學習與成長層面 提升員工技能 獲得客戶信息 協同個人目標	▪員工專業資格認證通過率 ▪客戶信息管理系統建設投入率 ▪目標與BSC連接	▪95% ▪+20% ▪100%	▪員工教育培訓實施方案 ▪金融理財師培養計劃 ▪PCRM、CRM、CFE、績效考核系統整合方案 ▪MBO升級 ▪激勵方案

圖 5-5　基於戰略主題開發戰略行動方案

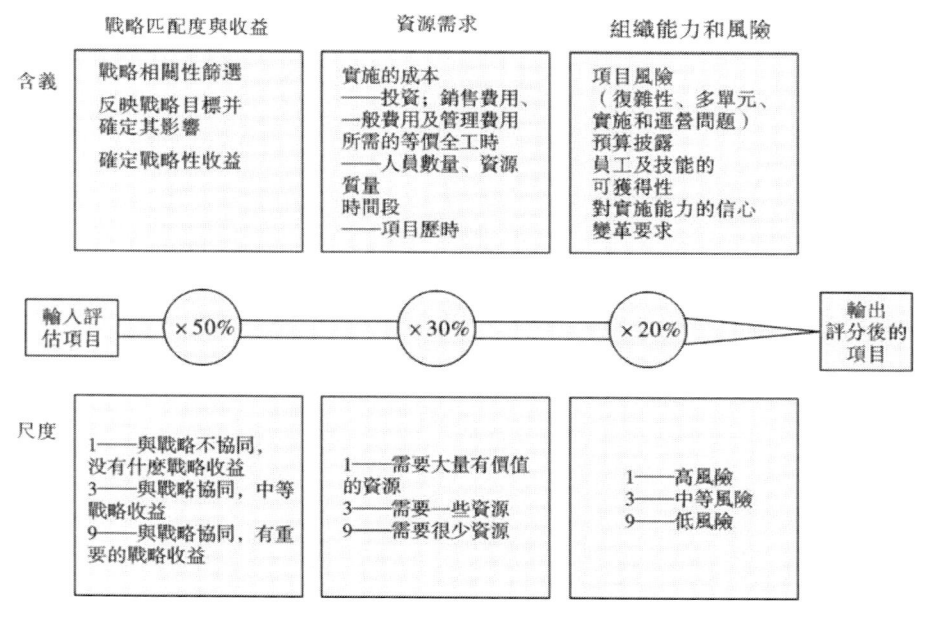

	戰略匹配度與收益	資源需求	組織能力和風險
含義	戰略相關性篩選 反映戰略目標並確定其影響 確定戰略性收益	實施的成本 ——投資：銷售費用、一般費用及管理費用 所需的等價全工時 ——人員數量、資源質量 時間段 ——項目歷時	項目風險 （復雜性、多單元、實施和運營問題） 預算披露 員工及技能的可獲得性 對實施能力的信心 變革要求

輸入評估項目 ×50% ×30% ×20% 輸出評分後的項目

尺度	1——與戰略不協同，沒有什麼戰略收益 3——與戰略協同，中等戰略收益 9——與戰略協同，有重要的戰略收益	1——需要大量有價值的資源 3——需要一些資源 9——需要很少資源	1——高風險 3——中等風險 9——低風險

圖 5-6　行動方案評估

五、績效計劃制訂

一般來講，一個組織的績效計劃體系包括了組織績效計劃、部門績效計劃和個人績效計劃三個層次。基於組織的戰略地圖，運用科學的方法，可以制訂出組織整體層面的績效計劃。基於組織整體的績效計劃，通過對組織績效目標的分解或承接，則可以形成部門層面的績效計劃。基於對部門績效目標的分解或承接，則可以制訂出個人的績效計劃。

(一) 組織績效計劃

如前所述，基於組織戰略而制定的關鍵績效指標、指標權重、目標值和行動方案出來以後，便形成了組織層面整體的績效計劃。如表 5-17 所示。

表 5-17　　　　　　　CZ 銀行整體平衡計分卡（示例）

維度	維度權重(%)	關鍵績效指標	指標權重(%)	目標值	責任部門	行動方案
財務層面	42	總資產收益率	10	略	略	略
		淨資產收益率	14	略	略	略
		流動性比率	6	略	略	略
		存貸款比率	3	略	略	略
		資本充足率	6	略	略	略
		不良貸款率	2	略	略	略
客戶層面	20	市場佔有率	4	略	略	略
		新客戶開發率	8	略	略	略
		產品銷售增長率	7	略	略	略
		客戶滿意度	2	略	略	略
內部流程層面	23	新產品貢獻率	7	略	略	略
		員工違紀處罰率	2	略	略	略
		到期貸款現金收回率	5	略	略	略
		服務質量	10	略	略	略
學習與成長層面	15	員工保持率	2	略	略	略
		員工滿意度	5	略	略	略
		員工培訓覆蓋度	1	略	略	略
		信息系統建設投入率	5	略	略	略
		組織資本準備度	2	略	略	略

(二) 部門績效計劃

在組織層面的績效計劃制訂完成後，需要進一步向下分解，將組織層面的指標通

過承接、分解等方式落實到組織中的各個部門，形成部門層面的績效計劃。在績效計劃向部門分解的過程中，需要注意指標自上而下的縱向協同。指標的縱向協同有三類：承接、分解和獨有。如果某個組織層面的任務直接由某個部門負責，那麼在制訂部門績效計劃時，要將該指標及目標值等相關內容從組織績效計劃中直接納入部門績效計劃中，保持指標、目標值等內容表述一致，這類指標稱為承接指標。如果某個組織層面的任務需要由多個相關部門共同完成，那麼在制訂部門績效計劃時，要將該任務拆分成幾個相關的指標納入部門績效計劃當中，組織層面與部門層面的指標、目標不一致，但具有顯著的相關性，這類目標稱為分解指標。由於各個部門職責不同，在制訂部門績效計劃時要考慮到部門的獨特性，有一些指標在組織層面的績效計劃中是沒有的，這類指標稱為獨有指標。因此，部門承接指標和分解指標來源於組織績效計劃，獨有指標則基於部門核心職責進行制定。某銀行公司業務部平衡計分卡開發如表5-18所示。

表 5-18　　　　　　　　公司業務部平衡計分卡開發（示例）

銀行整體平衡計分卡

維度	關鍵績效指標	權重分
財務(30)	人均經濟增加值	10
	經濟資本回報率	7
	資產回報率	4
	成本收入比	3
	中間業務淨收入	6
客戶(45)	日均存款	15
	法人折效客戶貢獻及增長	5
	個人貴賓客戶貢獻及增長	5
	信用卡有效客戶貢獻及增長	2
	有效收單商戶貢獻及增長	2
	現金管理客戶貢獻及增長	2
	鑽石卡客戶金融資產貢獻及增長	2
	對公客戶產品交叉銷售率	2
	個人貴賓客戶產品交叉銷售率提升	3
	重點業務發展	7
內部流程(20)	風險管理	12
	內部控制	8
	風險事件	扣0~40
學習與成長(5)	員工專業技能達標率	2
	員工教育培訓	3
合計		100

公司業務部平衡計分卡

維度	關鍵績效指標	指標來源	權重分
財務(25)	部門人均經濟增加值	分解	10
	部門成本收入比	分解	3
	對公撥備後利潤	獨有	6
	中間業務淨收入	分解	6
客戶(55)	人民幣對公日均存款增量	分解	18
	對公人民幣結算帳戶	獨有	5
	法人折效客戶貢獻及增長	承接	5
	現金管理客戶貢獻及增長	承接	3
	對公客戶產品交叉銷售率提升	承接	4
	重點業務發展	承接	8
	重點目標客戶	獨有	7
	內部滿意度評價	獨有	5
內部流程(15)	風險管理	分解	8
	內部控制	分解	7
	風險事件	分解	扣0~40
學習與成長(5)	員工專業技能達標率	分解	2
	員工教育培訓	分解	3
合計			100

(三) 個人績效計劃

　　無論是組織績效計劃還是部門績效計劃，最終都必須落實到組織中不同層級的個體身上，將組織和部門的平衡計分卡轉化為員工的平衡計分卡，從而確保將組織戰略化為組織內部所有人員的行動。個人績效計劃包括高層管理者個人績效計劃、分支機構管理者個人績效計劃、部門管理者個人績效計劃和員工個人績效計劃。

　　企業總部高層管理者個人績效計劃來源於對組織整體績效計劃的承接和分解。一般來講，結果層面的指標和目標值，高層管理者都要承擔。其他兩個層面的指標和目標值，則由於分工不同，有的需共同承接，有的需單獨承接，還有的需要分解到不同人的身上，通過相互配合來共同完成。同時，基於崗位核心職責的指標並沒有在組織績效計劃中體現出來，也應該補充進來，以形成完整的個人績效計劃。此外，由於崗位不同，不同高層管理者對所承擔的指標權重設置和目標任務也不相同，這需要高層管理團隊充分溝通，形成共識。

　　經營單位管理者個人績效計劃來源於對經營單位組織績效計劃的承接和分解。但這裡需要注意的是，經營單位組織績效計劃不僅來源於對企業總部的組織績效的承接和分解，而且還來源於對經營單位基於自身經營環境而開發的績效指標的承接和分解。與總部高層管理者一樣，經營單位管理者對所承擔指標的權重和目標值分配常常也會不同，同樣需要根據分工來協商確定。

　　經營單位部門管理者個人績效來源於經營單位部門績效計劃的承接和分解。普通員工個人績效計劃除來源於對部門或分支機構績效計劃的承接和分解外，還要充分考慮崗位的具體職責。某網點櫃員個人平衡計分卡開發示例如表5-19所示。

　　不同層次的平衡計分卡制定出來後，績效計劃體系就基本形成了。管理者和下屬需要經過仔細審核和確認，在雙方取得共識的情況下，平衡計分卡就轉化為對雙方都有約束力的績效協議，雙方在績效協議上簽字以確認績效計劃工作的正式完成。績效協議簽字確認之後，意味著管理者和下屬都認可協議內容，並做出了履行協議的承諾。如表5-20所示。

表 5-19　　　　　網點櫃員個人平衡計分卡開發（示例）

網點平衡計分卡

維度	考核指標	考核權重
財務(20)	人均存貸款淨收入	12
	人均中間業務收入	8
客戶(60)	核心存款日均增量	20
	法人折效客戶淨增	6
	個人加權貴賓客戶淨增	6
	有效信用卡客戶淨增	3
	電子銀行活躍客戶淨增	3
	對公客戶產品交叉銷售率提升	3
	個人貴賓客戶產品交叉銷售率提升	4
	重點產品銷售	15
內部流程(15)	風險事件	扣0~25
	風險管理（其中櫃面操作風險7分）	10
	內部控制（其中員工行為管理3分）	5
	網點轉型	扣0~5
學習與成長(5)	崗位資格認證	2
	培訓計劃完成率	3
	合計	100

櫃員平衡計分卡

維度	考核指標	指標來源	考核權重
財務	—	—	—
客戶(50)	管戶客戶金融資產淨增	獨有	15
	管戶貴賓客戶存款淨增	分解	10
	個人加權貴賓客戶淨增	分解	7
	個人貴賓客戶產品交叉銷售率提升	分解	5
	有效信用卡客戶淨增	分解	3
	電子銀行活躍客戶淨增	分解	2
	重點產品銷售	分解	8
內部流程(45)	業務量	獨有	30
	識別推薦	獨有	5
	優質服務	承接	5
	業務操作差錯	承接	5
學習與成長(5)	崗位資格認證	承接	2
	培訓計劃完成率	承接	3
	合計		100

表 5-20　　　　　　　　　　櫃員績效計劃書（示例）

基本信息								
姓名：		網點：		崗位：	崗位等級：		上級崗位：	
考核內容								
維度	考核指標		考核權重	封頂分	目標值	完成值	考核得分	計分公式	備註
財務	—		—	—	—	—	—	—	—
客戶	管戶客戶金融資產淨增								
	管戶個人客戶存款淨增								
	個人加權貴賓客戶淨增								
	個人貴賓客戶產品交叉銷售率提升								
	有效信用卡客戶淨增								
	電子銀行活躍客戶淨增								
	重點產品銷售								
內部流程	業務量								
	識別推薦客戶								
	優質服務								
	業務操作差錯								
學習與成長	崗位資格認證								
	培訓計劃完成率								
計劃簽署								
員工：	直接上級：		上級行績效考評委員會：						

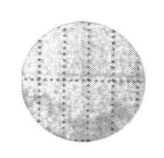

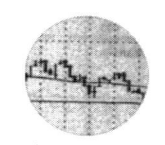

第六章　銀行績效監控

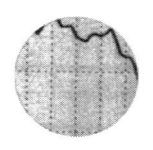

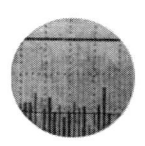

績效監控（Performance Monitoring）是連接績效計劃和績效評價的中間環節，也是耗時最長的一個環節。在這個環節，管理者需要與下屬進行持續的溝通，對績效計劃的執行情況進行監控，針對存在的問題進行充分交流，提供必要的績效輔導，並收集相關的績效信息，從而為績效目標的達成提供保障。

　　績效監控的重點內容是績效計劃的實施情況。在績效監控環節，管理者要對下屬的工作行為及結果進行全面監控，來確保個人、部門和組織績效的順利達成。除了績效計劃實施情況外，組織協同、關鍵流程等方面也應該納入績效監控的內容當中。

　　績效監控是一個持續溝通的過程。一個優秀的管理者應該善於與下屬持續溝通，以便觀察、預防和解決績效週期內可能存在的問題，從而更好地完成績效計劃。

　　績效監控的主要任務是提供績效輔導和收集績效信息。績效管理者在發現問題或潛在危機後，應及時開展績效輔導，清除績效計劃執行過程中可能出現的障礙。然而，有效的績效評價需要準確的績效信息，因此，準確記錄並匯總員工工作中的關鍵事件和績效數據是績效監控環節的重要內容之一。

一、績效監控方法

　　選擇合適的監控方法有助於確保各層次績效目標和組織戰略的順利達成。常用的績效監控方法主要有書面報告、績效會議和走動式管理三種。

（一）書面報告

　　書面報告是績效監控中最常用的一種方法，主要指下級以文字或圖表的形式向上級報告工作進展情況。書面報告可以分為兩類：一類是定期的書面報告，如工作日誌、周報、月報、季報、年報等；另一類是不定期的書面報告，如各種專項報告，報告時間相對靈活，可以根據工作進展情況做具體的安排。

　　書面報告能提供大量、全面的績效信息，也可以在管理者與下屬無法面對面溝通的時候進行及時的監控。在具體使用該方法的時候，需要注意：首先，匯報內容要重點突出；其次，建立工作績效信息平臺，實現信息共享；最後，與其他方法結合使用，確保信息的雙向溝通並避免匯報內容的形式化。

（二）績效會議

　　績效會議是指管理者和下屬就重要的績效問題通過召開會議的形式進行正式溝通的績效監控方法。為了使績效會議達到預期目的，管理者需要注意績效會議的目的、過程以及基本技術等關鍵點。

　　召開績效會議的目的主要包括以下幾個方面：對績效實施情況進行例行檢查；對

工作中暴露的問題和障礙進行分析和討論，並提出必要的措施；對重大的變化進行協調或通報；臨時布置新任務。

雖然績效會議形式有差別，但是一般包括以下幾個基本步驟：會議準備、確定議程、進行績效溝通、達成共識、制訂行動方案等。通常需要做好會議記錄，並將會議記錄及時反饋給所有與會者。

為了達到有效監控的目的，管理者在召開績效會議時需要注意以下幾點：營造平等和諧的氛圍；給予下屬充分的表達機會，充分調動下屬的積極性；會議目的具體、明確，不開無謂的和冗長的會議等。

(三) 走動式管理

對於遠離一線的管理者，特別是高層管理者，僅僅通過下屬的匯報，往往不能準確掌握績效計劃執行情況，還需要實地調研，與績效計劃執行者進行面對面的溝通。走動式管理是管理者進行績效監控的有效方式之一。

走動式管理（Management by wandering around；Management by walking around，MBWA）是美國管理學者彼得斯（Thomas J. Peters）與沃特曼（Robert H. Waterman）在《追求卓越》一書中提出的，是指高層管理者為了實現卓越績效，經常抽空前往各個辦公室走動，以發現更豐富、更直接的員工工作中的問題，並及時瞭解所屬員工工作困境的一種策略。走動式管理不是說管理者到各部門隨便走走，而是通過非正式的溝通和實地觀察，收集第一手績效信息，盡量發現問題或潛在危機，並配合情境做最佳的判斷。同時，走動式管理也是對下屬匯報的績效信息進行再核查的過程，帶著問題到工作實踐中去分析原因和排除障礙。

在使用走動式管理進行績效監控時，需要注意以下幾點：

第一，尊重和信任一線員工，通過現場的觀察和溝通來瞭解下屬的工作進度、實際困難和潛在能力，敏銳捕捉重要的績效信息。

第二，不一定每次走動都能獲得重要的信息，但是管理者經常走動，對防範重大績效事故會有很大的幫助。

第三，走動式管理不僅是一種有效的績效監控的方法，還是一種情感管理、現場管理的方法，是一種管理方法和領導藝術的有效融合。

【案例分析】

把所有經理的椅子靠背鋸掉

麥當勞快餐店創始人雷・克羅克，是美國最有影響的十大企業家之一。他不喜歡整天坐在辦公室裡，大部分工作時間都用在「走動管理」上，即到各公司、部門走走、看看、聽聽、問問。麥當勞公司曾經有一段時間面臨嚴重虧損的危機，克羅克發現其中一個重要原因是公司各職能部門的經理有嚴重的官僚主義，習慣躺在舒適的椅背上指手畫腳，把許多寶貴的時間耗費在抽烟和閒聊上。於是克羅克想出了一個「奇

招」：將所有經理的椅子靠背鋸掉，並立即照辦。開始很多人罵克羅克是個瘋子，不久大家開始悟出他的一番「苦心」。他們紛紛走出辦公室，深入基層，開展「走動管理」，及時瞭解情況，現場解決問題，終於使公司扭虧為盈。著名管理學大師彼得·德魯克（Peter Druker）說：「人無法只靠一句話來溝通，總是得靠整個人來溝通。」

全球著名的快餐企業麥當勞，有著非常值得借鑑的「下行溝通」之舉，它讓我們看到了克羅克的良苦用心。下行溝通，指的是對下級提供指導、控制，對業績進行反饋、解釋政策和程序等。由於在公司中的職位不同，管理者可能與員工的觀點不一致，這是兩者相互溝通的嚴重障礙。溝通雙方的地位在很大程度上取決於他們的職位，地位的高低對溝通的方向和頻率有很大的影響。因此，對於下屬的需求，我們要認真傾聽，對於他們工作中出現的問題，要用心理解和分析，放下架子，騰出時間去與他們促膝談心，互動交流。如此這樣，才能更好地與下屬溝通。

二、績效溝通

績效溝通是管理者和下屬為了實現績效目標而開展的建設性的、平等的、雙向的和持續的信息分享和思想交流。這種信息溝通包括有關工作進展情況的信息、下屬工作中的潛在障礙和問題的信息及各種可能的解決措施等的溝通。

（1）績效溝通是一種建設性的溝通。績效溝通必須以不損害人際關係為前提。許多管理者僅僅關心下屬是否能夠理解自己的意圖，而不關心下屬的感受。這種溝通往往是非建設性的，不能取得預期效果。研究表明，下屬與管理者之間良好的關係會產生較高的工作績效。管理者與下屬之間不良的關係不僅是雙方溝通的一大障礙，而且往往是不良的溝通方式帶來的惡果。

（2）績效溝通是一種平等的溝通。溝通的目的在於思想的傳遞，思想順利傳遞的基礎就是溝通主體在心理上的平等地位，正所謂「己所不欲，勿施於人」。雙方堅持換位思考，從對方的立場出發思考問題，就能取得良好的溝通效果。

（3）績效溝通是一種有效的溝通。績效溝通是一個封閉的環路，管理者必須準確地知道績效計劃執行的情況，下屬要及時將績效計劃執行的情況向上級反應，並且傳遞的信息要能被雙方充分理解。溝通更重要的意義在於傳遞思想而非傳遞信息本身，讓發出的信息被接收者充分理解才是真正有效的溝通。

（4）績效溝通是一種持續的溝通。績效溝通貫穿於整個績效管理的五個環節，在績效監控中持續的時間最長，但又最容易被忽視。在績效計劃的執行過程中，管理者和下屬需要持續地就相關工作進展情況、潛在障礙和問題、解決問題的措施以及管理者幫助下屬的方式等信息進行溝通，特別是在障礙發生前就能識別和指出相應問題，並能通過溝通找到解決方案。績效溝通的缺失會導致管理者與下屬之間摩擦和衝突不斷。

（一）績效溝通的內容

對於管理者和下屬來說，績效溝通的目的是為了提高下屬的工作績效，但雙方所需要瞭解的信息內容並不相同。

對管理者而言，他們需要得到有關下屬工作情況的各種信息，以幫助他們更好地協調下屬的工作。當下屬工作中出現問題的時候，管理者應該及時掌握情況，以避免出現不必要的麻煩和浪費。另外，他們還需要瞭解工作的進展情況，以便在必要的時候向上級匯報。如果不能掌握最新的情況，管理者可能會面臨許多不必要的麻煩。作為管理者，還應該主動收集一些績效評價和績效反饋時需要的信息，這將有助於他們更好地履行自己擔負的職責。

對於下屬而言，他們也需要知曉有關信息。通過與管理者之間的績效溝通，下屬可以瞭解自己的表現獲得了什麼樣的評價，以及瞭解管理者是否知道自己所遇到的各種問題，並期望從管理者那裡得到解決問題的幫助。

為了進行有效的績效溝通，管理者首先要確定雙方應溝通的具體內容。我們可以通過回答以下兩個問題來確定溝通的具體內容：

（1）作為管理者，為了更好地履行職責，我需要從下屬那裡獲得什麼信息？

（2）作為下屬，為了更好地完成工作任務，我需要獲得哪些信息？

通過回答這兩個問題，管理者能夠更好地明確績效溝通的內容，這是確定績效溝通內容的一個非常實用的思路。通過績效溝通，管理者和下屬還需要回答以下問題：

（1）工作進展情況如何？

（2）績效目標和計劃是否需要修正？如果需要，如何修正？

（3）工作中有哪些方面進展順利？為什麼？

（4）工作中出現了哪些問題？為什麼？

（5）下屬遇到了哪些困難？管理者應如何幫助他們克服困難？等等。

上面的問題只是給我們提供了一些思路，具體溝通內容依情況而變。值得注意的是，不只是以上這些問題，甚至雙方之間應就什麼問題進行溝通，也應該成為雙方溝通的話題。

（二）績效溝通的方式

績效溝通是一個充滿細節的過程。管理者與下屬的每一次信息交流都是一次具體的溝通。績效溝通可以分為正式的績效溝通和非正式的績效溝通。正式的績效溝通是組織管理制度規定的各種定期進行的溝通。非正式的績效溝通則是管理者和員工在正式制度規定和程序之外所進行的溝通。

1. 正式的績效溝通

正式的績效溝通主要包括書面報告和定期會談兩種形式。其中，定期會談又包括管理者與下屬之間一對一的面談和團隊會談。

（1）書面報告

很多管理者都要求下屬定期匯報工作，以瞭解下屬的工作情況和遇到的各種問題，並要求下屬提出建設性的意見。為了讓下屬更好地完成書面報告，管理者應該讓下屬有機會決定他們應該在報告中寫些什麼，而不是由管理者一廂情願地決定。當然，管理者可以設計一個統一的樣表，以方便下屬填寫。這種表格的形式非常多，但通常包括工作目標的進展情況以及工作中遇到的問題、工作建議和意見等欄目。

但是，在很多情況下員工並不歡迎書面報告，他們往往將這項工作視為額外的負擔，只是應付了事。大多數情況下，他們認為只是浪費大量的時間，提供了一大堆毫無意義的信息。這主要是由於很多管理者沒有將書面報告與其他溝通方式結合起來，使這種書面溝通成了一種單向的信息流動。由於管理者和下屬缺乏面對面溝通的機會，這種單向流動使大量的信息變成擺設。因此，需要將書面報告與其他溝通方式結合起來克服這個問題。例如，當管理者通過工作報告提供的信息瞭解到下屬工作中發生的某個問題時，就可以到工作現場指導下屬解決這個問題，或通過面談與下屬進行交流，共同尋求解決問題的途徑。

（2）定期會談

定期會談有書面報告無法比擬的優勢，這種面對面的會談不僅是信息交流的最佳機會，而且有助於在管理者與下屬之間建立一種親近感。這一點對於培育團隊精神、鼓勵團隊合作是非常重要的。

①一對一面談。定期會談最常見的形式就是管理者與下屬之間一對一的會談。在每次會談的開始，管理者應該讓下屬瞭解這次面談的目的和重點。例如，管理者可以說這樣的開場白：「今天我想和你談談你的工作進展。上次會談中談到的問題是否得到解決，是否又有新的問題……」由於是一對一的會談，管理者應該將會談集中在解決下屬個人面臨的問題上，以使會談更具實效性。例如，讓下屬瞭解銀行經營方向的變化非常重要，但更關鍵的是要讓他明確各種變化對於他個人的工作產生了什麼影響，也就是說，應該將問題集中在調整下屬的工作計劃、解決下屬個人遇到的實際問題上。

大多數管理者可能會犯一個錯誤，就是過多地「教訓」別人而忘記傾聽。管理者應該更多地鼓勵下屬進行自我評價和報告，然後再進行評論或提出問題。如果問題顯而易見，就應該鼓勵下屬嘗試著自己找出解決問題的方式。另外，管理者應該在面談的最後留出足夠的時間，讓下屬有機會說出他想說的問題。下屬是最瞭解基層工作情況的人，從他們口中瞭解的情況是非常重要和實用的。

在面談中，管理者應該注意記錄一些重要的信息，特別是涉及一些計劃性的事務時，更應如此。例如，對於工作計劃的變更、答應為下屬提供某種幫助，都應該留有記錄，以防遺漏。

②團隊會議。書面報告和一對一面談的一個共同缺陷就是涉及的信息只在兩個人之間共享。由於很多工作都是以團隊為基礎開展的，這就需要採用一種新的方式——團隊會議形式。團隊會議應該注意設計好交流內容，以避免不恰當的內容造成無效溝

通或在團隊成員之間造成不必要的摩擦和矛盾。在團隊環境中，團隊成員之間相互關聯並發生影響。每個成員都能夠不同程度地瞭解和掌握其他成員的工作情況，而且每個成員都能夠通過解決大家共同面對的問題而提高個人乃至團隊的績效。因此，群策群力是解決問題的好方式之一。

　　需要注意的是，涉及個人績效方面的嚴重問題不應輕易成為團隊會談的話題。任何人都有犯錯的時候，這種公開的討論是最嚴厲的懲罰。不同文化背景決定了人們對這種情況的承受能力和接受能力。通常情況下，這種針對個人的績效警告多數應該在私下進行。

　　團隊會議更要注意明確會議重點，控制會議的進程。管理者可以要求每個人都介紹一下工作的進展和遇到的困難，以及需要管理者提供什麼幫助等。我們可以使用一些結構化的問題提綱和時間表來控制進程。例如，管理者可以要求每個參會人員談一談工作的進展情況、遇到的問題以及可能的解決方法。如果找到問題並能夠很快地解決，就應立即安排到個人，以確保問題得到及時解決。如果不能在規定的時間內找出問題的解決方法，下一步應採取的解決方法是：計劃開一個規模更小的會議或要求某個人在規定的時間內草擬一份方案等。不能由於個別難以解決的問題而影響整個會談的進度，畢竟這種團隊式會談的時間是十分寶貴的。只有充分利用每一分鐘，才能夠使會談發揮最大的作用。因此，強調時間限制是十分重要的。

　　與一對一的面談相同，團隊會議也應該做好書面的會議記錄，並及時向參會人員反饋書面記錄的整理材料。

　　不論是一對一的面談還是團隊式的會談，都應該注意避免時間的無謂浪費。因此，掌握一定的溝通技巧對管理者而言是非常重要的。此外，溝通頻率是管理者要考慮的另一個重要問題。從事不同工作的人可能需要不同的溝通頻率，甚至從事同一工作的人需要的交流次數也不盡相同。管理者應根據每個下屬的不同情況，安排績效溝通的頻率。對於團隊會談，管理者更應該充分考慮所有團隊成員或參會人的工作安排。

　　2. 非正式的績效溝通

　　管理者與下屬之間的溝通並不僅僅局限於採取正式會談或書面的形式。事實上，管理者和下屬在工作過程中或工作之餘的各種非正式會談為他們提供了非常好的溝通機會。

　　非正式溝通的最大優點在於它的隨機性。當下屬在工作中發生問題時，管理者可以與之進行簡短的交談，從而促使問題及時得到解決，畢竟問題並不總是發生在計劃會談的前一天。對於各種亟待解決的問題，必須採取更加靈活的溝通方式——非正式績效溝通。非正式績效溝通沒有固定的模式。有的管理者喜歡每天花一些時間在辦公現場或公司食堂等公共場所與下屬交談。並不是所有的管理者都必須或可能做到這一點，但是管理者四處走動並與下屬進行非正式交談的確是一個好的管理手段。

　　有的管理者感到，自己非常願意通過這樣的溝通促進團隊或部門的工作業績，但是下屬好像都不願意把那些管理者所希望瞭解的情況告訴管理者。這時，管理者應該

注意反省一下自己的態度。因為在大多數情況下，問題出在管理者一方。管理者應該注意學習各種各樣的溝通技巧，成為一個合格的傾聽者。不論對於正式溝通還是非正式溝通來說，這都是績效溝通得以順利進行的前提。

通信與網路的發展為管理者與下屬進行深入的績效溝通提供了條件。在這種情況下，非正式績效溝通也可以是書面形式的，但是管理者可以更快捷地給予信息反饋，從而通過虛擬網路實現員工與管理者之間「面對面」的溝通。

(三) 績效溝通原則

要實現高效的績效溝通並不是一件簡單的事情，管理者和下屬都需要為績效溝通做充分的準備，既要掌握基本的溝通技巧，又要遵循基本的溝通原則。

1. 對事不對人

人們在溝通中存在兩種導向：問題導向和人身導向。所謂問題導向，是指溝通只關注問題本身，注重尋找解決問題的方法；而人身導向的溝通則需要更多地關注出現問題的人，而不只是問題本身。績效溝通對事不對人的原則要求溝通雙方針對問題本身提出看法，充分維護他人的自尊，不要輕易對人下結論，更多地應從解決問題的目的出發進行溝通。

人身導向的溝通往往會帶來很多負面的影響。但是，人們在遇到問題時往往會非常直接地將問題歸咎於人，甚至帶有一定的人身攻擊傾向。因此，人身導向的溝通往往只是發牢騷，並不能為解決問題提出任何積極可行的措施。另外，如果將問題歸咎於人，往往會引起對方的反感和防禦心理。在這種情況下，溝通不但不能解決問題，還會對雙方的關係產生破壞性影響。人身導向的溝通不適用於批評，同樣也不適用於表揚。即使你告訴對方「你好優秀啊」，如果沒有與具體的行為或結果相聯繫，也可能會被認為是諷刺而引起對方的極度反感，這一點往往被人們忽視。

2. 責任導向

責任導向，就是在績效溝通中引導對方承擔責任的溝通模式。與責任導向相關的溝通方式有兩種——自我顯性的溝通和自我隱性的溝通。典型的自我顯性溝通使用第一人稱的表達方式；而自我隱性的溝通則採用第三人稱或第一人稱複數，如「有人說」「我們都認為」等。自我隱性的溝通通過使用第三者或群體作為主體，避免對信息承擔責任，從而逃避就其自身的情況進行真正的交流。如果不能引導對方從自我隱性轉向自我顯性的溝通方式，就不能實現責任導向的溝通，不利於實際問題的解決。

另外，通過遵循責任導向的定位原則，人們通過自我顯性的溝通方式，能夠更好地與對方建立聯繫，表達合作與協助的意願。「我想這件事可以這樣……」「在我看來，你的問題在於……」等說法都能夠給人這樣的感受。與此相對應的是，人們往往通過自我隱性的溝通方式逃避責任。這往往給人一種不合作、不友好的感受。在建設性溝通中，人們應該使用責任導向的自我顯性的表達方式，與溝通對象建立良好的關係。

因此，當下屬使用自我隱性的溝通方式時，管理者應該在給下屬說話的權利的同

時，使用要求對方舉例的方式引導下屬採用自我顯性的溝通方式，使員工從旁觀者立場轉變為主人翁立場，並自然而然地為自己的行為承擔責任。

3. 事實導向

正如前面對事不對人原則中提到的，建設性溝通應該避免輕易對人下結論的做法。遵循事實導向的定位原則能夠幫助我們更好地克服這種傾向。事實導向的定位原則在溝通中表現為以描述事實為主要內容的溝通方式。在這種方式中，人們通過對事實的描述來避免對人身的直接攻擊，從而避免對雙方的關係產生破壞性作用。特別是在管理者向下屬指出其缺點和錯誤的時候，更應該恪守這一原則。在這種情況下，管理者可以遵循以下三個步驟進行描述性溝通：首先，管理者應描述需要修正的情況。這種描述應基於事實或某個特定的、公認的標準。例如，可以說「你在這個季度的存款行銷排名處於網點最後一名」「這個月你受到了3次客戶的服務投訴」等。這種描述能夠在很大程度上避免下屬的抗拒心理。但是，僅僅描述事實是不夠的。在描述事實之後，還應該對這種行為可能產生的後果做一定的描述。例如，可以說「你的行銷業績出乎我的意料，這將對我們整個網點的績效考核產生不良的影響」「客戶表示無法接受這樣的服務水平，他們將轉向他行辦理業務」等。在這裡，管理者應該注意不要使用過於嚴厲的責備的口吻，否則下屬會將精力集中於如何抵禦攻擊，而不是如何解決問題。最後，管理者可以提出具體的解決方式或引導下屬主動尋找可行的解決方案。當然，現實中並不是所有情況都應該遵循這三個步驟。上述例子是針對下屬工作中的問題而言的。總之，在可能的情況下用事實根據來代替主觀的判斷，能夠最大限度地避免對方的不信任感和抵禦心理。以事實為導向的定位原則能夠幫助我們更加順利地進行建設性溝通。

(四) 績效溝通技巧

績效溝通是技術要求相對較高的一種溝通。在具體的溝通實踐中，管理者需要運用各種各樣的溝通技巧和方法。

1. 積極傾聽的技巧

溝通是一個雙向的過程。從表面看，這種雙向性表現在溝通雙方不僅要通過溝通的過程向對方傳遞信息乃至想法，而且需要通過溝通過程得到所需的信息。雙向溝通的更深層次含義在於，信息發出者並不只是單向地發出信息，還需要根據接收者的反應接收到相應的反饋信息，從而調整溝通的內容和方式。

很多管理者經常會忽視積極傾聽的意義，尤其是在與下屬進行溝通時，他們往往會失去應有的耐心。這種做法將嚴重影響溝通的質量，甚至影響管理者與下屬之間的良好關係。同時，績效溝通中的任何一方都應該具備積極傾聽的技巧，以充分獲取信息，使整個溝通的過程得以順利進行。

積極傾聽通常能夠幫助管理者更好地解決問題。每個人在形成對某種事物或觀念的正確判斷之前，往往只有一些樸素的、模糊的認識，僅僅通過自己的思考很難得到

充分的信息。在這種情況下，積極的傾聽能夠幫助我們獲取信息，理清思路，從而更好地解決問題。管理者常常面臨這樣的情況：當他們發現工作中存在問題時，往往會形成自己的看法。有的管理者過於武斷，將自己的看法視為當然的正確觀點。這種先驗意識阻礙了他們與下屬之間的有效溝通，因為先驗意識使管理者難以接受與自己觀點相左的看法，也就無法與下屬進行積極的溝通，溝通也就難以達到目的。

有時候，管理者並沒有意識到自己的行為阻礙了溝通的有效進行。溝通的實踐表明，傳遞信息不僅可以通過口頭或書面語言，還可以通過肢體語言。例如，當下屬走進上級的辦公室，開始匯報自己的工作時，管理者一邊嘴裡「嗯、嗯」著，一邊還在翻看手中的文件。這時，管理者就使下屬接收到了這樣的反饋信息：他手中的文件才是重要的，他並不關心我匯報的問題。可想而知，這樣的溝通無法產生應有的效果。

因此，積極傾聽的技巧是每一位管理者必須具備的管理技能之一。積極傾聽的技巧可以分為以下五種：

（1）解釋

傾聽者要學會用自己的詞彙解釋講話者所講的內容，從而檢驗自己是否完全理解了對方的想法。例如：

網點主任：我感到很鬱悶。這個季度我想了很多辦法，也加大了管理力度，自己也盡了全力，但到頭來任務還是沒有完成。我覺得大家都不太配合我。

行長：看上去你很失望，你沒有得到大家足夠的支持。

網點主任：是的，正是這樣，並且……

（2）向對方表達認同

當有人表達某種感情或很情緒化時，對對方的感受表示認同能夠幫助對方進一步表達他的想法。例如：

網點主任：我真的不知道該怎麼辦。為了完成支行下達的任務，我忙裡忙外，以身作則，帶頭行銷，犧牲了幾乎所有個人休息時間。

行長：看來，你個人確實付出了不少。

網點主任：就是啊，我們還專門制訂了行銷競賽方案，獎罰力度也更大，希望以此來激發大家的積極性。哎，沒想到網點行銷業績還是沒有明顯起色。

行長：你確實想了不少辦法。

（3）簡要概括對方表達的內容

將對方所說的內容進行簡要的概括，表明確實瞭解了對方所要表達的內容，並促使對方進一步說明他的觀點，將談話推向更進一步的話題。例如：

網點主任：我們每週都召開例會，通報大家的業績情況，對完成好的員工進行表揚，對有差距的進行批評，並嚴格按照獎罰辦法兌現。還有優質服務情況，我每週都調監控，發現服務問題就當場處罰。我們還經常組織一些產品培訓……

行長：看來這段時間你做了大量的工作，也一直很努力。

網點主任：是啊，我認為考核就是指揮棒，只有嚴格的獎罰機制才能調動大家的

積極性。

（4）綜合對方表達的內容，得出結論

與第三種做法不同，聽者不僅可以總結概括對方的觀點，還可以形成一個結論性的觀點，以使話題能夠進一步展開。例如：

網點主任：上個星期的周例會上，網點對新來的大學生小張進行了批評處罰，因為他接二連三地出現差錯，還經常被客戶投訴，我覺得他根本就不安心在櫃臺工作。還有老王，業務技能差，又缺乏工作激情，還時不時跟我唱對臺戲。還有……每次網點會議大家總是講客觀原因，不檢討自己的主觀問題。

行長：你是說，個別員工的表現影響了網點的整體氛圍和業績？

網點主任：正是這樣，如果能夠調換一兩個「問題員工」，網點工作還是很有希望的。

（5）站在對方角度積極給予建議

例如：

網點主任：我真的沒有辦法了，現在員工的積極性都很難調動，每次網點會議就那麼幾個員工經常挨批評，弄得網點氣氛很緊張。

行長：如果我處在你的位置，我想我會改變一下管理方法。嚴格考核固然非常重要，但你是否嘗試過採取一對一的績效溝通方式呢？通過坦誠溝通瞭解所謂「問題員工」的真實的思想狀態，也許會取得意想不到的效果。

網點主任：哦，好的……我回去後好好準備一下，同時也向其他有經驗的網點主任請教。

學會傾聽除了運用好上述技巧外，還必須注意以下幾點：

（1）為聽做好準備。溝通是一個雙向的過程，聽者和說者應該共同承擔提高溝通效率的責任。聽者應盡力去思考說者所說的內容，而不是自己應當說什麼。做準備還包括態度的準備——包括對注意力、領悟力和理解力的準備。另外，還應該確保自己掌握與溝通內容相關的必要的背景知識。

（2）培養自己的興趣。要記住聽者與說者同樣有激發對方興趣的責任。要從溝通的過程中尋找可能與你、你的工作、你的興趣相關的信息。要對說者所說的內容表示出興趣，「畢竟沒有人願意對著空氣說話」。要問問自己：「如果我是講話者，感覺又怎樣？」

（3）傾聽主要的觀點。不好的傾聽者傾向於只注意聽取事實。要學會區分事實和理論、觀點和例證、證據和辯解。提煉主要觀點的能力取決於聽者組織信息和傳遞語言的能力以及說者是否進行了必要的重複。說者可能在溝通的開始、中間或結尾闡述他的主要觀點。因此，聽者必須一直仔細地聽。

（4）以批判的態度聽。應當在無偏見的情況下對說者相應的假設和辯解持批判的態度並小心估量其主要觀點背後的證據的價值和其所運用的邏輯基礎。

（5）集中注意力，避免分心。人的注意力具有波動性和選擇性的特點。在聽的過

程中注意力會下降，而在談話即將結束時注意力又會上升。聽者應當特別注意避免這種趨勢，使自己的注意力保持集中。不要由於說者的衣著、外表、使用的詞彙、風度和使用可視的、口頭的與書面的輔助物而分散注意力。

（6）善於做筆記。如果所說的內容十分重要，就有必要將所說的內容的要點和可能會遺忘的個別例子等內容做大致的記錄。但要注意的是，聽者最首要的任務是聽。等說者說完一個意思之後再記筆記也許更好些，因為記筆記也可能是一種分心。

（7）幫助說者。要表現出你對說者所說的內容的反應──可以是簡短的評論，也可以是一個小小的動作。這些反應表明你的興趣，但反應要平靜和簡單，不能干擾說者的思路。

（8）克制自己。作為一個好的傾聽者，最困難的或許就是盡力克制自己不插話。即使說者略作停頓往往也不意味著他已經講完了，所以一定要耐心。「聽是一個克制的過程。」

2. 非語言溝通技巧

溝通並不是一個簡單的語言傳遞的過程。在溝通的過程中，溝通雙方的肢體動作往往表達了各自真實的想法，這些肢體語言也是影響建設性溝通成敗的一個重要因素。但是，要真正理解這些肢體語言所表達的內容，我們必須結合溝通發生的環境、雙方的關係和溝通的內容等進行綜合判斷，否則，這些肢體語言就是空洞的、沒有意義的。下面是一些常見的肢體語言的基本含義：

說話時捂嘴：說話沒有把握或撒謊。
搖晃一只腳：厭煩。
把鉛筆等物放到嘴裡：需要更多的信息，焦慮。
沒有眼神的溝通：試圖隱瞞什麼。
腳尖朝著門口方向：準備離開。
擦鼻子：反感別人所說的話。
揉眼睛或捏耳朵：疑慮。
觸摸耳朵：準備打斷別人。
觸摸喉部：需要加以重申。
緊握雙手：焦慮。
緊握拳頭：意志堅決、憤怒。
手指頭指著別人：譴責、懲戒。
坐在椅子的邊緣：隨時準備行動。
坐在椅子上，上身往前傾：讚同。
雙臂交叉於胸前：不同意。
襯衣紐扣鬆開，手臂和小腿均不交叉：開放、輕鬆。
小腿在椅子上晃動：不在乎。
反身坐在椅子上：支配性。

背著雙手：優越感。

腳踝交叉：收回。

搓手：有所期待。

手指叩擊皮帶或褲子：一切在握。

無意識地清嗓子：擔心、憂慮。

有意識地清嗓子：輕責、訓誡、提醒。

一只手在上，另一只手在下，置於大腿前部：十分自信。

坐時蹺二郎腿：舒適、無所謂。

一個人有太多如下肢體語言時，可被認為在撒謊：眨眼過於頻繁，說話時掩嘴，用舌頭濕潤嘴唇，清嗓子，不停地做吞咽動作，冒虛汗和頻繁聳肩。

以上這些肢體語言往往是人們在溝通過程中無意識地表現出來的，或無意識地接受並做出的反應。學習肢體語言的可能含義能夠幫助我們在溝通中對這些無意識的反應做出有意識的認識，從而有助於把握溝通對象的真正意圖，這對於建設性溝通是十分有益的。

3. 對信息的要求

由於溝通雙方的生活背景、經歷和理解能力等方面不同，溝通雙方可能對相同的信息產生不同的理解。因此，在溝通過程中，管理者和下屬需要保證溝通信息的完整性和準確性。

（1）信息的完整性

在溝通中，信息發出者要盡量提供完整和全面的信息。具體來說，信息發出者需要注意以下幾個方面：溝通中是否提供了全部的必要信息；是否根據聽者的反饋回答了全部問題；是否為了實現溝通的目的，提供必要的額外信息。在績效溝通中，信息不完整的情況十分常見。比如管理者和下屬在就日常工作進行溝通的時候，信息的完整性就可能被忽視：下屬可能提供了部分績效信息，並認為管理者對很多信息都是清楚的；管理者在進行績效輔導的時候，也常常會忽略一些他認為下屬理所當然應該知道但實際上下屬可能不完全知道的信息，或者並不掌握解決問題的關鍵技能等。雖然在信息溝通中所有人都不可能做到信息面面俱到，但是管理者和下屬都需要做到關鍵信息不遺漏。

（2）信息的準確性

首先，溝通雙方應確保信息來源是準確的和可靠的。特別是管理者對下屬的工作失誤提出意見時，就必須使用雙方都能夠認同的信息來源所提供的信息。例如，甲和乙之間有一些私人矛盾。如果管理者以甲提供的信息為依據，對乙的怠工行為提出批評，就容易遭到乙的排斥，即使甲提供的信息是客觀的。這樣的溝通往往不會取得良好的效果，因為溝通信息的可靠性沒有得到接收者的認同。

其次，溝通雙方應該使用雙方都能夠理解的媒介手段和恰當的語言表達方式。一是選擇合適的媒介手段。主要的媒介手段包括會談、書面報告、信息系統等各種形式。

在選擇媒介時，不能僅憑信息發出者的意願，而要根據溝通對象的特徵、溝通的目的以及各方面的環境因素等進行綜合考慮。例如，管理者要針對某個下屬在工作中的問題進行輔導，通常就應該採用一對一面談的形式；而對於團隊工作中的問題，在團隊成員數量有限並有可能集中而不影響工作進展的情況下，就可以採用團隊集體會議的方式進行溝通。當然，如果溝通雙方樂於接受企業內部網路或者基於互聯網的信息平臺的方式，則有助於取得良好的溝通效果。二是選擇恰當的語言表達方式。恰當的語言表達方式主要是指恰當的詞彙和語言風格兩個方面。在管理者與下屬的溝通中，要注意由於溝通雙方在文化和語言上的差異往往會導致對相同詞彙的不同理解。此外，在語言風格上，溝通雙方可以根據不同的溝通主題，決定是選擇正式語言、非正式語言，還是非規範語言。這三種不同類型的語言運用於不同的溝通方式，服務於不同的溝通對象和溝通目的。在管理者與下屬之間進行的非正式溝通中，可能更多地運用非正式的語言進行交流，甚至會使用一些在工作場合中大家都能理解的非規範語言。但是在正式的書面溝通如工作報告中，就需要使用正式的語言準確地表達信息的內容。

三、績效輔導

所謂績效輔導（Performance Coaching），是指管理者在進行充分的績效溝通的基礎上，根據績效計劃，針對下屬工作進展中存在的問題和潛在的障礙，激勵和指導下屬，以幫助其實現績效目標，並且確保其工作不偏離組織戰略目標的持續的過程。管理者作為績效輔導的主導者和推動者，不僅需要對下屬提出的各種要求做出積極回應，還需要能夠前瞻性地發現潛在問題並加以解決。

就具體工作而言，管理者並不見得比下屬有更深入、更全面的瞭解，但這並不妨礙其成為一個合格的輔導者。在績效輔導的實施過程中，關鍵是建立一種績效輔導機制，確保管理者能全面監控績效計劃的執行情況，及時發現下屬工作中存在的問題和困難，並提供必要的幫助。

優秀的管理者應該在以下三個方面發揮作用：第一，與下屬建立一對一的密切聯繫，向他們提供反饋，幫助下屬制定能拓展其目標的任務，並在他們遇到困難時提供支持。第二，營造一種鼓勵下屬勇於挑戰、不斷超越的氛圍。在績效輔導中，管理者需要注重培養下屬的主人翁意識和責任感，幫助其樹立自信和提高工作的成就感，促使其為了實現績效目標而不斷自我超越，為承擔更具有挑戰性的工作任務而不斷提升知識、技能和對組織的承諾水平。第三，為下屬搭建交流平臺，使他們有機會與不同的人一起工作，把他們與能夠幫助其發展的人聯繫在一起，為他們提供新的挑戰性工作以及接觸某些人或情境的機會，而這些人或情境是員工自己很難接觸到的。

(一) 績效輔導流程

管理者需要採取合適的監控方法，對下屬績效計劃的執行情況進行監督，如果發

現問題，就應該提供及時的績效輔導與幫助，協助下屬解決存在的問題。管理者提供輔導與幫助有兩種情況：一種情況是管理者只需要直接提供指導和協助就能解決問題；另一種情況是管理者不能提供直接的幫助，就需要為下屬提供培訓機會，以幫助其達到績效目標。績效輔導的過程也是績效信息的收集過程，績效輔導工作結束的時候，對績效信息匯總就獲得了完整的績效信息。在績效監控過程中，對順利達成或超額完成績效目標的下屬，管理者則需要及時給予表揚與肯定，對其進行激勵，並幫助其對內在潛力進行持續開發，為承擔更艱鉅的任務做好準備。績效輔導流程如圖6-1所示。

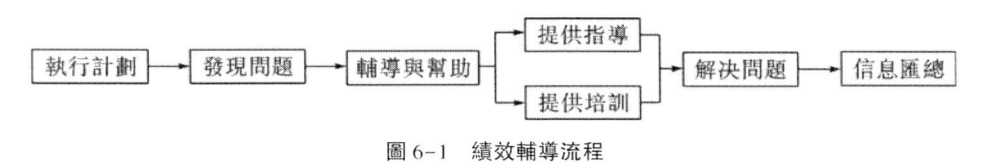

執行計劃 → 發現問題 → 輔導與幫助 → 提供指導／提供培訓 → 解決問題 → 信息匯總

圖6-1 績效輔導流程

(二) 績效輔導時機

為了對下屬進行有效的指導，把握好績效輔導的時機，有助於取得更好的效果。如：

(1) 正在學習新技能時。

(2) 正在從事一項任務，而你認為如果他們採取其他方法能夠更加有效地完成任務時。

(3) 被安排參與一項大的或非同尋常的項目時。

(4) 面臨新的職業發展機會時。

(5) 未能按標準完成任務時。

(6) 不清楚工作的重要性時。

(7) 剛結束培訓時。

對下屬進行指導時，管理者需要獲得關於下屬績效的信息，持續的監督有助於管理者獲得反應下屬績效所必需的信息。績效輔導不是一種被動行為或一項臨時性工作，而是通過使用一種或幾種方法收集所需數據，如關鍵事件記錄法等，使管理者獲得關於下屬的足夠的信息，確保管理者的指導有的放矢。

(三) 績效輔導方法

隨著知識經濟的迅猛發展，企業正在進行一場管理革命——企業管理者從正三角形管理層次高高在上的「命令型」領導，轉化為倒三角形管理層次中全力支持一線員工的「服務型」領導。而此時，旨在發掘人的潛力、實現個人和組織最優目標的教練技術應運而生，迅速成為管理界適應時代發展的得心應手的法寶。

教練技術是從體育界概念衍生而來的，它是以對話技術為基礎，以結果和未來為導向，綜合應用心理學和管理學等多種學科的工具，幫助員工挖掘潛力，克服障礙，實現組織目標下的個人目標的一種績效輔導方法。它的核心內容是：教練以中立者的

身分，通過運用聆聽、發問等教練技巧反應出被輔導者的心態，從而區分其行為是否有效，並給予直接的反饋，使其洞悉自己、及時調整心態、明確目標、激發潛能，以最佳狀態去創造成果。教練技術作為一種輔導方法，其作用是：明確員工或團隊的目標，協助其訂立業務發展策略，提高績效；激發員工的潛能和創意，提升解決問題的能力，衝破思想限制，創造更多的可能性；使員工心態由被動待命轉變為積極主動，素質得以提升；把所有的能量都集中在團隊的目標上。在實施教練技術時通常是一對一的。據一項調查結果，培訓能增加22%的生產力，「培訓」加「教練」能增加88%的生產力。

教練技術與傳統管理方法的區別在於：第一，傳統管理強調倫理和層級關係，維護上級的權威，上下級關係是不平等的。而教練技術強調上級的重要責任在於提供支持和指導，下級的主動性和能動性得到極大釋放。第二，傳統管理強調自上而下，達成目標的挑戰性非常大，不可控的因素多。而教練技術更加強調目標自下而上，通過運用一系列的教練工具，抓住關鍵和重點，一步一步考慮清楚，不可控因素的影響很小，目標達成的概率大大提高。第三，傳統管理強調的是無條件地執行，解決方案和應對策略都由上級制定，下級只需要不折不扣地執行。而教練技術注重的是圍繞目標，讓下級自己找出解決方法，並且通過一系列的技術工具來協助其達成，下級的成就感、參與度得到空前提高。第四，傳統管理更加重視整體利益，往往忽視個體利益，下級有可能淪為上級實現目標的工具或機器，下級更趨於保守和被動，其潛能無法得到有效開發。而教練技術則更加明確下級完成任務後會獲得什麼樣的激勵和回報，更加尊重員工的真實需求，激勵員工挑戰更高目標。因此，在運用教練技術的企業裡，組織整體效益和文化氛圍更好，更有競爭力，更有方向感和激情。而在傳統管理方式的企業裡，更多地倚重強人或能人或者開明的上級，組織競爭能力和個人潛能無法得到充分釋放。

管理者如何成為一位好教練？秘訣在於多問少教，多聽少說，多授權少指導。因為好教練必須是一位啟發者，而非威權者。通過發問，好教練可以幫助員工發揮潛力，追求最高績效，並從中獲得知識，得到成長。

1. GROW 模型

在績效計劃制訂、績效監控、績效評價和績效反饋等績效管理環節中，都可以使用教練式輔導方法。其中 GROW 模型是教練式績效輔導常用的一種方法。G——Goal 即建立目標，R——Reality 即瞭解現狀，O——Option 即討論方案，W——Will 即確定意願。

（1）G——Goal 即建立目標

開始時，教練幫助受輔導者確定他們希望實現的目標。目標包括長期目標和近期目標。長期目標是對人生方向的指引，能使人產生熱情和動力。近期目標促使人們付諸實際行動，推動著長期目標的實現。當受輔導者處於建立目標階段時，試問如下問題：

你希望談些什麼？

你在今天這次討論中想達成什麼結果？

你認為最重要的問題是什麼？

（2）R——Reality 即瞭解現狀

在瞭解現狀階段，教練應幫助員工檢視目前的環境狀況，去發掘所有相關事實，這個階段的進度必須放慢，瞭解現狀後也許需要受輔導者重新確立目標。當受輔導者處於瞭解現狀階段時，試問如下一些問題：

現在出現了什麼情況？發生了什麼事情？

對此你有什麼感覺？

事實是什麼？

（3）O——Option 即討論方案

在該階段，教練和受輔導者要列出一個備選行動方案清單。確保你和受輔導者已就現實狀況達成共識，通過提問幫助受輔導者用頭腦風暴法思考出完成目標的各類方法。當發掘備選方案時，試問如下一些問題：

你曾經嘗試過哪些做法？

還有哪些其他可能的方法？

如果有更多時間，你會怎麼做？

（4）W——Will 即確定意願

在該階段將討論轉變為決定。當考慮過所有備選方案後，受輔導者需決定採取什麼行動。教練在這個過程中起協助作用，而不是將自己的意志強加於人。只有受輔導者對自己的行動計劃做出承諾，才最有可能獲得成功。當制訂行動計劃時，試問如下一些問題：

你打算做什麼？

你準備什麼時候做？目標達成時間表？

該項行動是否能實現預定目標？行動和目標吻合嗎？成功的衡量標準是什麼？

需要什麼協助？

對計劃進行後續進度檢查的日期？

2. GROW 輔導案例

小張畢業於某重點大學金融專業，在銀行網點從事櫃員工作。該網點業務量很大，人手不足，小張來到網點後不久就被安排上櫃辦理業務。由於小張對業務辦理操作不是非常熟悉，辦理業務效率較低，有時經常出錯甚至被投訴，導致其心理壓力大，工作積極性不高。在季度績效考核結果公布後，小張的績效排名靠後，其績效工資和獎勵工資遠低於網點平均水平。

小張所在網點主任嚴主任發現小張的問題後，覺得有必要與其進行溝通。嚴主任首先提前瞭解了小張的相關情況，收集和分析了小張的業績統計信息，並從網點其他同事處瞭解其對小張的評價。經過瞭解後嚴主任認為小張的問題在於其對工作不適應，

需要幫助其重新樹立信心，激發其學習和成長的動力。因此，嚴主任決定採用 GROW 方法對小張進行績效輔導。其輔導過程如下：

（1）建立目標

嚴主任認為當務之急是幫助小張認識到自己的不足，重新幫助其建立自信和工作的積極性，並協助其規劃職業發展，建立長期和近期目標。

嚴主任問小張的問題：

工作後的個人感受如何？

嚴主任給小張介紹了典型職業發展路徑與同事中的榜樣，並與小張探討個人對職業發展的想法。

通過以上開放性的問題和談話，引導小張自己總結、分析，得到了其個人職業發展的近期目標和中長期目標。

近期目標：盡快熟悉業務操作和產品知識，提高個人服務和銷售能力。

中長期目標：成為一名優秀的理財顧問。

（2）瞭解現狀

嚴主任在幫助小張明確個人目標後，進一步協助其發現自己的問題。

嚴主任問小張的問題：

工作中是否感覺到壓力？壓力來自哪些方面？是客戶？是同事？是領導？還是自身？

嚴主任對小張個人前期工作中印象深刻的「失敗案例」與「成功案例」進行分析：存在哪些原因？其問題癥結是本人對工作認同度不高？還是業務操作不熟？還是客戶溝通技巧缺乏？等等。

通過開放性的問題和談話，嚴主任引導小張發現其自身存在的問題和待改進的地方：每天工作壓力很大，導致工作熱情和積極性不高，需要調整工作態度和狀態；有眼高手低的心態，認為現在的工作和理想差距太大，沒有認識到目前的基礎性工作對個人未來發展的重要性。

（3）討論方案

嚴主任在幫助小張明確個人目標並認識到存在的問題後，又協助其尋求解決問題、達到目標的方法。

嚴主任問小張的問題：

你認為做一名合格的櫃員要怎麼做？

你認為成為一名出色的櫃員，自身具有哪些優勢和不足？

你認為作為理財顧問需要具備什麼樣的素質？從櫃員到理財顧問的發展途徑中，關鍵的能力提升點在哪裡？等等。

通過開放性的問題和談話，嚴主任引導小張自己尋求解決問題的方法：找到自身的能力提升要點，向老員工學習業務知識，逐步提高個人業務水平；學習和累積理財專業知識，考取相關認證；熟悉產品，提高行銷能力，逐步向行銷人員方向發展。

（4）確定意願

最後，嚴主任幫助小張制訂下一步個人提升行動計劃。

嚴主任問小張的問題：

就現在的崗位來說，你準備怎麼做？下一個績效目標是什麼？

為達成上述目標，需要從哪幾個方面入手？

實現中長期目標的時間計劃如何安排？等等。

嚴主任通過開放性的問題和談話，幫助小張重新建立了自信和工作積極性，並引導小張制訂了切實可行的行動計劃：在下個季度，個人績效水平達到網點平均水平以上；加強產品學習，提高行銷技能，爭取 2 年內轉型為大堂經理，4 年內轉型為客戶經理，5 年內考取金融理財師認證（AFP/CFP），成為一名合格的理財顧問。

四、績效信息收集

德魯克在《21 世紀的管理挑戰》中所說的「信息的挑戰」，是指要想衡量績效，管理者要有一套診斷工具，包括基本信息、生產率信息、競爭優勢信息以及與稀有資源有關的信息。這充分說明了信息在管理活動中的重要性。在績效監控環節，管理者應該通過各種途徑收集和記錄績效信息，為績效監控提供信息支持，防止重大事故的發生，並為績效評價做好信息準備。

赫伯特·西蒙（Herbert Simon）認為「決策過程中至關重要的因素是信息聯繫，信息是合理決策的生命線」。全面準確和客觀公正的績效信息是做出績效管理相關決策的基礎，績效信息的質量在一定程度上決定了績效管理的成敗。一方面，為了保證績效評價時有明確的依據，避免出現傳統績效評價中根據主觀臆斷或對績效表現的回憶來評價員工績效的現象，管理者必須持續不斷地收集信息，特別是記錄員工在實現績效目標過程中的關鍵事件，從而確保評價結果的公正及其可信度；另一方面，管理者通過持續地收集信息，記錄關鍵事件，有助於診斷員工的績效，進而通過績效監控、績效評價和績效反饋過程中的有效溝通達到改進績效的目的。在績效監控過程中，管理者需要持續地收集和累積大量準確有效的績效信息，為績效管理的監控和評價工作提供詳實的信息基礎，這也是績效管理成敗的基礎和關鍵之一。

（一）績效收集的內容

績效信息收集的內容主要是與績效目標達成密切相關的關鍵績效信息，而不是對績效信息的全面記錄。績效信息的收集要求既重結果又重過程，要求對重要的過程信息和結果信息進行全面完整的記錄。

1. 績效目標決定績效信息收集的範圍

所有與實現各層次績效目標相關的重要績效信息都需要收集、記錄和保存下來。其中，與組織戰略目標相關的績效信息是相關工作需要特別關注的領域。

2. 信息收集的內容需要面向績效評價

績效評價與績效監控的信息在內容上是一致的，績效評價需要的信息就是績效監控的重要內容。績效評價是一項鑒定活動，是依據績效信息對績效計劃執行情況進行評判。在績效監控過程中，需要對績效信息進行全面的收集和整理，為績效評價工作提供有力的佐證，從而確保績效評價的公正性和準確性，並保障員工對績效評價結果的認可。

3. 績效信息一般分為關鍵事件、業績信息和第三方信息三種類型

首先，關鍵事件是指一些比較極端或比較有代表性的行為和具體事件。當這類事件發生時，要及時客觀地記錄，不應當加入任何主觀的判斷和修飾。記錄的內容主要是全面描述事件，包括事件具體發生的時間、當時的情況、員工具體的行為以及最後的結果等，總之應盡可能客觀具體地列出當時重要的關鍵事件和結果信息。其次，業績信息是指完成績效計劃或工作任務時的各種業務記錄，特別需要注意收集績效突出和有績效問題的相關信息。業績信息收集的過程也是對績效相關的數據、觀察結果、溝通結果和決策情況等的記錄過程，主要確定「需要做什麼、為誰做、什麼時候做」，從而幫助員工創造好的績效。員工是績效的主要責任者，讓員工參與收集信息同時也是使員工參與績效管理過程的好方法。通過收集信息，員工不再將績效管理看成監督和檢查的工具，而是把績效管理看成發現和解決問題的工具。最後，第三方信息是指讓客戶等幫助收集信息。內部記錄的績效信息不可能涉及績效評價的方方面面，管理者也不可能瞭解員工的每個工作細節，比如客戶經理和櫃員的服務質量，因此，有必要借助第三方來收集信息。

(二) 信息收集的來源

績效信息收集應該實現制度化，對信息來源、信息匯總部門、信息使用和反饋部門等做出明確的規定。其中，信息匯總部門、信息使用和反饋部門都是靜態的制度性規定，比如信息由人力資源部或績效考核辦公室匯總，向各部門及時進行績效反饋，對績效信息的使用、保密等按組織的規定執行即可。但是對信息來源的規定則是動態發展的，管理者需要做出明確的規定，確保信息收集渠道暢通和獲得準確有效的績效信息。

目前，通常採用多渠道來保障績效信息的準確性和客觀性。信息收集的主要來源包括：

1. 上級是績效信息的主要來源

上級掌握的績效信息比較全面，能夠從宏觀和整體上看待下屬的績效表現，對績效結果的判斷也比較客觀和全面。在任何類型的組織中，上級都是主要的信息來源之一。但是，上級也不可能瞭解下屬工作的所有信息，比如，櫃員和客戶經理，也許客戶更加瞭解其績效表現。另外，上級也有個人喜好和價值取向，在績效信息收集過程中，可能存在偏見。

2. 同事、下級、本人也是績效信息收集的重要來源

隨著戰略協同和團隊配合在組織管理中的普及，同事作為績效信息的來源在績效信息系統中的重要性越來越受到重視，同事評價所占的權重也越來越大。比如，年度考核中對員工360度行為能力（KCI）考核，參與者包括相關的上下級和同級同事。下級在對上級進行評價的時候，必須完全匿名、保密措施非常嚴格，否則很難收集到真實信息。在績效管理中，自我評價也非常重要，評價者可以通過對比真實績效水平和自我期望的差距，做出積極主動的調整。自我評價對績效目標的達成和績效改進同樣發揮著重要作用。

3. 外部客戶是必要的信息來源

客戶對一個企業的產品或服務的認可是企業賴以生存的基礎，也是其戰略目標實現的決定性因素。雖然從客戶那裡收集信息的成本非常高，但這是一個非常重要的過程。企業對客戶信息的收集主要在與客戶互動頻繁的群體裡進行，比如櫃員和客戶經理等一線人員，可以從客戶那裡收集績效信息。另外，對客戶信息收集的時機把握也非常關鍵，如櫃員服務的滿意度評價就需要在業務辦理完後及時收集。

（三）信息收集的方法

不同的績效信息需要通過合適的方法收集，管理者在設計信息收集渠道的時候需要選擇最優的方法以保障信息收集工作的質量。目前主要的績效信息收集方法包括：

1. 工作記錄法

使用該方法，需要相關人員填寫原始記錄單，定期進行統計和匯總。比如，對櫃臺人員的服務和業務操作情況進行詳細記錄，需使用規範的電子信息收集表格，便於信息的儲存、統計、匯總和分析。

2. 觀察法

觀察法是管理者直接觀察下屬的工作表現。觀察是一種收集信息的特定方式，通常是管理者親眼所見、親耳所聞，而不是從別人那裡得知。管理者常常採用走動式管理，對工作現場進行不定時的考察，以獲取第一手績效信息。

3. 抽查或檢查法

這種方法常常與工作記錄法配合使用，是為了核對相關績效信息的真實性而採用的一種信息收集方法。例如，銀行網點的優質服務檢查。

4. 關鍵事件法

這種方法要求在績效實施過程中，特別對突出或異常失誤的關鍵性事件進行記錄，為管理者對突出業績進行及時獎勵和對重大問題進行及時輔導或糾偏做準備，並為績效評價和績效改進做基礎信息收集。

具體來講，管理者在績效信息收集過程中主要做如下幾個方面的工作：

（1）定期安排與下屬的會面來評價他們的績效。

（2）對照事先建立的崗位說明書或行動計劃檢查工作的進展，考察績效是否達到

了目標。
  （3）回顧在評價週期開始的時候形成的報告或者目標列表。
  （4）到各處巡視工作的進展情況，並與下屬進行非正式的討論。
  （5）從下屬的同事那裡獲得關於下屬績效相關信息的反饋（正式或非正式的）。
  （6）檢查工作的產出和結果，以檢查其質量或者準確性。
  （7）要求下屬做工作進展報告。
  （8）提出要求後，檢查任務完成情況，或者看是否有需要幫助下屬解決的問題。
  （9）通過分析工作結果、討論改進方案，評價工作任務或績效目標完成的情況。
  （10）關注顧客的投訴和滿意度（內部或外部），以便評價、檢查員工的績效。

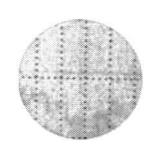

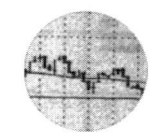

第七章　銀行績效評價

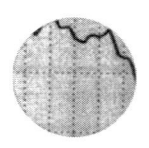

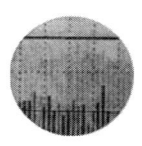

績效評價作為績效管理的核心環節，涉及「評價什麼」「誰來評價」「多長時間評價一次」「如何評價」等重要問題，在實踐中受到管理者和員工的廣泛關注。

所謂績效評價（Performance Appraisal，PA）是指根據績效計劃約定的評價週期和評價標準，由績效管理主管部門選定的評價主體，採用有效的評價方法，對組織、部門和個人的績效目標完成情況進行評價的過程。

實施有效的績效評價是組織管理過程中必不可少的工作，有著非常重要的意義：

第一，績效評價能夠推動組織戰略的實現。績效評價的內容具有行為導向作用，能夠使個體行為聚焦於組織戰略。組織想要實現既定戰略，必須界定清楚與戰略相關的目標是什麼，通過員工什麼樣的行為和結果能夠達成戰略目標，然後將這些內容轉化為績效評價的內容傳遞給組織內的所有成員。換句話說，評價內容直接由組織戰略決定，績效評價時使用哪些指標、如何定義這些指標，都是在向組織成員傳達組織重視什麼方面的表現、要求員工具備哪些能力和什麼樣的工作態度等信息。績效評價這種引導和傳遞的作用能夠讓組織成員的組織行為和結果指向組織戰略，從而有利於組織戰略的實現。

第二，績效評價能夠促進績效水平的提升。管理者通過對組織績效、部門績效和個人績效的評價，能夠及時發現存在的績效問題，通過及時的溝通和反饋，分析個人層面、部門層面和組織層面存在的導致績效不佳的原因，制訂並切實執行績效改進計劃，從而提高各層面的績效水平。

第三，績效評價結果能夠為各項人力資源管理決策提供依據。績效評價的結果是組織做出薪酬決策、晉升決策、培訓與開發決策的依據，只有將績效評價的結果與人力資源管理的相關決策緊密聯繫起來，才能對所有成員起到激勵和引導的作用，同時也能增強各項人力資源管理決策的可接受程度。

一、績效評價內容

績效評價內容可劃分為工作業績評價和關鍵勝任能力評價兩部分，二者相互聯繫、相互影響。由於評價內容的不同，這兩類評價具有不同的特徵。

（一）業績評價

業績評價是績效評價最核心的內容。與組織戰略目標實現相關的績效都要通過業績產出來衡量。所謂業績，就是工作行為取得的階段性產出和直接結果。評價業績的過程不僅要判定個人的工作完成情況，也要衡量部門、組織的指標完成情況。更重要的是，管理者要以評價結果為基礎來有計劃地改進績效欠佳的方面，從而達到組織發展的要求。對組織層面、部門層面、個人層面的業績評價不僅要包括利益相關者層面

（結果）的指標，也要涵蓋實現路徑（過程）層面的指標和保障措施層面的指標，既兼顧結果也兼顧過程，才能保證業績評價的完整性和準確性。

業績評價一般是從數量、質量、時間和成本等角度來考慮的。但是組織、部門和個人層面的業績評價是有區別的。組織層面的業績評價主要集中於對組織整體戰略目標實現起重要作用的指標。而部門層面的業績評價是通過分解、承接組織層面的業績目標而形成的內容。除此之外，還要反應部門自身職責的相關內容。個人層面的業績評價主要是最微觀具體的崗位職責所要求的內容。

(二) 關鍵勝任能力評價

關鍵勝任能力評價是指對被評價對象的高績效達成的關鍵勝任能力的評定。工作能力評定把能力、個性、動機和態度等進行量化和定性，最終使得反應績效的過程影響因素可控、可觀察、可培養。關鍵勝任能力評價又稱為行為能力評價。

「勝任能力」這一概念於 1973 年由哈佛大學教授戴維・麥克里蘭（David Mclelland）正式提出，它是指將某一工作中表現優異者與表現平平者區分開來的個人潛在的深層次特徵。它可以是動機、特質、自我、態度或價值觀、知識領域、認知或行為技能等任何可以被可靠測量到的、能夠顯著區分績效的個體特徵。由於勝任能力與工作績效密切相關，並能夠預測未來的績效，而且能夠區分績效優秀者和一般者，近年來被廣泛運用於人力資源管理領域。

關鍵勝任能力評價的引入，改變了傳統績效考核方式和理念，使得評價更加全面，也為全面的績效管理提供了基礎和可能。績效評價作為績效管理的關鍵一環，績效管理的最終目的是為了改進績效。以往績效評價的結果多與薪酬獎金掛鉤，員工也多把注意力集中在探究到底誰的績效更好一些上，對於團隊和個人的績效改進作用不大。而關鍵勝任能力評價指標提供了客觀的優秀績效的行為標準，建立了對優秀績效的期望，為任務的具體範圍和要求提供了共同理解，員工在關注績效結果的同時，也開始關注績效背後個體勝任能力的差異，思考自身的勝任能力狀況。如果我們對員工的勝任能力進行持續的觀察評價，一段時間之後進行縱向對比，可以觀察到員工在各項勝任能力上的發展情況。管理者就此可以瞭解到每個員工的優勢和劣勢，為員工的發展提供條件，員工個人也可以更加準確地認清自我的價值和職業發展的能力障礙，從而促使員工調整自身行為，持續改進自身能力。

但是需要注意的是，在實踐中不同崗位的勝任能力要求是不同的，因此需要針對崗位特性制定不同的勝任能力考核內容和標準。比如，銀行管理者和客戶經理，這兩類人員在達成績效目標的過程中所依賴的勝任能力的特質是不同的。另外，在制定關鍵勝任能力評價指標時，必須與員工做好溝通和培訓，必須讓員工理解組織的意圖和評價指標的含義，認識到勝任能力評價對自身能力發展的好處，而不是流於形式甚至出現抵觸現象。

二、績效評價的過程模型

績效評價是績效管理中技術性最強的環節之一，也是管理者非常關心的內容。在績效評價時，通常要經過五個過程，如圖7-1所示。績效評價的過程就是一個收集信息、整合信息、作出判斷的過程。

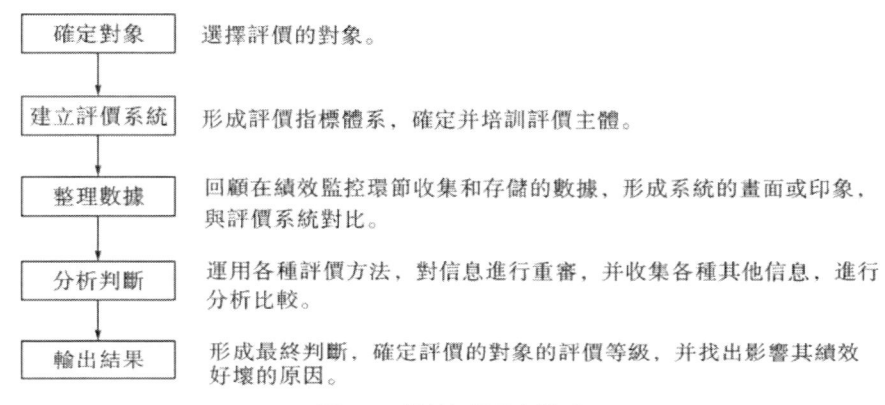

確定對象	選擇評價的對象。
建立評價系統	形成評價指標體系，確定并培訓評價主體。
整理數據	回顧在績效監控環節收集和存儲的數據，形成系統的畫面或印象，與評價系統對比。
分析判斷	運用各種評價方法，對信息進行重審，并收集各種其他信息，進行分析比較。
輸出結果	形成最終判斷，確定評價的對象的評價等級，并找出影響其績效好壞的原因。

圖7-1 績效評價過程模型

(一) 確定對象

績效評價的對象不同，績效評價的工作也不同。一般來說，績效評價包括三類對象：一是組織績效；二是部門績效；三是個人績效。評價員工個人、部門負責人或高層管理者的績效關係到獎懲、升降等人力資源管理的決策問題，而評價組織績效和部門績效則關係到組織、部門的發展和重點任務等問題。另外，評價個人績效也會由於其在組織中的地位以及工作崗位的不同而影響評價系統中的其他要素。例如，對於基層普通員工的績效評價主體就不會涉及下級，而對於基層管理者的績效評價主體則往往可以包括他的直接下級。不同崗位的個人之間，績效評價標準也有很大不同。

(二) 建立評價系統

評價系統包括確定合理的評價指標和評價標準，選擇適當的評價主體等。評價指標來自組織戰略目標的分解和承接，不論評價組織績效、部門績效還是個人績效，評價指標都要體現組織的戰略方向。

績效評價標準是指用於判斷被評價對象績效優劣的標準，可以分為絕對評價標準和相對評價標準。絕對評價標準指的是客觀存在的評價標準，而相對評價標準指的是通過對比和排序進行評價的標準。

所謂評價主體，指的是那些從事評價活動的人。評價主體分為內部評價主體和外部評價主體。內部評價主體包括上級、同級、下級和本人。外部評價主體包括客戶等。

（三）整理數據

準確的數據是保證評價公正性的重要保障，績效評價的一個主要目的是把管理從依靠直覺和預感轉變為以準確的數據和事實為依據。在績效監控階段收集的數據一般是零散的，因此有必要把這些零散的數據整理成系統的體系。在績效監控階段，我們往往記錄了一些關鍵事件，此時對這些關鍵事件要在不帶任何主觀色彩的情況下進行界定、歸類和整理。

（四）分析判斷

分析判斷就是運用具體的評價方法來確定評價結果的過程。評價要根據組織的特點、被評價對象的崗位特點、評價內容和評價目的，選擇合適的方法和形式。高層管理人員的評價指標主要是圍繞戰略的實施展開的相關指標和管理狀況，述職的形式恰好能夠達到這樣的目的。中層管理者、業務和操作人員的評價相對簡單些。也就是說，評價的關鍵在於指標的設計和評價體系的建立，有了好的評價體系，評價過程就會容易得多。

（五）輸出結果

通過使用適當的評價方法進行評價後，就得出了評價結果。評價結果不僅是好壞的評價或者簡單的績效得分及績效排名，而且應當對績效不佳的具體原因進行分析，以便在下一個績效管理週期加以改進。績效管理不是為了簡單的評價，更重要的是運用績效結果和改進績效。

三、評價主體

對被評價對象進行準確的評判，評價主體的選擇和培訓非常關鍵。

（一）評價主體的選擇

1. 選擇評價主體的一般原則

評價主體指的是對被評價對象做出評價的人。在設計績效評價體系時，一定要將評價主體與評價內容匹配。評價主體的選擇原則一般有：

（1）知情原則

知情原則是指評價主體對所評價的內容和所評價的崗位的工作都要有所瞭解。一方面評價主體要掌握評價內容，否則會影響整個績效評價工作的準確性和公正性；另一方面，評價主體要瞭解被評價崗位的工作。因為被評價對象的任何工作行為都是基於一定職責任務的，並不是孤立的行為。缺乏對被評價對象崗位的瞭解往往可能會做出以偏概全的判斷。

（2）360度原則

單一的評價主體容易產生誤差與偏頗。而採用多元化的評價主體，既可以對評價結果實現相互印證，又能夠互相補充，增加評價的準確性。另外，擴大評價主體的範圍也能夠體現出評價的民主性與公平性。因此，對評價內容與被評價對象的評估可以從多角度、多層面來進行，既可以包括被評價對象的上級、同級、本人、下級，也可以向組織外延伸，將利益相關者如客戶等納入到評價主體的範疇中。但是，360度選擇評價主體並不意味著評價主體越多越好，而應在評價主體瞭解被評價對象和評價內容的基礎上，擴大評價主體的範圍，使績效評價的結果更加全面和準確。

2. 不同評價主體的比較

傳統的管理強調下屬完成上級安排的工作的重要性。在這種情況下，下屬工作的目的在很大程度上是為了獲得上級的認同。因此，在績效管理中，上級是績效評價過程中最重要的評價主體，對下屬的工作進行評價並向其提供績效反饋信息。隨著管理理論與實踐的不斷發展，利益相關者在管理中的作用越來越受到重視。相應的，評價主體的範圍也開始不斷擴展。就管理而言，下屬逐漸成為非常重要的績效反饋信息來源，他們能夠對管理者在其實現管理職能中的績效表現提出寶貴意見。另外，由於員工本人對自己的績效表現有一定的評價和看法，為了體現員工參與、授權、民主等觀念，員工本人也開始被納入到評價主體當中。此外，一個人的行為也可能對其他人造成影響。在進行績效管理和評價時，應當考慮這種相互作用和依存關係，以避免員工只關心完成自己的工作，而影響別人的工作或不與他人合作的情況發生。所以，同級同事的績效反饋和信息也非常重要，能夠促使員工成為更好的團隊成員。以上四個績效信息的來源——上級、下級、本人和同級都是組織內部的成員。實際上，在組織外部還有一些群體能夠提供有價值的績效信息。例如客戶等利益相關者。客戶是使用組織產品和服務的人。一個組織只有獲得客戶的認同，才有可能成功。因此，選擇不同的評價主體不僅是績效評價的需要，也是實現績效管理目的的需要。

（1）上級評價

直接上級在績效管理過程中自始至終起著十分關鍵的作用，上級評價是最常用的評價方式。研究表明，目前大約有98%的組織將績效評價視為直接上級的責任。這是由於直接上級通常是最熟悉下屬工作情況的人，而且比較熟悉評價的內容。同時，對於直接上級而言，績效評價作為績效管理的一個重要環節，為他們提供了一種監督和引導下屬行為的手段，從而可以幫助他們促進部門或團隊工作的順利開展。如果直接上級沒有績效評價的權力，將會削弱他們對下屬的控制力。另外，績效管理的開發目的與直接上級對其進行培訓與技能開發的工作是一致的，上級能夠協助相關部門更好地將績效管理與員工培訓相結合，從而充分發揮這兩個人力資源管理模塊的行為引導作用。總之，直接上級在觀察和評價其下屬人員的工作績效方面占據著最有利的位置，同時也承擔了更多的管理責任。

（2）同級評價

同級評價是由被評價對象的同級對其進行評價，這裡的同級不僅包括被評價對象

所在團隊或部門的成員，還包括其他部門的成員。這些人員一般與被評價對象處於組織命令鏈的同一層次，並且與被評價對象經常有工作聯繫。研究表明，同級評價的信度和效度都很高。另外，同級同事評價還是工作績效的有效預測因子，可以有效地預測此人將來能否在管理方面獲得成功。這是由於同級經常以一種與上級不同的眼光來看待他人的工作績效，比如，他們會更加注重相互之間在工作中的合作情況。而且，上級與下屬接觸的時間畢竟有限，下屬總是會在上級面前展示他最優秀的方面，而他的同級同事却總能看到他真實的表現。這是同級評價最有意義的地方。此外，使用同級作為評價主體來補充上級評價，有助於形成關於個人績效的一致性意見，並且幫助人們消除偏見，促進被評價對象更好地接受績效評價的結果，乃至優化整個績效評價系統和績效管理系統。

但是，使用同級評價可能會出現一些特殊的問題。例如，當績效評價的結果與薪酬和晉升等激勵機制結合得十分緊密時，同級之間會產生某種利益上的衝突，從而影響業已形成的良好的工作氛圍。另外，同級之間的個人關係也可能影響績效評價的可信程度，人們經常擔心給別人評分過低會影響他們之間的關係而受到報復。同時，一些人在評價與其私交較差的同事的績效時，往往會不考慮其績效而給予較低的評價。同級評價中可能會存在相互標榜的問題，即所有同事串通起來，相互將對方的工作績效評價為較高的等級。

（3）本人評價

自我評價的理論基礎是班杜拉（Bandura）的社會認知理論，這一理論包括自我目標設定、對目標執行的自我監控、自我實施獎勵以及懲罰。該理論認為，許多人都瞭解自己在工作中哪些做得好、哪些需要改進，如果給他們機會，他們就會客觀地對自己的工作業績進行評價，並採取必要的措施進行改進。另外，提倡自我評價的員工會在自我工作技能開發方面變得更加積極和主動，而重視參與和發展的管理者也認同並歡迎自我評價。

但是，大多數研究表明，員工對他們自己的工作績效做出的評價一般比他們的上級或同事所做出的績效等級要高。比如，一項研究顯示，當員工被要求對自己的工作績效進行評價時，各種類型員工中有40%的人將他們自己放到績效最好的10%（「最好者之一」）之中；剩下的人要麼將自己放入前25%（「大大超出一般水平」）之列，要麼將自己放入前50%（「超出一般水平」）之列。通常情況下，只有不到1%或2%的人將自己列入低等級範圍。而那些總是將自己列入高績效等級的人，在很多時候往往是低於一般績效水平的。

由直接上級和本人同時進行績效評價的做法有可能會導致發生矛盾，這種情況應該得到管理者的重視。如果能夠充分辨析產生評價結果差異的原因，管理者就能更好地理解被評價對象的行為並實行更有針對性的行為引導。例如，可以通過本人評價找出與上級意見不一致的地方，鼓勵被評價對象反應他們的優缺點，幫助上級進行更有建設性的績效面談，並促使員工更好地理解上級給予的績效建議。

（4）下級評價

下級評價給管理者提供了一個瞭解下屬對其管理的看法的機會，實際上這種自下而上的績效反饋更多的是基於促進管理者提高管理技能的考慮。

很多管理者擔心他們的一些不受歡迎但必要的行為（如批評下屬）會導致下屬在對他們進行評價時實施報復。下屬由於不承擔管理工作而不瞭解管理者工作的必要性，因此很難對「事」進行評價，其評價的結果信度通常較低。由於下級評價與傳統的自上而下的管理方式相悖，同時擔心下屬評價會削弱管理者的權力，因而真正採用這種評價方式的組織不多。

如果組織要把下級評價導入績效評價系統，充分發揮下級評價的積極作用，應注意以下三個方面：參與管理、考評者匿名以及具體的評價內容。

■讓下屬參與評價其主管的工作，實際上是讓其對管理提出自己看法的過程。下屬觀察某些行為指標的能力往往比管理者強，因此通過下級評價不僅是對管理者的評價，更重要的是可以聽到下屬的聲音，這些意見有助於管理者的決策。

■匿名評價是下級評價時要特別注意的。下屬在對直接上級進行評價時，必然會想到這種評價對他們的威脅，他們擔心對直接上級的低績效進行誠實的評價會遭到報復。在這種情況下，僅僅匿名仍然不夠，還應讓下屬感到「人數上是安全的」。也就是說，小團體不適合採用下級評價的方法，只有人數超過一定數量時，人們才會認為講真話是安全的。

■由於下級在很大程度上並不瞭解管理者的具體工作，當然也就不瞭解管理者是否應該做某件事，更談不上評價他們做的工作的好與壞，因此對下級評價的結果要進行合理的分析和應用。

總之，下級評價是一種管理突破，在一定程度上有利於提高管理水平和營造良好的工作氛圍，因此越來越多的組織讓被評價對象的下級以匿名的方式參與績效評價。下級評價在一定程度上能夠反應管理者在管理工作上的表現。另外，在各類組織診斷中，來自普通員工的判斷能夠在更大的範圍內體現組織的績效狀況。因此，對員工進行廣泛的問卷調查成為了瞭解組織管理狀況的重要手段。即使員工沒有成為評價主體，管理者在日常管理工作中也不應該忽視來自下屬的意見。各類組織可以嘗試將不定期的下屬調查作為一項日常工作。

（5）客戶

在銀行等一些服務行業組織中，以客戶作為評價主體對那些直接面對客戶的服務人員進行績效評價，可以更多地瞭解他們在實際工作中的表現。更重要的是，由於客戶滿意度成為組織成功的關鍵影響因素，將客戶作為評價主體來引導員工行為，可以促進其更好地為客戶提供服務。

績效的多維性容易導致不同評價主體對同一工作績效的評價不同。各種評價主體並不是相互孤立、相互排斥的，而是能夠相互補充和配合的。為了保證評價的客觀性和公正性，可以適當選擇多樣化的評價主體。使用多種主體對績效進行評價必然具有

單一主體評價所無法具有的許多優點，但是一個包含各種身分評價主體的評價系統自然會占用更多的時間，費用也較高。

(二) 評價主體培訓

評價主體在績效管理的過程中扮演著重要的角色。評價主體的主觀失誤或對評價指標和評價標準的認識誤差，都會影響評價的準確性，進而影響績效管理甚至人力資源管理系統的有效性。因此，評價主體培訓對於實現績效評價的目標乃至績效管理的目標至關重要。具體來講，通過評價主體培訓應該達到以下幾個目的：

（1）使評價者認識到績效評價在人力資源管理和組織管理中的地位和作用，認識到自身在績效評價過程中的作用。

（2）統一各個評價者對於評價指標和評價標準的理解。

（3）使評價者理解具體的評價方法，熟悉績效評價中使用的各種表格，並瞭解具體的評價程序。

（4）避免評價主體誤區的發生，使評價者瞭解如何盡可能地消除誤差與偏見。

（5）幫助管理者學習如何進行績效反饋和績效指導。

直接上級是最常見的評價主體。對直接上級進行評價主體培訓的內容比對其他評價者進行評價主體培訓的內容更廣泛。一般來說，對直接上級進行培訓的內容主要包括：

（1）避免評價主體誤區的培訓

對於該類培訓，培訓者先為評價者放一段反應員工實際工作情況的錄像，然後要求他們對這些員工的工作績效做出評價。接著，培訓者將不同評價者的評價結果展示出來，並且針對在工作績效評價中可能出現的問題，例如暈輪效應、嚴格化傾向等，逐一進行解釋。如果有受訓的評價者對所有評價要素（工作質量、工作積極性等）都給出了同樣水平的評價，培訓者可以指出這位評價者可能是犯了暈輪效應的錯誤。最後，培訓者將會給出比較客觀的評價結果，並對評價者在評價過程中出現的各種錯誤逐一進行分析。通過這種形式的評價主體培訓，評價者將能夠對各種評價誤區有更深刻的認識，從而有效地避免此類問題的發生。

（2）績效信息收集方法的培訓

這方面的培訓可以通過講座的形式進行，也可以通過生動的錄像來進行現場演示或練習。需要注意的是，不同崗位獲取有關工作績效信息的渠道各不相同。在進行這方面培訓時，應根據被評價對象的不同情況有針對性地進行。

（3）評價指標的培訓

評價指標培訓主要是要使評價者熟悉在評價過程中使用的各個績效指標，瞭解它們的真正含義。評價者只有在正確理解各個績效維度的基礎上，才能將績效評價體系所要傳達的信息傳達給被評價對象。

（4）績效標準的培訓

評價者如何理解評價標準將在很大程度上影響他們對每個被評價對象的評價結果。

因此，進行績效標準培訓是實現績效管理程序公平的前提。

(5) 評價方法的培訓

績效評價過程中可能採用的具體方法是多種多樣的，每種方法都有其優點和缺陷。通過培訓使評價者充分掌握在實際評價時需要採用的各種操作方法、填寫表格的注意事項等，以充分發揮該評價方法所具有的優勢，並使評價者對評價方法產生認同和信任感。這種認同將有助於績效評價結果得到管理者乃至被評價對象的認同。

(6) 績效反饋的培訓

績效反饋是評價者與被評價對象之間的溝通過程。通過這一過程，評價者將績效信息反饋給被評價對象，幫助後者糾正自己的績效不足。通過培訓，使管理者掌握績效反饋面談中運用的各種技巧。績效反饋培訓是評價主體培訓中的一個重要內容，它關係到績效管理系統能否達到預期的目標。

四、評價主體誤區

評價主體誤區指的是在績效評價的過程中由於評價者主觀原因導致的誤差、偏見和錯誤。這些誤區的存在會對績效評價結果的準確性造成影響，也會對組織上下級之間的關係產生損害。

(一) 常見的評價主體誤區

1. 暈輪效應

當我們以個體的某一種特徵形成對個體的一個總體印象時，就會受到暈輪效應 (Halo Effect) 的影響。在績效評價的過程中，暈輪效應具體是指由於個別特性評價而影響整體印象的傾向。有關暈輪效應的例子在我們的日常生活中經常發生，人們往往有根據某一局部印象得出整體印象的傾向。例如，某管理者對下屬某一績效要素（如「口頭表達能力」）的評價較高，導致其對該下屬其他績效要素的評價也較高。又如，下屬一般會對那些有親和力的上級有好感。但這樣的上級工作能力也許並不強，但下屬往往傾向於對該上級的其他方面給予較高的評價。因此，暈輪效應非常不利於績效評價的有效性。

2. 邏輯誤差

邏輯誤差 (Logic Error) 指的是評價者在對某些有邏輯關係的要素進行評價時，使用簡單的推理造成的誤差。在績效評價過程中產生邏輯誤差的原因是由於兩個評價要素之間的高相關性。例如，很多人認為「社交能力與談判能力之間有很密切的邏輯關係」，於是，評價者在進行績效評價時，往往會依據「既然社交能力強，談判能力當然也強」而對被評價對象做出這樣的評價。

暈輪效應與邏輯誤差的本質區別在於：暈輪效應只在同一個人的各個特點之間發生作用，在績效評價過程中是在對同一個人的各個評價指標進行評價時出現的；而邏

輯誤差與被評價對象的個人因素無關，它是由於評價者認為評價要素之間存在一致的邏輯關係而產生的。

3. 寬大化傾向

寬大化傾向（Leniency Tendency）是最常見的評價誤差行為。受這種行為傾向的影響，評價者對被評價對象所做出的評價往往高於其實際成績。這種現象產生的原因有：

（1）評價者為了保護被評價對象，避免留下不良績效的書面記錄，不願意嚴格地評價。

（2）評價者希望本部門員工的業績優於其他部門員工的業績。

（3）評價者有「老好人」心態，盡量避免引起評價爭議。

（4）評價要素的評價標準不明確。

（5）評價者想要鼓勵工作表現有所改進的被評價對象。

在寬大化傾向的影響下，績效評價的結果會產生極大的偏差。具體而言，對績效突出的被評價對象來說，他們會對評價的結果產生強烈的不滿，從而影響他們的工作積極性。而對於績效很差的被評價對象來說，一方面，他無法瞭解自己需要提高哪一方面的績效，只能繼續維持現狀，導致績效得不到提高，績效管理的目的無法實現；另一方面，由於他有一個令人滿意的評價記錄，即使企業想解雇他，也會由於缺乏理由而無法實現。

4. 嚴格化傾向

嚴格化傾向（Strictness Tendency）是與寬大化傾向相對應的另一種可能的評價者行為傾向，是指評價者對被評價對象工作的評價過分嚴格的傾向。現實中，有些評價者在進行評價時，喜歡採用比既定標準更加苛刻的尺度。嚴格化傾向產生的原因有：

（1）評價者對各種評價因素缺乏足夠的瞭解。

（2）試圖懲罰頑固的或難以對付的被評價對象。

（3）試圖促使有問題的員工主動辭職。

（4）為有計劃的裁員提供證據。

（5）減少憑業績提薪的員工的數量。

（6）遵守組織的規定（組織不提倡管理者給出高評價）。

如果針對整個部門的績效評價過分嚴格，則該部門的員工在加薪和晉升方面都將受到影響。如果對某一特定的員工評價過分嚴格，則有可能引起員工的強烈不滿甚至對抗。

5. 中心化傾向

在確定評價等級時，許多管理者都很容易產生中心化傾向（Central Tendency）。這種傾向是指評價者對一組被評價對象做出的評價結果相差不多，或者都集中在評價尺度的中心附近，導致評價成績拉不開差距。中心化傾向產生的原因有：

（1）人們往往不願意做出「極好」「極差」之類的極端評價。

（2）對被評價對象不夠瞭解，難以做出準確的評價。
（3）評價者有「老好人」心態，不願得罪人。
（4）評價要素的說明不完整，評價方法不明確。
（5）有些組織要求評價者對過高或過低的評價寫出書面鑒定，以免引起爭議。

6. 首因效應

首因效應（Primacy Effect），亦稱第一印象誤差，是指被評價對象在初期的績效表現對評價者評價其以後的績效表現會產生延續性影響。例如，某個員工在剛剛進入某個部門之初工作熱情很高，很快取得了良好的成績實，給部門經理留下了深刻的印象。際上他在整個績效評價期間的工作績效並不是很好，但部門經理還是根據最初的印象給了他較高的評價。首因效應會給評價工作帶來消極影響，使評價結果不能正確反應被評價對象的真實情況。

7. 近因效應

與首因效應相反，近因效應（Recency Effect）是指評價者只憑被評價對象的近期表現行為即績效評價期間的最後階段績效表現的好壞進行評價，導致評價者對其在整個評價期間的業績表現得出相同的結論。例如，有的組織一年評價一次績效，當評定某一個具體的評價要素時，這種記憶衰退就會造成近因效應。另外，由於被評價對象往往會在評價之前的幾天或幾周裡表現積極，工作效率明顯提高，因而評價者對其近期行為的記憶往往要比對其過去行為的記憶更加清晰，這種情況會使績效評價得出不恰當的結論。例如，有的被評價對象在最近一個月內表現不理想，因而得到了較差的評價。而實際上，他在之前的幾個月內都保持著優異的績效記錄。

8. 評價者個人偏見

組織行為學理論指出，當以某人所在的團隊知覺為基礎對某人進行判斷時，就稱這種行為受到了刻板印象（Stereotyping）的影響。有些人也使用「評估者使用隱含人格理論」來指代這種現象。在這裡，我們稱之為「評價者個人偏見」。評價者個人偏見是指評價者在進行各種評價時，可能對被評價對象的個人特徵，如種族、民族、性別、年齡、性格、愛好等方面存在偏見，或者偏愛與自己的行為或人格相近的人，造成人為的不公平。評價者個人偏見可能表現在：

（1）對與自己關係不錯、性格相投的人會給予較高的評價。
（2）對女性、老年人等持有偏見，給予較低的評價等。
（3）我們應通過評價主體培訓，要求評價者從企業發展的大局出發，拋棄自己的個人偏見，進行公正的評價。

9. 溢出效應

溢出效應（Spillover Effect）是指因被評價對象在評價週期之外的績效失誤而降低其評價等級。例如，一名員工在該評價週期之前出現了較大的業務差錯，影響了他上一期的工作業績。在本評價週期他並沒有再犯類似的錯誤，但評價者可能會由於他在上一評價期間的表現不佳而在該期的評價中給出較低的評價等級。

對那些上一個評價週期表現不良的被評價對象來說，在評價中出現溢出效應是很不公平的，會挫傷其繼續提高工作績效的積極性。因此，為了避免這種評價誤區的發生，我們應該鼓勵評價者記錄評價期間發生的關鍵事件。在評價主體培訓時，應對這種錯誤加以強調。

(二) 避免評價主體誤區的方法

避免上述評價主體誤區的首要方法就是，通過培訓使評價者認識各種評價誤區，從而使他們有意識地避免這些誤區的發生。評價主體誤區實際上是評價者主觀上發生的錯誤，因此，通過使評價者瞭解這些誤區來避免它們的發生是最直接有效的方法。具體來說，可以採用以下方法：

(1) 清晰界定績效評價指標，以避免暈輪效應、邏輯誤差以及其他各種錯誤傾向的發生。在評價指標界定清晰的情況下，評價者能夠根據所要評價的指標的含義有針對性地做出評價，從而避免對被評價對象某一方面績效的看法影響了對組織評價指標的評價。另外，界定評價指標同時還包括界定各評價指標之間的關係，避免評價者主觀臆斷地找到所謂的邏輯關係，從而影響評價的準確性。

(2) 使評價者正確認識績效評價的目的，以避免寬大化傾向及中心化傾向。寬大化傾向和中心化傾向產生的一個重要原因是評價者不希望在本部門內產生種種矛盾和摩擦，或者影響本部門人員的利益。因此，只要評價者正確認識了績效評價的目的，就能夠避免上述情況的發生。

(3) 在必要的時候，綜合使用強制分配法以避免寬大化傾向、嚴格化傾向和中心化傾向。強制分配法，也稱硬性分佈法，就是按事先確定的比例，將被評價對象分別分配在各個績效等級上。在一些情況下，為了做出某些管理決策，績效評價的結果必須將被評價對象分出所謂的「三六九等」。這時，在其他評價方法的基礎上結合使用強制分配法能夠達到這一目的，同時也能避免上述的三種誤區。在實際應用中，一般都是先使用某種評價方法對被評價對象進行評價，然後將結果綜合計算，按強制分配法確定的比例分配到相應的績效等級上。

(4) 寬大化傾向和中心化傾向產生的主要原因是評價者對被評價對象缺乏足夠的瞭解，對於評價的結果缺乏信息，或者是「老好人」思想作祟。因此，解決這一問題的方法就是促使評價者端正績效評價思想，以及有足夠的時間和渠道加強其對被評價對象的瞭解。

(5) 評價者缺乏信心還可能源於對評價體系本身缺乏信息。為了提高評價者對於整個評價系統的信心，最重要的手段就是通過培訓使他們瞭解評價系統的科學性和重要性，這樣可以在一定程度上避免寬大化傾向和中心化傾向的發生。

(6) 通過培訓使評價者學會如何收集資料作為評價依據，以避免首因效應、近因效應和溢出效應。上述三類誤差都是由於作為評價依據的事實依據不充分或不準確。應該通過培訓使評價者學會如何科學地收集評價中使用的事實依據，來避免這三類誤

差的發生。

此外，相關管理部門還應該通過各種宣講和培訓的方式，要求評價者從組織發展的大局出發，拋棄個人偏見，進行公正的評價，避免嚴格化傾向和評價者個人偏見的不良影響，確保整個績效評價制度得到所有成員的認同。

五、評價週期

簡單地講，評價週期就是指多長時間進行一次評價。績效評價是一項週期性開展的工作，組織可以根據具體實際情況開展年度、半年度、季度或月度的績效評價。

(一) 與評價週期相關的概念

1. 績效管理週期

績效評價週期是「多長時間評價一次」的問題，針對不同指標和管理特點，會有不同的評價週期。比如有些指標可能需要每季評價一次，而有些指標則需要每年評價一次，因此績效評價週期不能一概而論，應該根據具體的實際情況合理設置。而績效管理週期則是指從績效計劃、績效監控、績效評價一直到績效反饋這一系列過程的時間跨度，是一個相對比較穩定的概念，大多數組織通常以一年作為績效管理週期的時限。

2. 數據收集頻率

數據收集頻率是指多長時間收集一次數據，數據收集的最終目的是用於績效評價。同評價週期一樣，不同指標的數據收集頻率也不盡相同，有的指標數據需要每天收集，有的數據則一年收集一次即可。但是數據收集頻率並不等同於評價週期，通常一次或多次收集的數據會用作一次評價週期的計量，因此數據收集頻率往往短於或等於評價週期。區分這兩個概念的意義在於，在進行績效評價時，切不可到評價環節再去收集數據，而應該根據不同的指標特點，即時進行相關數據收集，這樣才能確保績效評價結果的準確和有效。

(二) 評價週期的影響因素

績效評價週期的設置要盡量合理，既不宜過長，也不能過短，應針對組織的不同情況和不同職位採用不同的週期。如果週期太長，可能會產生「近期誤差」，而且不利於績效改進。如果週期太短，一方面工作量很大，增加了成本；另一方面許多績效結果無法在短時間體現出來。一般來說，評價指標、管理層級、崗位類型和評價目的等因素決定著評價週期的長短。

1. 評價指標與評價週期

決定評價週期長短的最重要因素就是評價指標的類型和內容。在績效評價過程中，針對不同的評價指標設定的評價週期也不一樣。對於過程性指標，其評價週期相對較

短，這是因為績效取得過程的情況會直接影響到最終績效結果，需要進行不斷的監控和評價，例如客戶轉推介、櫃員業務差錯率、每日電話邀約客戶數等這些過程指標甚至可以按日、按周進行評價。而結果性指標則需要在較長的時間內才能反應出來，其評價週期可以相對較長，例如存款淨增計劃完成、產品銷售計劃完成、中間業務收入計劃完成等。

對員工行為能力的評價也是績效評價中相當重要的內容。例如，雖然工作態度的真正轉變需要很長的時間，但在實踐中也可以通過縮短評價週期來引導員工關注態度問題，來加快員工態度轉變的進程。

2. 管理層級與評價週期

高層管理者是指對組織整體負責的領導。對高層管理者的評價旨在促使其理清思路，抓住組織發展的戰略重點，並承擔起落實宏觀戰略、完成整體目標的責任。因此，對高層管理人員的評價主要圍繞以下內容進行：願景及戰略的規劃和制定、影響組織發展的重要的結果性指標的完成情況、處理複雜問題的情況、組織文化建設、組織架構及流程設計、績效及管理改進計劃的制訂和實施、人員的培養與開發以及職業素養和工作態度的評價。對高層管理者的評價過程實際上就是對整個組織管理的狀況進行全面、系統評價的過程，而這些戰略實施和改進計劃都不是短期內就能取得成果的。因此，對高層管理者的評價週期比較長。

中層管理者的評價一方面是根據組織戰略目標的分解與承接到其頭上的指標完成情況確定的，另一方面是根據其個人績效完成情況及工作態度等確定的。中層管理者在組織中起到承上啓下的作用，要兼顧組織層面、部門層面和個人層面的績效目標，其評價週期要比高層管理者短。

基層管理者和普通員工的評價週期一般是比較短的。他們的績效結果一般顯現得比較迅速。同時出於要求對其績效不斷加以改進的目的，也要盡量縮短評價週期，保證出現問題後能夠及時得到解決。

3. 崗位類型與評價週期

對於銀行客戶經理、櫃員等前臺一線人員來講，由於其主要從事客戶拓展、產品銷售和客戶服務等工作，其評價指標主要包括存款、貸款、產品銷售和客戶滿意度等。這些指標也是銀行重點關注的指標，及時獲取這些信息並進行反饋，有利於盡早調整戰略戰術。因此，對這類人員，可以盡量縮短評價週期。

對於人力資源、財務營運、辦公室等起支持保障作用的後臺人員，由於其評價標準不像前臺人員那樣有容易量化的指標，應根據其崗位和職責的履行情況進行評價，衡量一定質量要求下的工作量和工作進度，重點評價的是過程而非結果。因此，對後臺人員的評價週期相對比前臺人員的評價週期要長些。

4. 評價目的與評價週期

一般來講，績效評價的目的有兩個：一是瞭解並準確評估績效水平，二是分析並改進績效。當績效評價是為了評估績效水平時，必須把員工在評價週期內的所有績效

表現全部納入進來，並作為員工薪酬、晉升、培訓與開發等決策的依據。但有很多結果性指標需要較長時間才能完成，只有評價週期設置得相對長一些，才能保證所有層次的績效結果都有足夠的時間顯現出來，以保證評價的準確性和完整性，例如以季度、半年或年度為評價週期。當績效評價是為了分析並改進績效時，可以以日、周、月為週期對績效進行評價，以便能夠及時發現績效問題並加以改進。

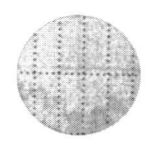

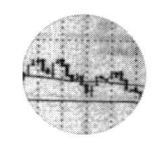

第八章　銀行績效反饋

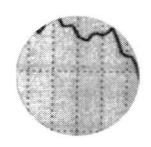

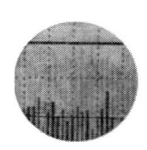

績效反饋是戰略績效管理系統的最後一個環節，其目的是通過良好的溝通使員工瞭解自己在績效週期內的績效表現，並針對績效方面存在的問題採取相應改進措施，從而提升績效水平。及時有效的績效反饋給管理者和下屬提供了一個促進溝通的渠道，也為組織、部門和個人的績效改進提供了一個平臺，是績效管理系統良好運轉的重要保障。

　　績效反饋是指在績效評價結束後，管理者與下屬通過績效反饋面談，將評價結果反饋給下屬，並共同分析績效不佳的方面及其原因，制訂績效改進計劃的過程。心理學家發現，績效反饋是使人產生優秀表現的重要條件之一。如果沒有及時、具體的績效反饋，人們往往都會表現得越來越差。因為在這種情況下，人們無從對自己的行為進行修正，甚至可能喪失繼續努力的動力。

　　因此，員工績效不佳的一個可能的原因就是沒有得到及時、具體的反饋。

　　績效反饋是對被評價對象整個績效週期內的工作表現及完成情況進行的全面回顧，有效的績效反饋對績效管理起著至關重要的作用。

　　第一，績效反饋有利於提高績效評價結果的可接受性。績效反饋在績效評價結束後為評價雙方提供了一個良好的交流平臺。一方面，管理者要告知被評價對象績效評價的結果，使其真正瞭解自身的績效水平，並就導致評價結果出現的原因進行深入探討，使評價者能夠充分地接受和理解績效評價結果；另一方面，被評價對象也可以就一些具體問題或自己的想法與管理者進行交流，指出績效管理體系或評價過程中存在的問題，解釋自己超出或沒有達到預期目標的主要原因，並對今後的工作進行計劃與展望。績效反饋為管理者和下屬建立起一座溝通的橋樑，有利於雙方在績效評價結果上達成共識，不僅能夠讓被評價對象更加積極主動，更賦予其一定的權利，使被評價對象擁有知情權和發言權，有效降低了評價結果不公正所帶來的負面效應，確保績效評價結果的公平和公正，進而提高績效評價結果的可接受性。

　　第二，績效反饋有利於被評價對象瞭解自身取得的成績與不足。績效反饋還是一個對績效水平進行全面分析的過程。當被評價對象取得成績時，管理者給予的認可和肯定可以起到積極的激勵作用。此外，管理者也要讓被評價對象認識到自身在知識、技能等影響績效水平方面存在的缺點和不足，並提出改進建議。

　　第三，績效反饋有利於績效改進計劃的制訂和實施。績效反饋的一個重要目的是實施績效改進，即針對被評價對象當前績效存在的不足提出改進計劃，為下一步績效管理週期的工作開展提供幫助和指導。績效改進計劃對於績效不佳的組織、部門和個人尤為重要，如果管理者對此不能給予充分重視，被評價對象自身也缺乏績效改進的動力，不去分析導致績效偏差的原因，那麼績效不佳者很難發現改進績效的有效途徑和方式，也就無法達到提高績效水平這一重要目的。另外，被評價對象參與到績效改進計劃的制訂過程中，會讓其更容易接受績效改進計劃，增強對績效改進的承諾，有

利於績效改進計劃的落實。

第四，績效反饋能夠為員工的職業規劃和發展提供信息。員工職業規劃的更好發展是建立績效管理體系的目的之一。因此，在績效反饋階段，管理者應當鼓勵員工討論個人發展的需要，以便建立起有利於達成這些發展的目標。由於討論涉及員工進一步發展所需要的知識和技能，因此績效反饋面談通常還會討論員工需要培訓的方面。管理者應當保證提供一定的資源為員工培訓提供支持。在績效反饋面談結束以後，應當根據反饋結果，結合組織、部門和個人的下一步計劃，制訂員工個人發展計劃。當然，這些計劃需要管理者與下屬共同協商，並且是具體的。

一、績效反饋面談

績效反饋面談是一種正式的績效溝通。目前，在銀行各級組織中，績效反饋面談並沒有得到足夠重視，人們往往將填寫評價表格、計算評價結果視為績效評價乃至績效管理的全過程。實際上，如果缺少將評價結果和管理者的期望傳達給被評價對象的環節，就無法實現績效管理的最終目的。

(一) 績效反饋面談的要點

績效反饋面談是一種面對面的溝通，對於組織、部門和個人績效水平的提高以及組織內成員間關係的改善等具有非常大的影響，因此在實施績效反饋面談時要把握好以下幾點：

1. 直接具體

面談交流要直接具體，不能抽象地泛泛而談或僅作一般性評價。對於上級來說，無論是讚揚還是批評，都應該有具體、客觀的結果或實施來支撐，使面談的對象明白哪些地方做得好，並清楚地瞭解存在的差距與缺點。如果面談的對象對績效評價結果有不滿或質疑的地方，可以向上級進行申述或解釋。只有評價結果反饋具體、準確、公平、透明，績效反饋才能取得實效。

2. 雙向互動

面談是一種雙向溝通，為了獲得對方的真實想法，上級應該鼓勵面談的對象多說話，充分表達自己的觀點。由於職位和角色的差異，上級往往習慣於發話和下指令，下屬只是在被動地接受，這樣的管理者是無法得到真實情況的。因此，管理者應當允許下屬質詢和辯解，而不應打斷和壓制，對下屬提出的好的建議應該充分肯定，對於不正確的地方以客觀事實為依據進行分析和討論，以提高績效反饋面談的效果。

3. 基於工作

上級在進行績效反饋面談時必須以下屬的工作情況為基礎，而不應摻雜與工作無關的情況和個人情感因素，在明確客觀事實的基礎上進行深入的分析和討論，以達到績效反饋面談的目標。

4. 相互信任

績效反饋面談是上下級交流的過程，缺乏信任的面談會使雙方都感到緊張，充滿冷漠進而產生抵觸情緒。因此，必須營造互相信任的良好氛圍，溝通才能夠順利進行。

(二) 績效反饋面談的步驟

1. 前期準備

(1) 選擇合適的時間

績效反饋面談的時間選擇對於最終的績效反饋效果有很大影響。一般來說，管理者應該根據工作安排並在徵得下屬同意的前提下確定面談時間。盡量不要將面談時間安排在臨近下班時間和非工作時間。同時要注意把握好時間段，時間過長容易使人疲倦、注意力不集中，增加信息交流誤差；時間過短則會因信息傳遞不充分而達不到溝通的目的。

(2) 選擇合適的地點和環境

面談的地點和環境會對反饋效果產生重要的影響。一般來說，在辦公環境下，主要的反饋地點有管理者的辦公室、會議室、接待室，其中小型會議室或接待室是比較理想的選擇，因為這些地方私密性相對較好，不易被干擾。現實中往往由於條件所限，管理者的辦公室成為最常見的選擇。但是在辦公室進行績效面談，要確保不被干擾或被中途打斷。管理者最好能夠拒絕接聽任何電話，停止接待來訪客人，以免面談受干擾。面談的場所最好是封閉的。當然，反饋面談的地點也可以選擇工作場所之外的地方，比如選擇咖啡廳、茶樓等地點。這種非正式地點可以有效營造上下級之間的親近關係，使下屬和管理者在輕鬆的環境中充分表達自己的真實感受。

管理者還應該注意安排好雙方在面談時的空間距離和位置，如圖8-1所示。這些不同的位置關係可以營造出不同的面談氛圍。

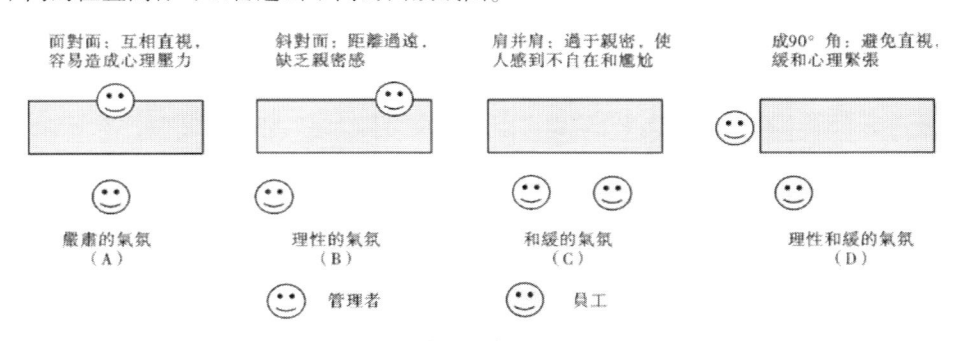

圖8-1 績效面談的距離和位置

面談雙方的距離要適當，距離太遠會影響信息傳遞的效果，距離太近又會使交談雙方感到壓抑。綜合上圖分析，圖（D）表示的雙方位置和距離最適合績效面談。管理者與下屬成90°而坐，能夠避免互相目光直視，緩和心理緊張，同時也有利於觀察和接收對方傳達的信息，營造良好的溝通氛圍。

（3）收集整理信息

管理者和面談的對象都要收集和整理日常累積的有關績效的各種信息。對於管理者來講，必須準備和熟悉面談所需的資料，這些資料包括績效評價表格、工作情況的記錄和總結、績效計劃的完成情況、績效評價結果以及被評價對象的基本信息。面談的對象也應該收集整理一些能夠表明自己績效狀況的事實依據，以及一些與績效管理相關的問題，以便在面談中向管理人員提問和諮詢。

2. 反饋面談安排

事先設計完整而合理的績效面談安排是成功實施績效反饋面談的保證。在進行面談前，管理者應該對面談的內容和程序進行詳細的安排。

（1）開場白

在績效反饋面談的開始階段，管理者應該向面談的對象簡要說明面談的目的和基本程序。管理者可以從一個輕鬆的話題入手，幫助下屬放鬆心情，以使下屬能夠在面談中更好地闡述自己的看法。當然，如果下屬能夠很好地瞭解面談的目的，並對面談做好了充分的準備，那麼開門見山就是最好的選擇。

（2）面談的實施

在績效反饋面談的實施階段，管理者和面談的對象要就績效評價結果、績效改進計劃深入交換意見，達成共識。一般來講，管理者要先就下屬的上一週期績效表現做一個總體的回顧，並告知其績效評價結果。對於下屬表現好的方面，管理者要適時鼓勵；對於績效不佳的方面，要採取建設性的溝通方式，注意溝通的方式方法。如果下屬對績效評價結果有異議，管理者要耐心傾聽，並就存在爭議的問題給出合理滿意的答覆。緊接著，管理者和面談的對象要就導致績效不良的原因進行分析，找出問題所在並共同制訂績效改進計劃和符合員工自身實際情況的個人發展計劃。最後，管理者要與下屬就下一個績效管理週期的工作任務、工作目標及其衡量指標等進行商定，並簽訂績效計劃協議書。

（3）面談結束

當面談的目的已經達到或由於某些原因無法取得預期進展時，應當適時結束面談。在績效反饋面談的結束階段，管理者要對面談的對象進行正面的激勵，讓面談的對象鼓足幹勁，以滿懷鬥志的狀態開始下一績效週期的工作。

3. 反饋面談的總結和改進

在績效反饋面談結束之後，管理者要對面談的整體情況和效果進行評估，對面談過程中所記錄的內容進行反思與總結，對於面談對象提出的疑問和要求予以高度重視，並採取具體的行動加以解決。此外，管理者也要對自己在面談過程中的表現進行反思，如是否採用了建設性的溝通方式，是否為下屬提供了有效的支持與幫助等，以便在下一次績效反饋面談中取得良好的效果。

(三) 反饋面談中需注意的問題

績效反饋面談是一個雙向溝通的過程，管理者需要掌握一定的溝通技巧，獲得員

工的認可與信任，才能達成共識。

1. 重視開場白

面談開場白的設計至關重要，最初的幾分鐘談話往往決定了面談成功與否。有時候急於切入主題反而欲速則不達。這一點要引起管理者足夠的重視。

2. 選擇合適的反饋方式

管理者的反饋方式主要有：指示型、指導型和授權型。指示型是比較傳統的反饋方式，有時管理者急於解決問題，或者把自己當成權威並主張控制，就會採取這種方式。一般來講，不主張採用這種方式。指導型是一種教與問相結合的方式，管理者向下屬解釋並詢問下屬的想法，並在適當的時機糾正下屬的錯誤思想。授權型方式以下屬回答為主，以解釋和糾正為輔，管理者主要起引導作用。如前面介紹的教練技術，這種面談方式效果最好，但需要一定的面談技巧。

3. 強調進步與優點

績效面談不受歡迎的一個重要原因在於，面談中必須要談論下屬在上一階段工作中的問題和不足，如果管理者沒有掌握溝通技巧，很容易因為對下屬進行批評和指責而造成下屬產生抵觸和反感。鼓勵與表揚是贏得下屬合作的好方法。下屬做得好的地方不能一帶而過，應當花些時間進行討論。讚揚不僅可以使下屬保持好的工作作風，還可以激勵下屬。對於下屬績效不良的方面，也不能一味地批評，而應該肯定下屬的努力和貢獻。

4. 注意傾聽

傾聽有助於全面瞭解情況，印證或改變自己的想法。平衡講和聽之間的關係是反饋面談的要義，而衡量這種平衡的最好標準就是看是否調動了下屬的積極性，是否贏得了下屬的合作。管理者在面談時要學會傾聽，鼓勵面談的對象大膽地說出自己的想法，在傾聽中予以積極回應。不要輕易打斷下屬，更不要急於反駁。

5. 坦誠和平等

績效評價結果涉及薪酬和晉升等比較敏感的問題，管理者在與下屬面談的過程中往往有所顧忌，有時甚至會迴避問題和矛盾。但是這種迴避的方式並不能解決任何問題，最好的方式就是坦誠相見，直接向下屬展示評價表格，同時管理者應當清楚自己和下屬在錯誤上負有同等的責任，並且自己的判斷與實際情況之間也會出現偏差。當發現問題或認識出現偏差時，管理者應當坦率地承認，這種態度有助於與下屬進一步溝通，並解決問題。

6. 避免衝突與對抗

衝突和對抗可能會徹底摧毀下屬對主管的信任，導致下屬對領導產生抵觸情緒。雙方一旦產生隔閡，問題就不僅僅是一次面談的失敗，很可能會影響今後的合作。因此，當面談中出現不同意見時，管理者不能用領導的權威對面談的對象進行壓制，而應與面談的對象進行耐心的溝通，爭取得到其理解，同時要站在對方的立場，設身處地，為其著想，爭取在平和的氛圍中就爭議問題達成共識。

7. 形成書面記錄

面談中雙方可能談到工作中的許多問題。因此，對一些重要的問題要記錄下來形

成書面文字。這樣一方面方便組織對績效資料的管理，另一方面也能讓下屬感到面談很正式並且很重要。

二、績效申訴

由於績效評價的過程會受到諸如評價標準模糊不清、評價主體的誤區、績效信息不準確等主客觀因素的影響，評價結果可能存在不準確或不公平的情況。一旦發生這種情況，績效評價的可靠性和權威性就會受到影響。因此，有必要建立科學的績效申訴與爭議處理機制。當被評價對象對評價結果存在異議時，可以通過正式途徑進行申訴，維護自身權益，提高評價的公平性。所謂績效申訴，是指由於被評價對象對評價結果持有異議，依據相關制度規定向有權受理申訴的部門提起申訴申請，受理部門依照規定程序對相應的評價過程和結果進行調查核實並提出解決辦法的過程。

績效申訴是健全的績效管理體系的重要組成部分。但在實踐過程中，很多組織由於缺乏績效申訴制度，造成了組織內部不必要的摩擦和矛盾。建立完善的績效申訴機制對於保障績效結果的公平公正，減少組織內部矛盾非常重要，這一點值得管理者高度重視。

第一，績效申訴能夠保障評價的順利進行，提高評價結果的可接受性、公平性和公正性。當被評價對象對於評價結果產生異議時，可以通過申訴表達。相關部門啟動相應的調查，對評價中的問題進行裁決和糾偏，有利於消除被評價對象的不滿，促進評價公平公正。

第二，績效申訴有利於及時發現和糾正評價系統中存在的問題。建立績效申訴機制是完善績效評價系統的重要途徑。在績效評價過程中，可能會出現評價不準確的情況。一種情況是由於評價主體的因素，如對評價不夠重視、受不當動機和目的支配，甚至出現營私舞弊、打擊報復等不正當行為。另一種情況是由於客觀評價系統的因素，如評價標準模糊或評價方法不合理等導致的評價不公平。通過績效申訴，可以為這些問題提供糾錯機制。出現這些情況，相關部門需要認真查實，並採取相應措施避免類似情況再次發生。

第三，績效申訴有利於增強被評價對象對組織的信任感。如果評價存在不公平現象而被評價對象無處申訴，員工首先會對領導失去信任，進而對整個組織產生不信任感。如果建立了績效申訴制度，員工就有了表達意見的渠道，會讓員工感覺受到尊重，就會願意積極參與到績效管理過程中，樂於接受評價結果，進而對組織產生信任感。

績效申訴制度的基本原則貫徹在績效申訴過程中，其主要有三個方面的原則：

第一，合理原則。受理績效申訴的部門要本著負責的態度，深入細緻地查實相關事實，並依據規定程序做出準確的認定，做到合理合規，不能徇私舞弊。

第二，公開原則。在處理績效申訴的過程中應盡量公開進行，以使各方瞭解有關情況，監督申訴處理過程，消除誤解。所涉及的申訴信息，除規定必須保密的之外，

應盡量公開。此外，申訴結果也要公開，讓申訴各方知曉處理結果。要保證績效申訴處理全過程公開透明。

第三，及時原則。績效申訴作為一種有效的績效改進手段，不能拖延推諉。績效申訴的各個步驟都應在限定的期限內完成，及時做出處理決定。

一般來講，績效申訴內容包括以下幾個方面：

（1）評價結果。評價結果一般用於對被評價對象的獎懲和晉升，其正確與否關係到被評價對象的利益，是績效評價中相當重要的一部分。

（2）評價程序。評價程序科學與否影響評價結論的正確性，並有可能侵害到被評價對象的利益。

（3）評價方法。評價方法的選擇依賴於具體的績效指標，如果選擇的評價方法不妥，會影響評價結果的準確性。同時，不同評價主體在採用評價方法上可能會存在差異，從而出現使用不同衡量尺度評價同一被評價對象的情況，從而導致評價結果出現不同。

（4）評價指標。評價指標選擇不合理，將會導致績效評價結果失真。

（5）評價信息。用於評價的信息正確與否、真實與否，關係到評價結果的準確性和可靠性。

三、績效改進

績效改進既是評價結果的重要應用領域，也是績效反饋面談中重要的溝通內容。傳統的績效管理側重於評價已經發生的工作績效，而現代績效管理則強調如何改進績效，在個人取得進步的同時，實現組織績效的提升。因此，績效改進是一個系統進化的過程，是通過對現有績效狀態的分析，找出與理想績效之間的差距，制定並實施相應的改進措施來縮小績效差距，從而提升個人、部門和組織績效水平的過程。績效改進流程分為績效分析、績效改進計劃的制訂、績效改進計劃的實施與評價三個階段。

(一) 績效分析

績效分析的目的在於明確績效差距，找出存在差距的原因，編製績效分析報告。

1. 找出績效差距

將個人、部門和組織的績效評價量表中的目標值與實際值進行對比，就可以得出個人、部門和組織三個層面的績效差距。如果在很多方面都存在績效差距，就需要根據輕重緩急對績效改進要點進行排序，主要考慮的因素包括改進項目所需的時間、精力和成本。此外，績效差距與組織戰略的相關性程度、績效改進部門在組織結構中所處位置的重要性程度等都是確定績效差距排序的重要因素。

2. 分析存在績效差距的原因

根據學者們的研究，分析存在績效差距的原因通常採取以下兩種方法：

（1）四因素法

四因素法主要從知識、技能、態度和環境四個方面分析績效不佳的原因。

■知識：員工是否具有從事這方面工作的知識和經驗？
■技能：員工是否具備運用知識和經驗的技能？
■態度：員工是否有正確的態度和自信心？
■環境：組織的激勵政策及直接上級的關係是否影響了員工的積極性？（激勵機制）
是不是由於缺乏資源導致最終的不良績效？（資源）
組織的流程是否影響高績效的實現？（流程）
組織的人際關係、氣氛等是否不利於完成績效目標？（組織氛圍）
是否存在影響績效的外部不可控因素？（外部障礙）

（2）三因素法

三因素法主要從員工、主管和環境三方面來分析績效問題。

在員工方面，可能員工採取的行動本身是錯誤的，或是應該做的沒有去做。原因可能是主管的要求不明確、個人的知識和技能不足、缺少動機等。

在主管方面，主管可能因為管理行為不當而導致員工能力無法發揮，或者主管沒有幫助員工改進其工作。通常從兩個方面分析主管的管理行為：一是主管做了不該做的事情，比如監督過嚴，施加不當的壓力。二是主管沒有做該做的事情，比如沒有明確工作要求，對員工的工作沒有給予及時、有效的反饋，對員工的建議不重視，不授權給員工，不給員工提供教育和培訓的機會，不鼓勵員工嘗試新思路和新方法。

在環境方面，包括員工工作場所和工作氣氛的因素。可能對績效產生影響的方面有：工具或設備不良、系統不完善、工作條件不良、人際關係緊張、工作方法改變造成工作困難等。

以上兩種方法各有特點，前者主要是從完成工作任務的主體來考慮，通過分析員工是否具備承擔此項工作的能力和態度來分析產生績效問題的原因。這種方法容易造成管理缺位，即把績效問題產生的原因歸結為員工主觀方面的問題，而忽視了管理者在產生績效問題方面的責任，不利於全面查找績效問題的真正原因，同時也不易被員工接受。後者從更宏觀的角度去分析問題，較容易把握產生績效問題的主要原因，並認識到管理者在其中的責任。結合上述兩種方法，設計績效分析表，如表8-1所示。

表8-1　　　　　　　　　　　績效分析表

影響績效的維度		績效不良的原因	備註
員工	知識		
	技能		
	態度		
主管	輔導		
	其他		
環境	內部		
	外部		

3. 編製績效分析報告

績效分析報告是對前期績效分析工作的匯總和總結。要按照個人、部門和組織三個層次編製分析報告，一方面揭示現階段的績效差距及原因，另一方面為下一步設計和實施績效改進計劃打下基礎。

(二) 績效改進計劃的制訂

1. 改進措施的選擇

一般來說，員工可採取的行動包括：向主管或有經驗的同事學習，觀摩他人的做法，參加組織內外的有關培訓，參加相關領域的調研會，閱讀有關書籍，參加某一實際工作項目或團隊，在主管的指導下訓練等。主管可採取的行動包括：參加組織內外關於績效管理、人員管理等培訓，向組織內有經驗的管理人員學習，向人力資源管理專家諮詢等。在環境方面，管理者可以適當調整部門內的人員分工或進行部門間的崗位輪換，以改善內部人際關係。在資源允許的條件下，盡量改善工作環境和工作條件等。

2. 改進計劃的制訂

制訂改進計劃實際上就是具體規劃應該改進什麼、由誰來做、何時做以及如何做的過程。個人層面的績效改進計劃如表 8-2 所示。

表 8-2　　　　　　　　　　績效反饋面談和改進計劃模板

面談時間		面談地點	
評價結果			
財務		客戶	
內部流程		學習與成長	
行為能力		其他	
總分與等級			
本期不良績效陳述			
本期不良績效原因分析			
影響績效維度		具體問題	原因分析
員工	知識		
	技能		
	態度		
主管	輔導		
	其他		
環境	內部		
	外部		

表8-2(續)

	備註			
績效改進計劃			
採取的措施	改進目標	執行者/責任人	改進時限	
	備註			
面談對象簽字			面談者簽字	

在制訂改進計劃的過程中，有兩個方面需要重點把握：一是績效改進措施應當盡量具體並富有針對性。除了確定每個改進項目的內容和實現手段外，還需要確定每個改進項目的具體責任人和時限要求，並且可以說明需要的幫助和資源。二是績效改進計劃應當是在管理者和員工充分溝通的基礎上制訂的。單純按照管理者的想法制訂績效改進計劃，可能會使改進項目脫離實際。單純按照員工個人的想法制訂改進計劃，雖然可以激發其積極性，但可能會出現避重就輕的情形，漏掉重要的項目。

(三) 績效改進計劃的實施與評價

在制訂績效改進計劃之後，管理者要適時監督績效改進工作是否按照預期的計劃執行，並且根據被評價對象在績效改進過程中的實際執行情況，及時修訂和調整不合理的改進計劃。同時，管理者要主動與員工溝通，瞭解員工在改進過程中遇到的困難和障礙，瞭解員工需要管理者提供怎樣的幫助。

此外，管理者需要對績效改進計劃定期進行評價和反饋，根據前後評價結果對比，確定改進計劃成效。如果員工績效有明顯提升，那麼今後就可以在一定範圍內推廣使用。如果員工在兩次評價中的結果並沒有顯著提高，則應該反思績效改進計劃的有效性，並與員工一起探討分析，完善下一次的績效改進計劃。

四、評價結果的運用

績效管理是人力資源管理系統的核心，而評價結果能否被有效運用，關係到整個績效管理系統的成敗。如果評價結果沒有得到有效運用，就會出現績效管理與人力資源管理其他環節（晉升、培訓、薪酬等）脫節的情況，產生績效管理「空轉」現象。久而久之，員工會認為評價只是例行公事，對自身沒有實質性的影響，績效管理也就失去了應有的作用。

一般來講，評價結果除了被運用於績效診斷與績效改進外，還應該被運用於人力資源管理其他子系統中，如招聘與甄選、職位變動、培訓與開發、薪酬等。其中，最重要的應用是薪酬分配。

(一) 招聘與甄選

招聘與甄選是人力資源管理的重要職能之一，是指組織運用一定的手段和工具，對求職者進行鑑別和考察，區分它們的人格特點與知識技能水平，預測它們的未來工作績效，最終挑選出組織所需要的適當的職位空缺填補者的過程。在研究招聘與甄選的效度（有效性）時，通常都選用績效評價結果作為員工實際績效水平的替代，擔當重要的效標。也就是說，在績效評價系統準確的前提下，如果某人的評價結果比較優秀，那麼說明招聘與甄選的預測效度較好，是有效的；反之，就說明招聘與甄選的預測效度不佳，需要在方法技術上進一步完善。

(二) 崗位變動

評價結果是崗位變動的重要依據。崗位變動不僅包括縱向的晉升或降職，還包括橫向的工作輪換。如果評價的結果表明某些人員無法勝任現有的工作崗位，就需要查明原因並果斷地進行崗位調換，將其從現有的崗位上換下，並安排到其他他（她）能夠勝任的崗位上。同時，通過績效評價還可以發現優秀的、有發展潛力的員工，進行積極的培養和大膽的提拔，這種培養包括各個崗位的輪換，培養其全面的能力並熟悉組織的運作，為今後走上更重要的崗位做好準備。

(三) 培訓與開發

人力資源的培訓與開發是一種提高個人能力和組織績效的有計劃的連續性的工作。培訓的主要目的是使組織成員獲得目前所需的知識和能力，著眼於當前的工作。而開發的主要目的是使組織成員獲得未來工作所需的知識和能力。通過績效評價和績效分析，組織可以找出員工在個人知識、技能等方面存在的導致他（她）不能完全勝任工作的缺點和不足，進而有針對性地進行培訓。另外，組織也可以對員工未來所需的知識或技能進行開發。當然，績效評價結果也可以作為培訓的目標。

(四) 薪酬分配

我們通常所講的薪酬是指員工因被雇傭而獲得的各種以物質形態存在的經濟收入、有形服務和福利等，包括基本薪酬、股票期權、績效獎金、利潤分享、加班及假日津貼等直接薪酬，以及保護項目、帶薪休假、服務及額外津貼等間接薪酬。績效評價最初的目的就是為了更好地評價個人對團隊或組織績效的貢獻，以更好地在薪酬分配過程中體現公平原則。一般而言，為了強調薪酬的公平性並發揮薪酬的激勵作用，員工的薪酬中有一部分與績效掛勾，當然職務或崗位不同，與績效掛勾的部分在總薪酬中所占的比例會有所不同。只有將績效評價結果與薪酬聯繫起來，才能夠使績效評價發揮應有的行為引導作用。

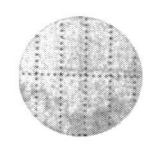

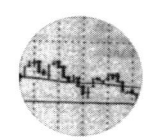

第九章　銀行績效管理 "1-2-3-4" 法則

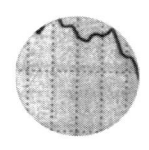

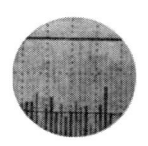

在前面章節中，我們闡述了包括戰略目標分解、績效指標設計、指標權重設計等內容，但這些更多的是涉及銀行整體績效管理層面的範疇。在實際工作中，基層銀行績效管理有著很大的不同，常常面臨著如何規範績效管理操作、如何分解考核指標、如何設置指標權重、如何合理分配任務、如何開展績效診斷等諸多實際問題的困擾。

解決好這些實際操作難題，對於績效管理的有效落地至關重要。筆者根據長期的銀行基層績效管理工作經驗，總結提煉了銀行基層網點成功的績效管理「1-2-3-4」法則，即「一個體系」「兩項診斷」「三項技術」「四大關鍵」。

一、一個體系

「一個體系」是指網點員工績效指標體系。如果我們將組織的戰略地圖比作軍隊行軍地圖的話，那麼體系表則可以被看成軍隊作戰的排兵布陣圖。在這張體系表中，不僅結合網點定位對崗位進行了分類，而且統一標明了全行所有崗位的考核指標和權重。透過這張體系表，我們可以一目了然地瞭解支行全部崗位的考核指標全貌，如表 9-1 所示。

表 9-1　　　　　　　　某支行網點崗位績效指標體系（示例）

維度	指標 \ 網點歸類	網點主任 城區服務網點 對公型網點	網點主任 城區服務網點 綜合型網點	網點主任 城區服務網點 零售型網點	網點主任 「三農」服務網點	客戶經理 城區服務網點 對公型網點	客戶經理 城區服務網點 綜合型網點	客戶經理 城區服務網點 零售型網點	客戶經理 「三農」服務網點	...	櫃員 城區服務網點 對公型網點	櫃員 城區服務網點 綜合型網點	櫃員 城區服務網點 零售型網點	櫃員 「三農」服務網點
財務		—	—	—	—	—	—	—	—		—	—	—	—
客戶	個人存款日均增量	10	13	16	13	11	14	17	16	...	11	11	11	12
	管戶客戶年日均金融資產淨增	3	3	4	3	3	3	4	3	...	3	3	3	3
	個人貴賓客戶淨增	3	3	5	3	4	4	5	3	...	3	3	3	3
	貴賓客戶升等		2	3	2		2	3	2	...		2	2	2
	貴賓客戶產品交叉銷售率提升	2	2	2	2	2	2	2	2	...	2	2	2	2
	新增有效信用卡客戶數	2	3	3	2	2	3	3	2	...	2	2	2	2
	信用卡分期業務量					3	3	3	2					
	個人電子銀行活躍客戶淨增					2	2	2	2			2	2	2
	非住房個貸淨增					3	3	3	2					
	零售重點產品行銷					13	15	18	13	...	13	13	13	12
	分管客戶關係維護	3	3	3	2	2	2	2	2	...	2	2	2	2
	「三農」業務產品行銷				15				19					

表9-1(續)

維度	指標	網點歸類	網點主任 城區服務網點 對公型網點	網點主任 城區服務網點 綜合型網點	網點主任 城區服務網點 零售型網點	網點主任 「三農」服務網點	客戶經理 城區服務網點 對公型網點	客戶經理 城區服務網點 綜合型網點	客戶經理 城區服務網點 零售型網點	客戶經理 「三農」服務網點	…	櫃員 城區服務網點 對公型網點	櫃員 城區服務網點 綜合型網點	櫃員 城區服務網點 零售型網點	櫃員 「三農」服務網點
客戶	對公指標	對公存款日均增量	9	7	7	5	10	8	7	7	…				
		對公有效結算帳戶淨增	4	3	2	2	5	4	2	2					
		小微企業貸款淨增	3	3	1		4	4	2						
		對公客戶產品交叉銷售率提升	2	2			2	2	2	1					
		企業電子銀行活躍客戶淨增	2	2	1	1	2	2	1	1					
		對公結算與現金業務收入	2	2	1	1	2	2	1	1					
		重點客戶名單制行銷	4	3	1		4	3	1						
		對公重點產品行銷					6	3	1						
內部流程		業務量									…	30	30	30	30
		識別推薦									…	15	15	15	15
		到期貸款現金收回率	2	2	2	2	2	2	2	2					
		不良貸款清收與核銷	2	2	2	2	2	2	2	2					
		崗位履職考核	40	40	40	40	10	10	10	10		10	10	10	10
學習與成長		崗位資格認證	2	2	2	2	2	2	2	2		2	2	2	2
		培訓計劃完成率	3	3	3	3	3	3	3	3		3	3	3	3
加扣分項目			±5分												
總分			100	100	100	100	100	100	100	100	…	100	100	100	100

網點員工績效指標體系表是在體現各崗位核心職責的基礎上，通過分解、承接網點平衡計分卡而制定的，其作用是：

第一，可以幫助管理者從總體上把握全行所有崗位績效考核的全貌，既便於對相同崗位進行縱向分析，也便於對不同崗位進行橫向比較，可以說是一張全方位的「考核雷達表」。

第二，有利於員工根據自身崗位，很方便地在體系表中對號入座，找到自己對應的績效考核坐標，可以說是一張指引方向的「考核導航表」。

第三，可以幫助支行績效管理員依據體系表高效率地對相同崗位批量制訂個人績效計劃書，保證了全行個人績效計劃在形式上和內容上的規範統一，有效地避免了由於各網點績效管理水平不同而可能造成員工個人績效計劃書五花八門、各行其是的現象，可以說是一張高效的「管理工具表」。

第四，作為一種溝通載體，可以幫助基層網點與支行就員工個人績效計劃在考核實施前進行有效溝通，通過溝通，可以使員工更加明確自己接下來的工作目標，同時也可以使員工更加清晰地看到自己與相同崗位的其他員工公平地處在績效考核的同一條起跑線上，可以說是一張「溝通分析表」。

二、兩項診斷

所謂績效診斷（Performance Diagnosis），就是通過運用一定的工具和方法，對組織和個人的績效狀況進行分析，找到引起各種績效問題的原因，為績效改進指明方向。績效管理是一個 PDCA 的循環，在循環中實現組織和個人績效的改進和能力的提升，其中最有價值的一個環節就是績效改進。為了找到改進點，績效診斷和分析非常重要，只有做好了診斷才能使績效改進有的放矢。目前，很多銀行基層網點尚未形成主動開展績效診斷的習慣，或者還缺乏績效診斷的有效方法。「兩項診斷」包括管理執行診斷和個人績效診斷。

（一）管理執行診斷

管理執行診斷是指從支行管理層面來檢視績效管理制度和流程的執行情況，找出、分析和改進績效管理執行中存在的問題的活動過程。它是涵蓋了戰略規劃、績效計劃、績效監控、績效評價和績效反饋五個環節的全流程診斷。如表 9-2 所示。

表 9-2　　　　　　　　支行績效管理執行診斷表（示例）

診斷項目		序號	診斷內容	執行情況
戰略規劃	組織機構	1	是否成立了支行和網點的績效管理機構	
	戰略目標	2	支行和網點的戰略目標是什麼	
	戰略制定	3	如何規劃本級組織的區域戰略、客戶戰略、產品戰略和渠道戰略	
		4	配套的支撐保障措施如何	
		5	是否有明晰的支行和網點戰略地圖	
	員工參與	6	員工是否知曉甚至參與組織戰略規劃的制訂	
績效計劃	計劃制訂	7	關鍵績效指標是否來自上一級組織績效計劃的分解與承接	
		8	獨有指標是否體現了崗位的核心職責，可否衡量	
		9	是否實施了「一行（點）一策」，網點定位是否清晰	
		10	個人績效計劃是否自上而下由支行主導制訂	
	計劃審核	11	支行績效管理機構是否履行了計劃審核職責	
	計劃反饋	12	員工績效反饋渠道是否暢通	
績效監控	績效培訓	13	是否組織員工進行了績效培訓	
	監控工具	14	是否建立了員工即時績效監控臺帳	
	業績分成	15	是否建立了業績分成機制	
	績效收集	16	是否每天對員工業績和績效行為進行確認和記錄	
	績效溝通	17	是否建立了定期和不定期的員工績效溝通和幫助機制	
	績效跟蹤	18	是否持續跟蹤員工績效進展	

表9-2(續)

診斷項目		序號	診斷內容	執行情況
績效評價	績效培訓	19	是否經常組織評價主體開展績效管理培訓	
	考核支持	20	對於一些系統批量生成的考核數據，支行能否及時支持，以減輕網點負擔	
績效反饋	績效面談	21	是否及時向員工反饋績效考核結果	
		22	面談前期準備是否充分	
	績效申訴	23	員工績效申訴渠道是否暢通	
	績效改進	24	是否實施績效改進計劃，並保持追蹤	
	結果運用	25	績效結果是否運用於培訓開發、個人職業發展和崗位晉升	
	績效建檔	26	員工績效結果是否定期歸檔	

(二) 個人績效診斷

個人績效診斷是指通過對員工個人績效進行即時監控，及時發現個人業績與目標任務的「缺口」，進而分析產生「缺口」的原因，並提出績效改進措施的活動過程。員工業績出現「缺口」只是表象，背後的真正原因可能是員工的知識、技能、態度問題，也可能是管理者的管理行為不當，或者是工作條件和工作氛圍等環境因素等，如表9-3所示。

表9-3　　　　　員工業績監控與分析表（示例）

員工姓名：　　　　單位：　　　　崗位：　　　　上級崗位名稱：

任務進度 \ 考核指標	財務	客戶							內部流程	學習與成長
		零售指標				對公指標				
		個人存款日均增量（萬元）	管戶客戶年日均金融資產增量（萬元）	個人貴賓客戶淨增（戶）	信用卡有效客戶新增（戶）	對公存款日均增量（萬元）	對公有效結算帳戶淨增（戶）	崗位履職考核	培訓計劃
權重分	—				……			……	……	……
單位權重分					……			……	……	……
階段目標 年度任務	—				……			……	……	……
季度任務	—				……			……	……	……
本季累計完成	—				……			……	……	……
本季缺口累計	—				……			……	……	……
月度任務					……			……	……	……
每週任務					……			……	……	……
每日任務					……			……	……	……
9月1日					……			……	……	……
9月2日					……			……	……	……
……					……			……	……	……
9月30日					……			……	……	……
本月合計	—				……			……	……	……
本月缺口	—				……			……	……	……

表9-3(續)

業績缺口原因分析			
影響績效維度		具體問題	原因分析
員工	知識		
	技能		
	態度		
主管	輔導		
	其他		
環境		內部	
採取的措施 || 改進目標	執行者/責任人	改進時限

在上述員工業績監控和分析表中，通過每日的業績錄入，可以隨時觀察發現員工業績「缺口」的動態變化。當然，理想的情況是零「缺口」，但如果缺口持續出現或缺口過大，比如，員工在某項績效指標上的「缺口」（與目標計劃差距）一旦超過10%的警戒線，主管應迅速採取干預措施，及時進行面談溝通，分析原因，共同制定績效改進措施。

三、三項技術

在商業銀行績效管理實踐中，如何設計績效指標、如何設置指標權重、如何分配任務，一直都是困擾銀行基層網點的一個難題。雖然前面章節對關鍵績效指標和權重設計有所闡述，但其更多涉及的是銀行整體層面的設計問題，並不能完全解決基層支行所面臨的實際操作難題，一個簡便、實用、有效的技術方法才是當前基層支行所迫切需要的。

(一) 網點崗位績效指標設計

崗位績效指標來源於兩個途徑：一是來源於對網點平衡計分卡指標的分解和承接，二是來源於崗位自身的核心職責。一般來講，網點績效指標由支行主導設計，網點協助配合。網點崗位績效指標設計分為以下兩個步驟：

1. 設計網點績效指標

正如前面章節所述，在支行的平衡計分卡制定完成後，需要進一步向下分解，將支行層面的指標落實到各個網點，形成網點的平衡計分卡。

在支行平衡計分卡向下分解的過程中，指標縱向分解方式主要有兩種：承接、分解。這種承接和分解，體現了銀行組織戰略目標自上而下的傳導，是銀行戰略管理的要求。但是，具體到各個支行，由於其所處的經營環境各不相同，其面對的目標市場和客戶結構存在很大的差異。因而，支行在制定網點平衡計分卡時不能簡單地「一刀切」，還需要結合自身實際，設計具有支行特色的獨有指標。所以，科學的指標設計方法應該是：在上級平衡計分卡的基礎上，結合自身業務和客戶實際，構建符合支行自身特點的網點平衡計分卡指標。如表9-4所示。

表 9-4　　　　　　　　　　網點績效指標開發設計（示例）

| 支行平衡計分卡績效指標 ||| 網點平衡計分卡績效指標 |||
維度	考核指標		維度	考核指標	指標來源
財務	人均經濟增加值		財務	人均經濟增加值	分解
	經濟資本回報率			個人存款日均增量	分解
	成本收入比			管戶客戶年日均金融資產淨增	獨有
客戶	零售	個人存款日均增量	客戶	個人貴賓客戶淨增	分解
		個人貴賓客戶淨增		個人貴賓客戶升等	獨有
		貴賓客戶產品交叉銷售率提升		貴賓客戶產品交叉銷售率提升	承接
		有效信用卡客戶淨增		有效信用卡客戶淨增	分解
		信用卡業務收入	零售	信用卡業務收入	分解
		電子銀行業務收入		電子銀行業務收入	分解
		個人電子銀行活躍客戶淨增		個人電子銀行活躍客戶淨增	分解
		非住房個貸淨增		非住房個貸淨增	分解
		零售重點產品行銷		零售重點產品行銷	分解
		「三農」業務產品		分管客戶關係維護	獨有
				「三農」業務產品	分解
	對公	對公存款日均增量		對公存款日均增量	分解
		對公客戶結算帳戶淨增		對公客戶結算帳戶淨增	分解
		對公客戶產品交叉銷售率提升		小微企業貸款淨增	獨有
		企業電子銀行活躍客戶淨增	對公	對公客戶產品交叉銷售率提升	承接
		對公結算與現企業務收入		企業電子銀行活躍客戶淨增	分解
		重點客戶名單制行銷		對公結算與現企業務收入	分解
		對公重點產品行銷		重點客戶名單制行銷	分解
				對公重點產品行銷	分解
內部流程	風險內控評價		內部流程	風險內控評價	承接
	基礎管理評價			基礎管理評價	承接
	網點轉型			網點轉型	承接
學習與成長	崗位資格認證		學習與成長	崗位資格認證	承接
	培訓計劃完成率			培訓計劃完成率	承接

　　例如表 9-4 所示的案例支行。首先，通過承接和分解方式，將支行平衡計分卡大部分績效指標落實到了網點，這樣就確保了上級考核政策得到有效傳導。其次，該行通過「一行（點）一策」分析，找到了一直以來制約支行個人業務發展的主要原因——個人貴賓客戶管理基礎薄弱。因此，該行設計了「客戶年日均金融資產淨增」「個人貴賓客戶升等」「分管客戶關係維護專項考核」三項獨有指標納入網點平衡計分卡，以強化個人貴賓客戶考核來改變個人業務發展滯後的狀況。此外，由於該行與國家級高新技術工業園區相鄰，有著得天獨厚的小微企業客戶資源優勢，是該行主要的目標客戶群。因此，該行將「小微企業貸款淨增」納入網點的考核，作為獨有績效考核指標。所以，設計科學合理的獨有指標，不僅有利於彌補業務短板，而且能夠發揮優勢，提升競爭能力。一般來講，獨有績效指標需要報上級行審核同意後方可納入網

點績效指標體系。另外，對於支行平衡計分卡中不能承接或分解到網點的績效指標（一般在網點層面難以取值），可以採取其他相近指標來代替，否則可以不納入網點平衡計分卡。

2. 設計網點崗位績效指標

網點崗位績效指標來源包括分解、承接和獨有三種方式。即使是分解和承接，也必須以崗位的核心職責為前提來對接網點績效指標。如圖 9-1 所示。

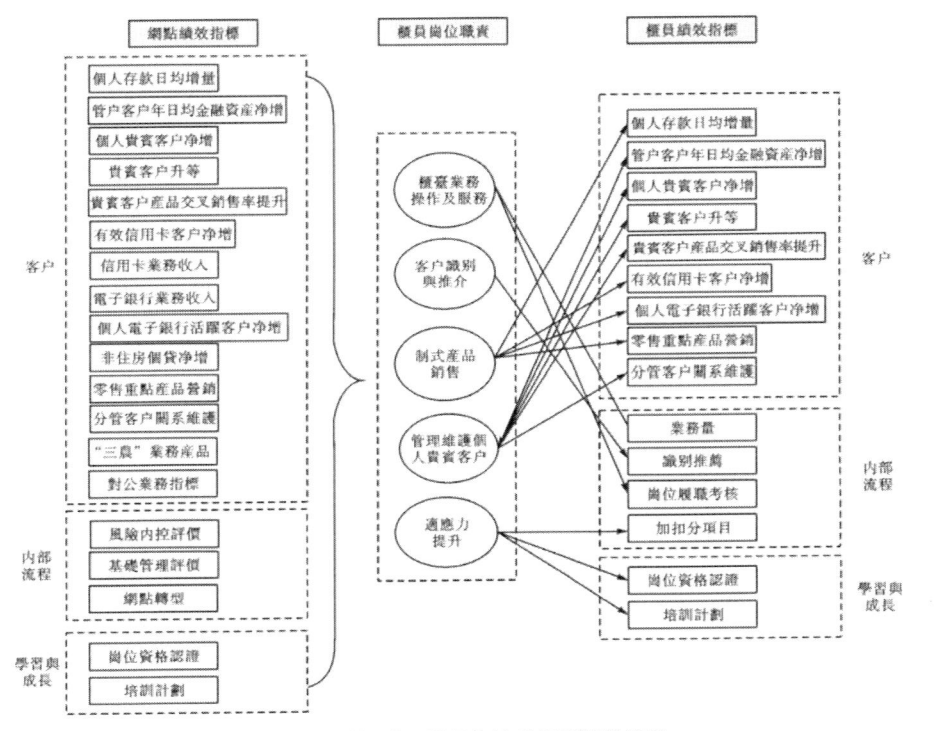

圖 9-1 某網點櫃員崗位績效指標開發設計

以櫃員崗位為例，我們知道櫃員崗位的核心職責按其重要性順序依次分別為：櫃臺業務服務、客戶識別推介、產品銷售和個人貴賓客戶維護等。我們可以根據其核心職責與網點績效指標進行如下對應開發：

（1）櫃臺業務操作與服務職責對應：業務量、崗位履職。

（2）客戶識別與推介職責對應：識別推介。

（3）產品銷售職責對應：個人存款日均增量、有效信用卡客戶淨增、個人電子銀行活躍客戶淨增、零售重點產品行銷。

（4）管理維護個人貴賓客戶職責對應：管戶客戶年日均金融資產淨增、個人貴賓客戶淨增、個人貴賓客戶升等、貴賓客戶產品交叉銷售率提升、分管客戶關係維護。

（5）適應力提升職責對應：崗位資格認證、培訓計劃完成率、加扣分項目。

通過以上兩個步驟，我們可以設計出支行全部崗位的績效指標。

（二）網點崗位績效指標權重設計

在前述章節中，我們介紹了權重因子法、德爾菲法以及層次分析法等績效指標權重的設計方法，但這些方法涉及的都是組織整體層面的績效指標權重設計，並不適合於基層網點對上級行績效指標權重的分解和承接。同樣，網點績效指標權重由支行主導設計，網點協助配合。網點崗位績效指標權重設計分為兩個步驟：

1. 設計網點績效指標權重

網點績效指標權重是制定網點崗位績效指標權重的依據，同時也承擔著傳導上級行考核意圖的重要任務。因此，我們在設計網點績效指標權重的時候，不僅要準確地把握上級行的績效政策，同時還要注意與網點經營特點相結合，以體現不同網點差異化的特性。如表9-5所示，其設計步驟是：

（1）通過網點「一點一策」分析，明確網點定位。如案例支行根據轄內各網點業務結構和客戶特點，將網點劃分為城區對公業務型網點、城區綜合業務型網點、城區零售業務型網點和「三農」零售業務型網點四類，四類網點對公指標與零售指標權重占比分別為4：6、3：7、2：8和1.5：8.5。

表9-5　　　　　　　　　　　網點績效指標權重（示例）

維度		指標	考核權重				封頂比例（%）
			對公型網點	綜合型網點	零售型網點		
			城區服務網點			「三農」服務網點	
		網點歸類					
財務（10）		人均經濟增加值	10				100
客戶（75）	零售指標	個人存款日均增量	10	12	14	14	150
		管戶客戶年日均金融資產淨增	3	3	4	3	150
		個人貴賓客戶淨增	3	3	4	3	150
		貴賓客戶升等	2	2	3	2	150
		貴賓客戶產品交叉銷售率提升	2	2	2	2	150
		有效信用卡客戶淨增	2	2	3	2	130
		信用卡業務收入	3	3	3	2	130
		電子銀行業務收入	2	3	3	2	130
		個人電子銀行活躍客戶淨增	2	2	3	2	130
		非住房個貸淨增	2	3	3	2	130
		零售重點產品行銷	12	13	16	12	130
		分管客戶關係維護	2	2	2	2	
		「三農」業務產品				16	130
		零售指標權重小計	45	51	60	64	

表9-5(續)

維度	指標	考核權重				封頂比例(%)
		對公型網點	綜合型網點	零售型網點		
		城區服務網點			「三農」服務網點	
	網點歸類					
客戶(75)	對公指標	對公存款日均增量	8	6	5	5	150
		對公有效結算帳戶淨增	4	3	2	2	150
		小微企業貸款淨增	3	3	1		130
		對公客戶產品交叉銷售率提升	2	2	2	1	130
		企業電子銀行活躍客戶淨增	2	2	1	1	130
		對公結算與現金業務收入	2	2	1	1	130
		重點客戶名單制行銷	4	3	1		130
		對公重點產品行銷	5	3	2	1	130
		對公指標權重小計	30	24	15	11	
內部流程(10)	風險內控評價	4				
	專項考核	2				
	網點轉型	4				
學習與成長(5)	崗位資格認證	2				
	培訓計劃完成率	3				
總分		100				130

（2）根據支行績效平衡計分卡，確定網點財務、客戶、內部流程、學習與成長四個層面權重。

（3）確定網點平衡計分卡學習與成長、內部流程和財務維度內各績效指標權重。

（4）根據網點類型，確定網點平衡計分卡客戶維度內各績效指標權重。

經過以上步驟，最後形成一套完整的網點績效指標權重表。

2. 設計網點崗位績效指標權重

根據網點績效指標權重，結合崗位核心職責，就可以設計網點崗位績效指標權重。以網點櫃員崗位為例，如表9-6所示，其設計步驟是：

（1）確定學習與成長、內部流程維度指標權重。首先通過承接方式確定學習與成長維度指標權重。其次由支行組織相關部門經理、網點主任和櫃員代表，運用頭腦風暴法，討論確定業務量、識別推薦和崗位履職考核等獨有指標權重。當然，也可以取大家賦值的平均值為權重。應注意的是，這兩個維度的指標權重在所有網點櫃員崗位的橫向運用應是相同的。

（2）確定客戶維度指標權重。根據網點類型，將該崗位客戶維度的各項績效指標權重進行折算，得到折算權重。

（3）對客戶層面指標折算權重進行微調。

（4）與網點員工進行績效計劃溝通，如有必要再進行微調。

表 9-6　　　　　　　某網點櫃員績效考核指標表（示例）

維度		網點績效指標　岡位　權重　指標　網點歸屬	櫃員績效指標			指標來源
			城區服務網點		「三農」服務網點	
			對公型網點	綜合型網點	零售型網點	
財務			—	—	—	—
客戶	零售指標	個人存款日均增量	11	11	11	12	分解
		管戶客戶年日均金融資產淨增	3	3	3	3	分解
		個人貴賓客戶淨增	3	3	3	3	分解
		貴賓客戶升等	2	2	2	2	分解
		貴賓客戶產品交叉銷售率提升	2	2	2	2	承接
		有效信用卡客戶淨增	2	2	2	2	分解
		個人電子銀行活躍客戶淨增	2	2	2	2	分解
		零售重點產品行銷	13	13	13	12	分解
		分管客戶關係維護	2	2	2	2	承接
內部流程		業務量	30	30	30	30	獨有
		識別推薦	15	15	15	15	獨有
		岡位履職考核	10	10	10	10	獨有
學習與成長		岡位資格認證	2	2	2	2	承接
		培訓計劃完成率	3	3	3	3	承接
加扣分項目			±5 分			承接
總分			100	100	100	100	

（5）報支行績效考核委員會審定，最終確定各岡位客戶維度的關鍵績效指標權重。值得注意的是，不同類型的網點，同一客戶維度指標權重可能不同。

經過以上步驟，最後得到一套完整的網點岡位績效指標權重表。

以城區對公型網點櫃員的「個人存款日均增量」指標為例，其權重計算一般為：

（1）根據對應的網點類型，確定可以分配到客戶維度績效指標的總權重，即 100−55（內部流程）−5（學習與成長）= 40 分。

（2）計算櫃員績效指標在網點考核指標體系中的合計權重，即為 38 分。

（3）計算櫃員各客戶層面的績效指標折算權重，例如「個人存款日均增量」= 10/38×40 = 11 分。

值得注意的是，上述績效指標設計和績效指標權重設計應結合起來，而不是分割開的兩項工作。

（三）任務分配

任務分配是一個敏感而令人頭疼的問題。公平合理的任務分配不僅有利於調動廣大員工的工作積極性，而且也有利於促進組織戰略目標的順利實現。員工的參與是確

保任務分配公平合理的重要前提。同時，崗位職責、資源配置等重要內部因素，以及經營環境、客戶資源等重要外部因素是合理分配任務的重要依據。因此，通過集思廣益，建立一個符合自身實際，綜合考慮多因素、多維度的任務分配模型十分關鍵。任務分配模型包括網點任務分配模型和崗位任務分配模型。

1. 任務分配模型設計步驟

（1）召集包括部分部門經理、網點主任以及其他具有一定績效管理知識的人員成立任務分配模型開發小組。

（2）向小組成員提出網點任務和崗位任務分配的問題及有關要求，並逐個指標向大家培訓績效考核指標，包括指標定義、考核口徑、計分規則和實現業績的途徑。

（3）逐個指標分析影響其實現的內外部影響因素。

（4）討論即將結束時，要求大家填寫相關表格，按影響考核指標的程度大小排序，並賦予權重。

（5）將小組成員第一次的判斷意見進行整理匯總，列成圖表，進行對比，再分發給各位小組成員，讓各位成員比較自己與他人的不同意見，修改自己的意見和判斷。

（6）再次將所有成員的修改意見收集起來，匯總整理後再次分發給大家，以便做第二次修改。收集意見和信息反饋一般經過三至四輪。在向各位成員進行反饋的時候，只給出各種意見，並不說明發表各種意見的成員的姓名。這一過程重複進行，直到每一位成員不再改變自己的意見為止。

（7）對大家的意見進行綜合處理，確定各種主要影響因素及權重。

（8）設置計算公式，建立任務分配模型。

（9）將近三年計劃任務導入任務分配模型，驗證其合理性。

（10）一個考核週期結束後，徵求各小組成員意見，以便不斷完善。如有新增考核指標，其任務分配模型開發程序同上。

2. 任務分配模型

以某支行為例，經過上述開發流程後，影響網點指標任務分配的主要因素和任務分配模型如表9-7和表9-8所示。

表9-7　　　　　　　**影響網點指標任務的主要因素和權重（示例）**

指標名稱	主要影響因素及權重
個人存款日均增量	近3年歷史增量（35%）、網點潛力以上客戶折算數（35%）、網點員工數（20%）、前臺櫃臺數（10%）
個人貴賓客戶淨增	近3年歷史增量（35%）、網點潛力以上客戶折算數（35%）、網點員工數（15%）、前臺櫃臺數（15%）
管戶客戶年日均金融資產淨增	
理財產品銷售	網點潛力以上客戶折算數（45%）、網點員工數（35%）、前臺櫃臺數（20%）
基金銷售	
貴金屬銷售	

表9-7(續)

指標名稱	主要影響因素及權重
有效信用卡客戶淨增	網點潛力以上客戶折算數（45%）、網點員工數（40%）、網點上一年度信用卡激活率（15%）
……	……

表9-8　　　　　　　　　　　網點任務分配模型（示例）

關鍵績效指標	任務分配模型
個人存款日均增量	1. X＝近3年歷史增量35%＋網點潛力以上客戶折算數35%＋網點員工數20%＋前臺櫃臺數10%； 2. Y＝X×（1＋重點網點15%）； 3. M＝Y×（1＋近3年是否裝修5%）； 4. N＝M×當年裝修影響（1－@）； 　@——網點年中裝修時間因素（1~2個月為5%，2~4個月為10%，4個月以上為15%）
個人貴賓客戶淨增 管戶客戶年日均金融資產淨增	1. X＝近3年歷史增量35%＋網點潛力以上客戶折算數35%＋網點員工數15%＋前臺櫃臺數15%； 2. Y＝X×（1＋重點網點15%）； 3. M＝Y×（1＋近3年是否裝修5%）； 4. N＝M×當年裝修影響（1－@）； 　@——網點年中裝修時間因素（1~2個月為5%，2~4個月為10%，4個月以上為15%）
理財產品銷售 基金銷售 貴金屬銷售量	1. X＝網點潛力以上客戶折算數45%＋網點員工數35%＋前臺櫃臺數20%； 2. Y＝X×（1＋重點網點15%）； 3. M＝Y×（1＋近3年是否裝修5%）； 4. N＝M×當年裝修影響（1－@）； 　@——網點年中裝修時間因素（1~2個月為5%，2~4個月為10%，4個月以上為15%）
有效信用卡客戶淨增	1. X＝上年度網點信用卡激活率15%＋網點潛力以上客戶折算數45%＋網點員工數40%； 2. Y＝X×（1＋近3年是否裝修5%）； 3. M＝Y×當年裝修影響（1－@）； 　@——網點年中裝修時間因素（1~2個月為5%，2~4個月為10%，4個月以上為15%）
……	……

影響崗位指標任務分配的主要因素和任務分配模型如表9-9和表9-10所示。

表9-9　　　　　影響崗位指標任務的主要因素和權重（示例）

指標	主要影響因素及權重
個人存款日均增量	個人貴賓客戶管戶數（49%）、個人崗位（30%）、個人貴賓客戶管戶年日均金融資產餘額（21%）
個人貴賓客戶淨增	潛力個人客戶管戶數（70%）、個人崗位（30%）

表9-9(續)

指標	主要影響因素及權重
管戶客戶年日均金融資產淨增	個人貴賓客戶管戶數（70%）、個人崗位（30%）
理財產品銷售	個人貴賓客戶管戶數（50%）、個人崗位（50%）
基金銷售	
貴金屬銷售	
有效信用卡客戶淨增	個人貴賓客戶管戶數（100%）、個人崗位（30%）
……	……

表9-10　　　　　　　　　崗位任務分配模型（示例）

關鍵績效指標	任務分配模型
個人存款日均增量	1. W＝70%×網點年度淨增任務×〔（該管戶人員年初個人貴賓客戶管戶折算數/網點年初全部個人貴賓客戶折算數）×70%＋（該管戶人員年初個人貴賓客戶年日均金融資產餘額/網點年初全部個人貴賓客戶年日均金融資產餘額）×30%〕＋30%×網點年度淨增任務/管戶人員數； 2. 高級客戶經理任務＝客戶經理任務×124%，下同。
個人貴賓客戶淨增	W＝70%×網點年度個人貴賓客戶增量任務×（該管戶人員年初個人貴賓客戶管戶折算數/網點年初全部個人貴賓客戶折算數）＋30%×網點年度個人貴賓客戶增量任務/管戶人員數；
管戶客戶年日均金融資產淨增	W＝70%×網點年度個人貴賓客戶金融資產增量任務×（該管戶人員年初個人貴賓客戶管戶折算數/網點年初全部個人貴賓客戶折算數）＋30%×網點年度個人貴賓客戶金融資產增量任務/管戶人員數；
理財產品銷售	1. W＝50%×網點年度任務×（該管戶人員年初個人貴賓客戶管戶折算數/網點年初全部個人貴賓客戶折算數）＋50%×網點年度增量任務/管戶人員數； 2. 低櫃櫃員任務＝W×115%； 3. 高櫃櫃員任務＝W×115%×90%；
基金銷售	
貴金屬銷售	
有效信用卡客戶淨增	1. W＝70%×網點年度任務×（該管戶人員年初個人貴賓客戶管戶折算數/網點年初全部個人貴賓客戶折算數）＋30%×網點年度信用卡新增任務/管戶人員數； 2. 低櫃櫃員任務＝W×115%； 3. 高櫃櫃員任務＝W×115%×90%；
……	……

四、四大關鍵

商業銀行績效管理的關鍵角色是：行長、直線經理、人力資源經理、員工。只有這四大關鍵角色相互支持和配合，才能共同推動績效管理這項艱鉅的任務。單兵作戰和職責不清，結果一定是事倍功半，注定要失敗。

（一）行長：績效管理的第一責任人

在各層級管理者中，行長都是績效管理的第一責任人。行長全面負責整個銀行的經營管理工作，是最具有話語權的人。行長要直接參與和推動績效管理的實施，而不是只做旁觀者，或者只躲在幕後，而應該積極站在前臺，積極參與其中，給予績效管理工作充分的支持。只有讓中層管理者和廣大員工都能夠看到這種關心和支持，大家才能夠跟著行動起來，才能夠共同做好績效管理工作。

行長在績效管理中的主要職責是：確定和調整戰略方向、目標的制定；主導全行關鍵目標體系的建立；參加績效管理的全過程（包括參加培訓）；提供政策、資源支持，主導實施過程。

（二）各級直線經理：績效管理的直接責任人

直線經理在績效管理中，是連接企業與員工的橋樑，向上對銀行的績效管理政策負責，向下對員工的績效發展負責，作用非常關鍵。其角色定位是：

1. 合作夥伴

直線經理和員工是一種彼此獲益的雙贏關係，任何一方的成績都有對方的努力在裡面。員工的成長和進步離不開經理的支持、輔導和幫助。經理的業績也不是憑空得來的，而是員工積極配合、共同努力的成果。員工績效的提高就是管理者績效的提高，員工的進步就是管理者的進步。績效管理使管理者和員工真正坐在了同一條船上，風險共擔，利益共享，共同進步，共同發展。直線經理與員工之間絕對不是簡單的管理與被管理者的關係，而是績效合作夥伴。因此，管理者要與員工就工作任務、績效目標等前瞻性的問題提前進行溝通，在雙方充分理解和認同企業願景規劃與戰略目標的基礎上，與員工一起制定績效目標，達成一致。這不應是一份額外的負擔，也不是浪費時間的活動，而是管理者的自願。通常，管理者與員工應就如下問題達成一致：

（1）員工應該做什麼工作？
（2）為什麼做這些工作？
（3）工作應該做到多好？
（4）什麼時候應該完成這些工作？
（5）為完成這些工作，需要哪些支持？需要提高哪些知識、技能？需要得到什麼樣的培訓？
（6）自己能為員工提供什麼樣的支持與幫助？需要為員工清除哪些障礙？

2. 教練員

在員工實現目標的過程中，管理者應做好教練員的角色，與員工保持及時、真誠的溝通，幫助員工提升業績。

一般情況下，員工的績效目標應該略高於他們的實際能力，員工需要「跳一跳」才能夠得著，所以難免在實現的過程中會遇到困難和挫折。此外，由於市場環境的變

化，銀行的經營計劃和策略也會發生調整，隨之變化的是員工績效目標的調整。所有這些都需要管理者與員工做好溝通，共同分析目標，制訂並執行績效改進計劃。幫助員工改進績效，對管理者來說，可能是一種挑戰、一種修養，更是一種責任。

3. 記錄員

績效記錄員的一個很重要的原則就是沒有意外，即在年終考核時，管理者與員工不應該對一些績效考核出現意外分歧。一切都應是順理成章的，管理者與員工對績效考核結果的看法應該是一致的。

只有掌握了有說服力的事實證據，才能避免因考核分歧而可能出現的員工不滿情緒和對抗行為。績效記錄有如下好處：

（1）提供一個員工績效考核或獎懲的事實依據。
（2）預防員工的不當行為所可能導致的操作風險。
（3）收集足夠的正確信息以解決並預防問題。
（4）發現潛在問題，幫助員工改進。
（5）挖掘員工的潛力。
（6）通過對良好工作的認知，提升員工的動機。

4. 公證員

員工績效考核的公平與公正，很大程度上體現在績效管理過程當中。管理者需要做好的工作是：

（1）對照當初制定的績效目標和標準對員工進行考核，考核的主要依據是員工的業績檔案。
（2）注重與員工進行一對一的面談溝通，讓員工瞭解考核過程，並瞭解自己的長處與不足。
（3）與員工一起制訂績效改進計劃，為以後的績效提升掃清障礙。
（4）向員工反饋考核結果，並告知考核結果運用方向，以便員工更加明確自己的績效目標。

5. 診斷專家

沒有最好，只有更好，任何績效管理都存在需要改進的地方。管理者應是績效管理的診斷專家，及時發現組織和個人績效管理當中存在的問題和不足，積極提出改進的辦法。

6. 諮詢顧問

在績效管理工作中，管理者要善於鼓勵員工對於他們未來的職業生涯進行獨立思考，幫助員工制訂成長與發展計劃，並積極給予指導。

綜合以上各點，直線經理的職責是：建立協作關係；建立恰當的目標；促進績效提升；績效檢查；實施開發型評估；為員工職業規劃提供幫助；將薪酬和獎勵與成長和發展掛勾；支持績效提升和變革。

(三) 人力資源經理：績效管理專家

人力資源管理不僅僅是人事管理，人力資源經理需要加快角色轉變：

1. 考核專家

人力資源經理成為考核專家的標誌是：獨立制訂考核方案，獨立主持績效考核工作，能對直線經理提供諮詢服務。

2. 戰略助手

人力資源經理只有非常熟悉其他部門的業務內容和業務流程，所制訂的績效方案才能與企業的整體戰略協調，才能被直線經理接受，才能真正成為企業的戰略助手。

3. 合作夥伴

績效管理不是人力資源部一個部門的事情，人力資源經理需要主動與直線經理加強溝通，創建良好的合作夥伴關係，才能共同推動銀行的績效管理工作。

4. 聯絡員

行長的態度和行動是推動績效管理工作的關鍵。人力資源經理要與行長保持持續的溝通，逐漸地和行長在績效管理理念上達成共識，在具體的實務操作上達成一致的理解，爭取行長的最大支持。

5. 宣傳員

人力資源經理要把績效管理介紹給直線經理和基層員工，讓大家都瞭解績效管理到底是什麼、能給他們帶來什麼好處。當直線經理和員工都真正認識了績效管理的實質後，他們會更願意配合，推動績效管理工作會更加輕鬆。

6. 培訓員

直線經理是績效管理政策的執行者，是績效管理落地的關鍵角色。因此，人力資源經理需要對直線經理進行績效管理技能的培訓，使他們掌握績效管理工作的相關知識和技能，提高他們的績效管理能力。

綜合以上各點，人力資源經理的職責是：負責構建企業的績效管理體系；組織設計各部門、各崗位的績效考核指標；組織實施績效管理循環過程中的企業戰略規劃、績效計劃、績效監控、績效評價和績效反饋等環節的工作；為績效管理者提供績效管理方法和技巧的培訓；監督和評價績效管理系統；負責定期組織召開績效管理工作會議等。

(四) 員工：主動參與

員工在績效管理中不是完全被動的，他們產生並擁有績效，主動地為自己的績效注入努力，發現問題主動與主管經理面談溝通，尋求幫助，不斷改進和提高，是績效管理的主人。而員工能否成為績效管理的主人，在於他能否成為自身變革的主人、個體職業的倡導者和職業規劃者。

1. 自身改變的主人

作為自身改變的主人，員工要認識並創造重要的轉變機會，抓住那些會影響組織成功，繼而導致自己成功的個人突破性進展的機會。

2. 職業的倡導者

員工應該是職業的自我促進者，要主動將自己的才能、興趣和職業願望告知管理者，清晰地陳述自己的希望，並且以自己實際的績效行動進行證明。

3. 職業規劃者

無論年齡和崗位，每人都有自己的人生目標。每一位員工都應該制訂自己的個人成長和發展規劃，才能有助於充分發揮自己的潛能，才能把握關鍵，提高成功的概率，從而最終達成目標。

因此，員工的職責是：參與績效計劃制訂；公正評價其他員工（上級、同事等）的工作；參與自我評價；尋求並接受建設性的反饋；準確理解績效期望和評價標準；自我診斷績效不足；主動制訂和實施績效改進計劃；提高自我管理的能力。

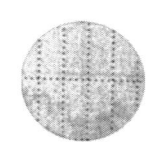

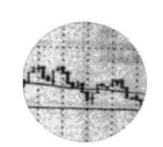

第十章　銀行績效管理的誤區與困擾

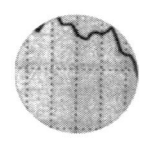

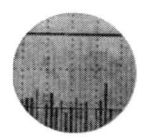

當今,「績效管理」一詞在企業裡幾乎無人不知、無人不曉。然而,真正能夠理解績效管理實質的並不多,能夠主動全面地運用績效管理並取得明顯預期效果的則更少。目前至少有兩個普遍存在的銀行績效管理的問題,一是中層管理者敷衍了事,二是高層領導雖然口頭重視但行動上並沒有給予足夠支持。原因何在?主要有兩點:一是中高層管理者「不懂」,沒有真正理解績效管理。二是人力資源部「不懂」,一方面可能是對績效管理的某些方面還沒有完全理解,另一方面就是不能讓中高層管理者真正理解績效管理。因此,最終結果表現為我們經常抱怨的現象:

(1) 往往只是把績效管理當成績效考核,績效管理就是把員工分為「三六九等」。
(2) 直線經理都很忙,沒必要在績效管理上耗費過多的時間和精力。
(3) 認為績效溝通是額外的負擔。
(4) 重考核結果,輕管理過程。

實踐證明,大部分企業之所以推行績效管理失敗,就是因為企業對績效管理進行孤立和片面的理解,存在認識誤區。

一、績效管理的認識誤區

在錯誤認識的支配下,績效管理工作就很難正確開展。瞭解對績效管理的各種錯誤認識,有助於加深對績效管理實質的理解。實際工作中,主要存在以下認識誤區:

(一) 績效管理就是通過考核將員工區分為「三六九等」

儘管許多銀行在制定績效管理政策時有完整的管理程序和要求,但是在實際操作過程中,存在對績效管理認識不到位的情況,特別是一些直線經理會簡單地認為,績效管理無非就是出抬一些嚴厲的考核政策,給每個員工打打分,分出優劣等級。其實,績效管理的本質不是為了區分,而是不斷改進績效的過程,是在績效評價結果出來以後,管理者與下屬通過績效反饋面談,將評價結果反饋給下屬,並共同分析績效不佳的方面及其原因,制訂績效改進計劃的過程。心理學家發現,溝通反饋是使人產生優秀表現的重要條件之一。如果沒有及時溝通反饋,人們往往會表現得越來越差。因為在這種情況下,人們無從對自己的行為進行修正,甚至可能喪失繼續努力的動力。因此,績效管理的目的不僅僅是準確評價一個員工的績效水平,更重要的是通過良好的溝通使員工瞭解自己工作中存在的問題和不足,並採取相應的措施不斷改進,從而保證其績效得到持續增長。

(二) 績效管理是人力資源部的責任

績效管理是人力資源管理的核心,於是很多管理者和員工就理所當然地認為績效

管理就是人力資源部的職責，與自己關係不大，甚至有人還認為績效管理是不創造價值的，績效管理純屬浪費時間，從而往往應付了事，工作點到為止。這些都是錯誤的。

許多管理者一方面苦於沒有良好的管理方法來提高他們團隊的業績，另一方面又沒有融入企業的管理體系中來，而「幻想」著另一個美好的管理模式。之所以出現這種情況，主要原因在於其對自身定位不清。

其實，如果高層領導是績效管理的「總導演」，那麼中層管理人員則是績效管理的「主角」，是績效管理的直接責任人，是連接企業與員工的橋樑，向上對銀行的績效管理政策負責，向下對員工的績效發展負責，績效管理是其崗位最重要的核心職責。績效管理沒有什麼「美好模式」，有的就是按照績效管理的要求和流程，紮實細緻地去推動，就一定會取得良好的績效結果。

作為人力資源部門，其面對的「客戶」就是直線經理，其行銷的「產品」就是管理技術和模式。所以從這個角度看，人力資源部門就是生產的「上游部門」，而其他部門則是使用其產品的「下游部門」。就如同銀行前臺部門行銷銀行產品一樣，人力資源部門需要轉變思維，轉為「以客戶為導向」，「設計和生產」直線經理們所需要的管理產品，並與其建立良好的合作夥伴關係。

因此，人力資源部門負責績效管理「產品」的設計，其他部門負責績效管理「產品」的使用，兩者各司其職，相互配合，才能提高組織、部門、團隊和個人的績效水平。

（三）績效就是財務指標

一些「注重業績」的銀行基層，在績效考核時，認為績效指標都是財務指標，就連團隊考核指標和管理人員的考核指標都全部換成了與行銷業績等財務指標掛勾的指標。表面上看，全體員工都在為增加銀行財務利潤而奮鬥，組織得益，員工也拿到不菲的收入。其實，這樣引導員工就如開採礦山、石油一樣，只想到拼命地開採，卻沒有想過這些礦產都是不可再生的。開採完了，該如何做？銀行只要求員工創造財務業績，卻不顧員工的工作環境（特別是人際關係環境）、員工的技能培訓和能力開發等，這只會導致員工的行為短期化。例如，網點為了短期業績，只管對客戶進行拉動式的強行銷售，而不顧客戶的真實需求，同時也缺乏對客戶關係的維護，結果造成客戶不滿意而不斷流失。為了達到短期的財務指標而不惜犧牲長期的發展，其最終結果就是陷入績效水平不斷下降的惡性循環中，這顯然不利於商業銀行的持續發展。

（四）績效管理的最終目的是薪酬分配

「績效管理的最終目的就是薪酬分配」，這個看法是非常錯誤卻又是非常普遍的。薪酬作為最重要的激勵手段，對員工績效的提高有非常直接的作用。但是如果過分強調薪酬的激勵性，把薪酬分配作為績效管理的唯一目的，只會將績效管理引向歧途。實踐證明，過分依賴於物質激勵會使員工做出不符合企業長遠利益的短期行為，甚至

可能導致員工互相鈎心鬥角、團隊內耗嚴重、內部矛盾叢生等不利於建立和諧企業文化的負面行為。績效管理除了發揮薪酬強大的激勵作用外，還要滿足員工其他方面的需求。正如馬斯洛五個需要層次理論所揭示的，員工除了基本的物質需求外，還有歸屬的需求、社會交往的需求、尊重的需求和自我實現的需求，而只有不斷滿足其高層次的需求，員工才肯心甘情願地為企業付出，從而才有可能實現高績效。

(五) 績效考核只能考核硬指標

所謂硬指標，就是客觀的、能量化的、結果容易衡量的指標，如存款淨增、客戶增長等。與其相對應的軟指標，如員工滿意度、行為能力考核等指標，主觀性較強，數據來源分散，操作起來麻煩，很難加以準確度量。硬指標相對容易衡量，但不能因為軟指標難以衡量就規避不用。這種做法顯然不正確，因為軟指標往往承載著人的主觀感受，是績效內在的驅動因素，在企業文化建設、員工未來績效的預判以及員工的培訓開發和招聘等方面有著非常重要的考量價值，是硬指標所無法替代的。

二、績效管理的十大困擾

目前，許多商業銀行由於未真正理解績效管理的實質，在實踐中常常受到各種各樣問題的困擾。

(一) 戰略脫節

績效目標應該來源於企業戰略，並通過層層分解，轉化為每個部門乃至每個員工的績效目標，使所有員工都能肩負起企業戰略目標的責任。績效與戰略脫節，首先表現為一些銀行盲目追求績效目標的「全面性」。為了不遺漏目標，往往把各種指標都羅列起來，造成基層考核指標過多過散。這種看似周全的考慮，在實踐中只會帶來兩種結果：一是目標分散，沒有重點。心理學研究證明，人在一個時間段內的心理能量只能很好地關注 7 個左右的單元。目標過多與沒有目標的效果是一樣的。二是疲於應付，犧牲效率。例如，客戶經理考核指標過多，必然影響對分管客戶的維護與深耕。其次表現為一些部門存在著從本部門局部利益出發，根據自身資源、能力、自身利益制定部門目標，甚至在制定部門績效考核指標時，選擇本部門容易完成的指標，或者加大這些指標的權重的現象。結果造成銀行局部績效與整體績效脫節，銀行戰略被束之高閣，難以實現。

要解決上述問題，首先要從梳理戰略目標出發，通過建立戰略地圖，明晰戰略績效管理的財務、客戶、內部流程、學習與成長四個層面以及各層面內部績效驅動的邏輯因果關係，從中找出體現這種因果關係的關鍵績效指標。正如管理學大師德魯克所說，戰略更主要的不是選擇做什麼，而是選擇不做什麼。績效目標設計也是如此，大膽地捨棄非戰略性目標是戰略性績效目標得以保證的舉措。其次，強化戰略績效管理

理念，嚴格績效指標體系管理流程，杜絕「趨利避害，避重就輕」的本位主義。

(二) 沒有規劃

許多商業銀行在績效管理的實施過程中，由於對績效管理的整體規劃和思考不夠，結果導致績效管理成效不明顯，甚至舉步維艱。

一是缺乏對理念的導入。往往只是照搬上級行的考核方案，依葫蘆畫瓢，直奔績效考核辦法而去。

二是缺乏對績效管理層次的規劃。績效管理能夠得到實施，一個很重要的前提就是要做好各層次的績效管理規劃。例如，中層管理者需要培訓哪些方面，履行哪些職責，怎麼履行；員工需要培訓哪些方面，履行哪些職責，怎麼履行，如何整體推進，等等。但有的銀行在中層管理者還沒明白績效管理的操作方法時，就一股腦兒地把績效考核深入到基層單位。這樣做的結果表面上是把績效管理貫徹到了基層，然而實際上操作起來千差萬別，問題不斷，績效管理根本無法落地。如有的銀行僅僅簡單地制定一個績效考核辦法，設計幾張所謂的績效模板和表格，就下發到基層，至於基層如何去操作，就與己無關了。比如櫃員業務量考核口徑如何界定、怎麼考核，僅僅設計一個模糊的計分規則，缺乏試算驗證，結果造成考核明顯脫離實際，考核不公平，員工抱怨不斷。此外，由於缺乏對中層管理者績效輔導技能的培訓，導致基層績效溝通事倍功半，甚至產生新的摩擦和矛盾。

三是缺乏對人力資源配套制度的規劃。例如，績效改進與員工培訓開發「兩張皮」，培訓計劃往往是心血來潮拍腦袋，「一刀切」式的大而全的培訓，既沒有實地調研，也沒有因人施教。

要解決上述問題，首先要重視績效理念的導入。績效管理，理念為先。在引入績效管理的開始，前期的思想準備工作是非常重要的。因此，必須貫徹從上到下的原則，從銀行高層領導到直線經理，一直到普通員工，都要進行全員的績效管理理念的導入。理念正確了，就可以少走彎路，避免很多問題的出現。其次要做好績效管理分步分層的推進規劃，對於剛開始實施績效管理的基層行來說，應該堅持小步快跑、持續改進和循序漸進的原則，不能操之過急，更不能省略環節。對於績效管理基礎薄弱的基層行，應該進行全面診斷，查找問題，合理規劃，補齊短板。最後，績效管理的有效性不能脫離其他人力資源制度。在設計績效管理制度的同時，需要注意和其他人力資源管理制度銜接與匹配。

(三) 額外負擔

績效考核作為一種管理工具，首先是一門實踐性科學，需要的是標準、流程、規範和量化的理性管理方法。但自古以來，中國文化骨子裡就不擅長做量化這種理性的事情。長期以來，感性、模糊的做法支配著我們的行為。就如美國的肯德基，其所有的原料都是通過量化的配方製作出來的，其口感口味是不會變化的。而中國的廚師，

如果要求其對油鹽醬醋進行定量操作，炒出來的菜很可能就不如平常了。所謂「火候」，其實也是一種模糊的概念。這也可能是我們基層行推行全面質量管理時，員工總覺得不習慣和麻煩，甚至無法取得預期效果的一個原因。比如，我們常常習慣於說「要加強對貴賓客戶的行銷」，却很少提「你今天拜訪了5位貴賓客戶嗎」「你完成了20個客戶邀約電話嗎」等這類具體可操作的要求。麻煩和負擔仍然是很多直線經理看待績效管理的一種心態。

要解決上述問題，首先要強化認識。現代績效管理畢竟不同於我們傳統的領導藝術。既然績效管理是一門科學，就應該按照規則、流程去做，因而也就免不了因追求「科學」而「麻煩」。現代績效管理要求的就是量化考核，沒有量化，就無法控制和管理。其次要規範行為。績效管理本身就是一個從戰略規劃、計劃制訂、績效監控、績效評價到績效反饋的完整的標準化流程。即使是其中的績效溝通工作，都有其嚴格的操作步驟，不可省略或顛倒，否則將「欲速則不達」。因此，我們可以通過組織一些培訓、活動比賽等形式營造績效管理氛圍，甚至將績效管理工作納入考核，久而久之，堅持就成了一種習慣。

(四) 定位偏差

如果銀行高層是績效管理的「總導演」，那麼各部門直線經理則是銀行績效管理的「主角」。但在績效管理工作中，大部分部門直線經理認為績效管理是人力資源管理的一部分，當然由人力資源部門來做，而沒有將績效管理作為管理者自身的重要職責。其實這是績效管理過程中常見的角色分配上的錯誤。這主要是因為，一方面由於許多部門直線經理不能系統地看待績效管理，不能將績效管理融入日常的管理過程中，認為績效管理只不過是定期進行考核，然後上報考核結果，沒有過程的溝通和輔導；另一方面，也可能擔心引發利益衝突，部門直線經理有意或無意地迴避績效管理。

要解決上述問題，首先要明確定位。人力資源部門對績效管理的實施負有責任，但絕不是完全的責任。人力資源部門在績效管理實施中主要扮演流程或程序的制定者、模板的提供者和諮詢顧問的角色。至於績效方案的決策實施則與人力資源部門無關。銀行的高層領導對績效管理的推行負有第一責任，高層的支持和推動應該貫穿整個績效管理的始終。銀行的中層管理者是績效管理的直接責任人，是員工的合作夥伴、教練員、診斷專家和諮詢顧問。其次要加強績效管理理念的宣傳。績效管理的根本目的是幫助員工改進和提高績效，進而提升部門、團隊和組織的績效。同時，考核只是績效管理的一個環節，除此之外，還包括計劃制訂、績效監控、績效反饋等其他環節。再次要爭取高層領導的支持。高層領導需要主動站在前臺，積極參與其中。要加強對各級管理者的技能培訓，提高管理者處理績效管理過程中各種問題的能力和技巧。最後要加強考核。將績效管理工作作為各級管理者管理能力的一項指標，納入對管理者的績效考核之中。

(五) 缺乏長遠目標

在如今追求利益最大化的市場上，很多企業「一切向錢看」，更多關注的是單一的財務指標。當然，追求財務利益最大化無可厚非，但僅僅把目光盯在眼前的利潤上，難免會短視，會使企業失去長遠發展的機會。實際上，與其他目標相比，利潤、收入等只能算短期目標。對於銀行而言，良好的品牌形象、領先的內部流程、高素質的員工隊伍、優秀的企業文化等才是驅動利潤增長的根本因素。實現這些目標，要比短期實現利潤、存款等最大化更有價值。企業短期目標只能讓企業的經營者安於現狀，而失去對企業未來的長期發展戰略的考慮。

出現這些短期行為的原因有三個。首先，企業缺乏清晰的戰略。戰略要解決的是企業走向何處，如何走到這個地方，和競爭者相比給顧客的價值主張是什麼等問題。一個有競爭力的企業，必定會考慮長短期目標的協調一致。其次，任期制帶來的負面效應。任期制往往造成企業的短期行為，尤其是在國有企業裡，由於主要經營管理者為了盡快得到提拔，急於短期內取得亮眼的業績，不惜犧牲企業的長遠利益。最後，缺乏平衡長短期目標的工具，也是造成企業短視的重要因素。實踐中，有些企業有清晰的戰略，主觀上也能夠從長計議。但是，在實踐中不能很好地將長短期目標結合起來，缺乏可操作的管理工具，從而也使得企業不能真正貫徹戰略規劃，最終淪為短視者。

企業要解決短視行為，最根本的是要有個相對長期的戰略規劃。即使是分支機構，也需要在總公司整體戰略的基礎上，制定自身的長遠發展目標。對於企業經營者的使用，也需要有一個相對長遠的安排和考慮，盡量減少任期制帶來的短期行為。此外，採用平衡計分卡這一績效管理工具，可以有效地解決長短期目標結合的問題。平衡計分卡不僅僅重視財務目標，還重視非財務目標。後者是驅動財務目標的相對長遠的目標。例如，如果我們長期堅持員工素質培養和企業文化建設，帶來的不僅是企業財務目標源源不斷的實現，更是企業競爭力的持續提升。

(六) 缺少溝通

目前中國企業中仍然存在敬畏權力的企業文化，在企業內部大都採用縱向控制式管理，很多時候管理者並不能實現有效溝通，下級習慣於聽從上級命令。例如，在目標制定過程中，由於管理者不能與員工及時溝通，員工可能不瞭解企業的願景是什麼、目標是什麼，也不知道企業對自己的期望是什麼。在員工目標的實現過程中，管理者也不能夠及時指導員工，對員工面臨的問題和難點，不能及時給予有效幫助。當考核結果產生後，不能及時反饋給員工，不能和員工一起分析工作問題和原因，幫助員工總結經驗找出不足，也不能幫助員工制訂改進計劃。這些都會使員工對績效管理產生不信任感和抵觸情緒，阻礙員工績效與組織績效有效結合，同時也會讓績效管理難以達到預期的效果。

績效管理是一個持續的溝通過程。首先要重視溝通。正如績效管理專家羅伯特·巴克沃給績效管理下的定義：「績效管理是一個持續的交流過程。該過程由員工和其直接主管之間達成的協議來保證完成，並在協議中對未來工作達成明確的目標和理解，並將可能受益的組織、經理及員工都融入績效管理系統中來。」因此，無論在績效計劃制訂、績效監控、績效評價還是在績效反饋過程中，都必須重視溝通。此外，績效溝通是技術要求相對較高的一種溝通，在具體的溝通實踐中，管理者需要掌握各種各樣的溝通技巧和方法，達到「溝通最大化，誤解最小化」，最終實現組織績效和個人績效的雙贏。

(七) 執行力不足

執行力不足是中國大部分企業績效管理失敗的重要原因，它直接導致了企業的整體工作計劃無法取得預期的結果。一項調查顯示，很多企業的戰略只是「高高地掛在牆上的口號」。只有不到5%的員工瞭解企業的戰略目標，而能夠清楚瞭解他們工作與組織總體目標關聯的員工少之又少。對於處於低層次的員工和管理者，儘管他們對於客戶和業務等信息有較深入的瞭解，但很難將他們與整個企業的戰略目標聯繫在一起。因此，一個企業體現的價值，不在於企業的願景和戰略的品質，而在於企業是否有能力將戰略成功地落實到日常執行當中。

正如哈佛大學教授羅伯特·卡普蘭所說，好的戰略加上差的執行，幾無勝算；差的戰略加上好的執行，或可成功。要解決執行力不足的問題，首先要從管理模式上改進，強化執行力隊伍特別是中層管理者的建設。因為他們在企業戰略與員工之間起到了一個承上啓下的關鍵作用。其次要採取各種方式讓員工瞭解企業戰略以及實現戰略目標的策略，提高員工對企業戰略的認知度。最後，通過構建基於企業戰略的關鍵績效指標，通過將平衡計分卡四個維度進行層層分解，轉化為各層級員工的績效責任，將個人目標和組織目標協同起來，最終推動企業戰略的實現。要在企業內部形成一種導向：只有對企業整體績效做出貢獻，部門的工作才有意義；只有關聯企業的整體績效，個人的工作才有價值。

(八) 結果運用單一

績效考核完成後，將績效考核結果運用於價值分配是績效管理過程中政策性最強的一項工作。能否滿足員工合法利己的要求，是關係到銀行大多數員工工作熱情能否繼續保持的大問題，是員工持續進行績效改進的動力源泉，也是進一步加強銀行績效管理的潤滑劑。傳統觀念認為，績效考核最主要的目的是幫助組織做出薪酬方面的決策，如薪酬分配和調整。這種觀點是片面的。將績效考核結果應用於員工薪酬分配固然重要，但績效考核對組織人員調整、崗位晉升、員工培訓與職業發展等其他人力資源管理活動也同樣意義重大。善於運用績效考核結果，不僅有助於人力資源管理整體績效的提升，也有助於強化組織整體體系的功能與持續。績效考核的結果應該在更多

的人力資源相關決策中發揮更加重要的作用。

要解決上述問題，首先要提高認識。實踐證明，績效考核結果能否成功地實施，很關鍵的一點就在於績效考核結果如何運用。如果績效考核結果運用單一，那麼績效考核對員工績效的改進和能力的提升就沒有充分發揮激勵的作用。其次要明確責任。對於直線經理來說，績效管理不是簡單的任務管理，它特別強調溝通、輔導和員工能力的提高。績效管理不僅強調結果導向，而且重視達成目標的過程。那麼這些溝通輔導和過程管理其實就蘊涵了員工的培訓開發管理和個人的職業發展規劃管理。對於人力資源部門來說，要積極發揮監督、指導作用，主動配合直線經理的工作。對於員工來說，作為績效管理的主人，要自我診斷績效不足，主動制訂和實施績效改進計劃，提高自我管理能力；同時主動將自己的培訓需求、才能、興趣和職業願望告知管理層，清晰地陳述自己的希望，並且以自己實際的績效行動進行證明。

(九) 數據支撐制約

目前對於銀行而言，儘管已經搭建了較為成熟的數據平臺，能夠提供大量的業務數據，但是在績效管理數據生成、收集、處理和分析等方面的能力還比較薄弱。例如，一套看似科學合理的關鍵業績指標因無法統計分析而變得不實用，導致績效管理效果難以達到預計水平。如貴賓客戶價值貢獻、中小企業價值貢獻、客戶獲利率等選取比較困難，難以將業務數據轉化為管理數據。此外，在績效管理工作中，對定性指標的評價缺乏衡量手段，有些指標不易收集，有的指標很難量化。在考核評價時，評價主體往往會根據主觀好惡而不是客觀的業績來打分，減弱了績效管理評價的客觀科學性。

要解決上述問題，首先要建立統一的數據資源平臺和數據挖掘系統，滿足績效管理、產品行銷、產品服務、銷售管理等方面的數據需求。其次是在定性指標方面盡量量化。一般來講，任何定性評價都可以測量，一種很自然的思路就是「往下細分」，找出一個大的定性指標中重要的並且進行具體考核的幾個方面。如一般可以從時間、質量、數量、成本和風險五個維度來設計定性指標的考核指標。運用評級量表法、圖解式考核法、關鍵事件考核法和行為等級錨定法等非系統考核方法，可以有效增加考核的可操作性，減少主觀因素的影響。

(十) 文化難植

企業需要文化，企業因文化而凝聚員工，從而具有戰鬥力和生命力。但我們看到，儘管我們投入了大量的人力物力進行企業文化的建設，提出的理念也很先進，但員工對文化建設總是抵觸或虛於應付，企業文化無法落地生根。

企業文化的內核首先是企業價值觀，它決定和影響著企業存在的意義和目的，為企業的生存和發展提供基本的方向和行動指南，決定了企業全體員工的行為取向。但是價值觀要落地，從倡導的員工行為取向變成真正的員工行為，則需要通過績效管理來實現。企業文化與績效管理之間是一種相輔相成的關係。一方面，企業文化對績效

管理體系的實施運行起著一種無形的指導、影響的作用；另一方面，企業文化最終要通過績效管理體系、價值分配體系的建立與完善來發揮其功能，通過績效管理讓員工逐步確立起企業所倡導的共同價值觀。績效管理之所以能夠發揮「指揮棒」和「牽引機」的作用，就在於傳遞出了企業對於一個人行為和產出的認可或者不認可的信號，就是在倡導一種價值觀。假如一個銀行在積極倡導「集體主義」「團隊精神」「奉獻精神」時，績效評價結果排位靠前的都是自私自利、本位主義的員工，當獲得高激勵的也是這些員工時，銀行其他員工一定不會認為銀行是在真的推行其所倡導的價值觀，並且會選擇讓自己的行為更加趨近於那些受到實際獎勵的員工。正如某管理大師所說的，「員工一定不會做你要求的事，而會做你考核的事」。

國家圖書館出版品預行編目(CIP)資料

商業銀行績效管理理論與實踐 / 陳武 著. -- 第一版.
-- 臺北市：崧燁文化，2018.08

　面 ； 　公分

ISBN 978-957-681-439-6(平裝)

1.商業銀行 2.績效管理

562.5　　　　　107012349

書　名：商業銀行績效管理理論與實踐
作　者：陳武 著
發行人：黃振庭
出版者：崧燁文化事業有限公司
發行者：崧燁文化事業有限公司
E-mail：sonbookservice@gmail.com
粉絲頁　　　　　　網　址：
地　址：台北市中正區重慶南路一段六十一號八樓 815 室
8F.-815, No.61, Sec. 1, Chongqing S. Rd., Zhongzheng Dist., Taipei City 100, Taiwan (R.O.C.)
電　話：(02)2370-3310　傳　真：(02) 2370-3210
總經銷：紅螞蟻圖書有限公司
地　址：台北市內湖區舊宗路二段 121 巷 19 號
電　話：02-2795-3656　　傳　真：02-2795-4100　網址：
印　刷 ：京峯彩色印刷有限公司（京峰數位）

　　本書版權為西南財經大學出版社所有授權崧博出版事業股份有限公司獨家發行電子書繁體字版。若有其他相關權利需授權請與西南財經大學出版社聯繫，經本公司授權後方得行使相關權利。

定價：450 元

發行日期：2018 年 8 月第一版

◎ 本書以POD印製發行